KB071721

천재작가 이화수의

당신도 책쓰기의 꿈을 이루라

이화수 지음

"모든 성공의 끝은 책이다. 책쓰기 꿈을 이루면
다른 꿈들은 저절로 하나씩 다 이루어진다.
그동안의 삶과 깨달음을 보화로 여기라.
지금 당장 이 책을 읽고 천재작가 이화수에게
책쓰기 코치를 받아 당신의 삶과 깨달음을
담은 책을 써내라.
그 책이 천 년 동안 남을 것이다."

날개미디어

"당신도 책쓰기의 꿈을 이룰 수 있다."

당신도 책쓰기의 꿈을 이룰 수 있다는 사실을 아십니까?

나는 책쓰기의 꿈을 이루었습니다. 당신도 나처럼 책쓰기의 꿈을 넉넉히 이룰 수 있습니다. 당신만의 스토리와 깨달음을 담아 책을 써내면 당신은 모든 사람에게 크게 성공했다고 인정받고 나아가 일인 기업으로 억대 수입을 올릴 수도 있습니다. 책에 대한 꿈을 가지십시오.

당신은 왜 책을 써내는 것을 두려워하고 있습니까? 두려움이 있으면 책을 써낼 수 없습니다. 믿음이 있어야 책을 써낼 수 있습니다. 토머스 에디슨은 "용기와 신념을 가지고 앞으로 나아가라"고 말했습니다. 책쓰기의 꿈은 용기와 믿음 있는 자를 통해 성취됩니다. 다시 용기를 가지고 믿음으로 당신의 이름과 얼굴, 스토리와 깨달음이 담긴 전재적인 책을 써내십시오. 그 책이 천 년 동안 남을 것입니다.

책을 꼭 써내야 하냐고요? 네, 그렇습니다. 성공한 사람들, 억만장자들은 모두 저술과 강연을 통해 자신을 알렸습니다. 책쓰기의 꿈은 단순한 취미 생활을 넘어 자신을 크게 성공시키고 자신의 이름을 내건 일인 기업을 세우는 것이며 평범한 인생에 대혁명을 안겨 주는 가장 위대하고 긴급한 일입니다. 당신도 반드시 책쓰기로 당신만의 책을 출간하여 생애 최고의 꿈을 이루기 바랍니다.

저술과 강연을 통해 억대 수입을 올릴 수도 있습니다. 미국 대통령인 지미 카터와 오바마도 저술과 강연으로 수십억을 벌었습니다. 도널드 트럼프와 빌 게이츠 등 성공한 기업가들이 저술과 강연을 통해 자신의 깨달음을 나누고 있습니다. 저술과 강연은 당신의 꿈을 이루며 큰돈을 벌게 합니다. 명예와 가치와 성공과 보람을 안겨 줍니다.

벙커 헌트는 "성공하려면 정확히 무엇을 달성하고 싶은지 결정하고 그것을 얻기 위해 대가를 치를 결심을 해야 한다"고 말했습니다. 크게 성공하려면 무엇을 해야 할까요? 만사를 제쳐 두고 책부터 먼저 써내야 합니다. 모든 성공의 끝이 책이기 때문입니다.

크게 성공하고 나서 책을 쓰려고 하면 너무 늦습니다.

생존경쟁이 치열한 이 시대에 언제 크게 성공하고 책을 써냅니까? 거꾸로 해야 크게 성공합니다. 믿음은 끝에서부터 시작하는 것입니다. 끝에서부터 곧 책부터 먼저 써내야 크게 성공합니다. 책부터 써낸 사람은 이미 크게 성공한 사람입니다. 당신의 이름과 얼굴, 스토리와 깨달음이 담긴 책이 나오면 다른 모든 것은 저절로 따라옵니다.

저술과 강연엔 엄청난 매력이 있습니다. 이 책을 붙잡은 순간 당신은 책쓰기의 꿈을 이룰 수 있는 지름길로 들어선 것입니다. 용기를 가지고 천재코치인 나 이화수를 만나 책쓰기의 꿈을 이루십시오. 나는 천재적인 책쓰기 원리로 책을 쓰는 천재작가요 사람들의 책쓰기를 코치하는 천재코치입니다.

당신은 책쓰기 꿈을 이루되 수재 수준의 짜깁기 논문이나 영재 수준의 명언과 예화 짜깁기 책을 쓰지 말고 당신의 삶과 깨달음을 담아내는 천재작가의 길을 가야 합니다. 그렇게 당신이 가진 책쓰기의 꿈을 이루려면 만사를 제쳐 두고 지금 당장 책쓰기를 실천해야 합니다.

당신의 이름과 얼굴이 박힌 책을 써내는 것은 당신의 인생에 있어 가장 큰 꿈을 이루게 되는 것입니다. 당신의 책이 당신을 퍼스널 브랜딩 해주어 당신으로 하여금 존경받는 작가와 강연가의 길을 가게 해주고 일인 기업으로 억대 수입을 올리는 정보 사업을 하게 해줍니다.

당신이 책쓰기와 억대 수입의 꿈을 이루면 어떤 변화가 올까요?

가장 먼저 당신의 신분이 책을 읽는 독자의 위치에서 책을 쓰는 작가의 위치로 수직 상승하게 됩니다. 강연을 듣는 청중에서 강연을 하는 강연가가 됩니다. 당신의 위치를 바꾸어야 합니다.

스펙은 힘이 약합니다. 너도나도 평균적인 스펙을 갖고 있기 때문입니다. 자기 인생에 대해 좀 더 현명해야 합니다. 시간과 돈을 낭비하지 말고 황금알을 낳는 거위 같은 천재적인 책쓰기로 최고의 인생을 살아야 합니다. 가장 럭셔리한 작가와 강연가의 길을 가야 합니다.

당신이 책을 써내면 당신의 내면이 크게 성장합니다. 수천 권의 책을 읽는 것보다 한 권의 책을 써내는 것이 자기 계발에 더 큰 도움이 됩니다. 지금 당장 책쓰기를 하겠다고 결단하고 실천하십시오.

책으로 자신을 마케팅 해야 합니다. 책은 최고의 자기소개서이며 당신을 전문가로 굳게 세워 줍니다. 당신의 책이 출간되면 온 집안과 마을에 알려지고 모든 사람이 당신을 '선생님'이라고 부릅니다.

헨리 데이비드 소로우는 "사람은 실패가 아니라 성공하기 위해 태어났다"고 말했습니다. 당신도 성공하기 위해 태어났으며 그 꿈은 천재코치를 만나 책쓰기의 꿈을 이룰 때 성취됩니다. 지금 일어나 움직이십시오. 성공은 실천하는 자의 것입니다.

2015년 3월 15일
이화수자기계발연구소 회장 이화수

[목차]

"Go now, write it on a tablet for them,
inscribe it on a scroll, that for the days
to come it may be an everlasting witness."
(Isaiah 30:8)

"이제 가서 백성 앞에서 서판에 기록하며
책에 써서 후세에 영원히 있게 하라."
(이사야 30:8)

두려움 없이 책을 써내는 법

당신은 두려움 없이 꿈을 이루고 있습니까?

나는 지금 두려움 없이 나의 꿈을 이루어 가고 있습니다. 나의 마음은 할 수 있다는 자신감으로 충만합니다. 어떤 어려움이 올지라도 해낼 수 있다는 믿음이 내 안에 가득합니다. 그래서 더욱 행복합니다.

얼마 전에 나의 간절한 꿈은 책을 출간하는 것이었습니다.

그런데 현실은 도저히 그 꿈을 이룰 수 있는 상황이 아니었습니다. 가까운 사람들이 나를 보고 미쳤다고 했습니다. 나는 기가 막혔고 순간 큰 좌절을 경험했습니다. 그러나 나는 그런 불가능한 환경에서도 결코 책 출간의 꿈을 포기하지 않았습니다. 그 결과 나는 첫 책 〈낙천적 사고방식〉을 출간할 수 있었습니다. 내 꿈이 태어난 것입니다.

독일의 유명한 시인 라이너 마리아 릴케(Rainer Maria Rilke, 1875~1926)는 "꿈을 지녀라. 그러면 어려운 현실을 이길 수 있다"고 말했습니다. 정말 그럴까요? 그렇습니다. 나의 간절한 꿈은 첫 번째 책 출간이었습니다. 그러나 내 주위의 환경은 내 꿈을 짓밟았습니다.

나 자신도 나를 하찮게 여기며 마구 비웃었습니다.

"야, 넌 안 돼! 네까짓 게 책을 쓴다고. 하하하."

"네가 가진 게 뭐 있냐? 또 네가 쓸 만한 내용이나 있냐?"

"네 얼굴은 어떻고?"

"미쳤나 봐요?"라고 주위 사람들이 말했습니다.

나는 내가 할 수 없는 환경에 대한 불만과 안타까운 마음뿐이었습니다. 그럼에도 책 출간이라는 꿈은 내 안에서 활활 불타올랐습니다. 그리고 결국 첫 책이 꿈의 옷을 입고 현실에 태어나게 되었습니다.

내가 꿈을 성취해 나가는데 두려움이 없었던 것은 아닙니다.

"음, 내가 책을 쓸 수 있을까? 전문 작가도 아닌데……"

나는 책은 특별 교육을 받은 전문가만 써내는 줄 알았습니다. 그렇다고 책쓰기를 평가절하 하는 것은 아닙니다. 나에게 있어서 그렇다는 말입니다. 지금은 성령님이 책쓰기 꿈을 이루어 주시므로 "100권 이상도 넉넉히 책쓰기 할 수 있겠는 걸" 하는 여유로운 마음까지 생겼습니다. 내가 하나님께 천재적인 기름 부음을 받았기 때문입니다.

하지만 처음에는 책 출간 100권의 꿈이 무척 두려웠습니다.

"내가 미쳤나?"

"아니지, 내가 미친 것이 아니지" 하면서 주님을 의지했습니다.

내게 주어진 현실을 파악하고 순간순간 마음을 다해 성령님을 의지했습니다. 그 결과, 하나님의 은혜로 나는 나의 첫 책을 출간하는 큰 기쁨을 맛보았고 더욱더 큰 꿈을 향한 용기와 자신감을 갖게 되었습니다. 당신도 당신의 큰 꿈을 이루기 위해 작은 목표를 먼저 설정하고 이루십시오. 그러면 다음 단계에서 큰 용기와 자신감이 생깁니다.

나는 책을 쓸 수 있는 자격도 능력도 없었습니다. 하지만 놀랍게도 성령님은 내게 "너는 그럴 자격이 있다"고 말씀하셨습니다.

"성령님, 제가 무슨 대단한 업적을 이루었습니까? 책에 담아 사람들에게 내세울 만한 내용이 전혀 없습니다.”

“아니다. 네가 나를 만났고 지금 네가 나와 함께하는 그 스토리가 최고의 이야기다. 그러니 넌 책 쓸 자격이 있다”고 말씀하셨습니다.

그리고 책 쓰는 분야에 대해 아무것도 모르는 나를 인도하시므로 천재멘토 김열방 목사님을 만나 ‘천재적인 책쓰기비법’을 배우도록 길을 열어 주셨고 나는 온 정성을 다해 귀하게 배웠습니다. 그 결과 지금은 내가 다른 사람들을 코치해 줄 정도로 크게 성장했습니다. 지금도 이렇게 책을 자유롭고 기쁘게 마음껏 쓰고 있는 나를 보며 하나님의 신비로운 인도하심에 대해 감사와 찬양을 드립니다.

성령님은 항상 내게 “화수야, 강하고 담대하라. 내가 너와 함께하고 있다”고 말씀해 주십니다. 나는 성령님의 음성을 들을 때 제일 힘이 납니다. 용기가 생깁니다. 자신감이 넘칩니다. 당신도 항상 성령님의 음성에 귀를 기울이십시오. 성령님이 당신에게 세미한 음성으로 말씀하고 계심을 믿으십시오. 성령님은 지금도 말씀하십니다.

나는 예전에 성령님의 음성을 듣지 못했습니다. 길 잃은 양처럼 하나님의 음성을 듣기는커녕 갈 길 못 찾고 방황하며 살았습니다. 하나님은 그런 내게 사랑의 음성을 들려 주셨습니다. 나는 하나님의 종을 통해 들려주시는 말씀을 통해 선명한 하나님의 음성을 들었습니다. 그분은 내게 예수 그리스도 복음을 전해 주셨습니다. 그로 인해 내게 주신 하나님의 은혜가 얼마나 큰지를 깨닫게 해주셨습니다.

“내 은혜가 네게 족하도다.”(고후 12:9)

그동안 나는 내게 주신 하나님의 은혜가 부족하다고 생각했는데 성경은 전혀 다르게 말씀하고 있었습니다. 이 말씀은 살아서 나의 온 인격을 뒤흔들었고 저절로 하나님께 사랑을 고백하게 했습니다. 나의 힘이 아니었습니다. 내가 일부러 들으려고 한 것도 아니었습니다. 그것은 일방적인 성령님의 역사였습니다.

"하나님, 나는 그런 하나님의 사랑도 모르고 살았습니다."

"엉엉. 하나님, 내가 하나님의 그 큰 사랑을 몰랐습니다."

"하나님, 사랑합니다. 많이……."

내가 이런 고백을 할 수 있는 것은 모두가 하나님이 주신 은혜와 믿음 때문입니다. 예수님이 십자가를 짊어지시고 고통 가운데서 외치신 "다 이루었다" 하시는 음성이 내게 들려왔습니다. 그 음성은 하나님이 죄와 목마름과 병과 가난과 어리석음에 눌려 사는 나에게 의와 성령 충만과 건강과 부요와 지혜를 주셨다는 음성이었습니다.

그 이후로 나는 마음을 돌이키고 생각을 완전히 바꾸었습니다.

"내 잔이 넘치나이다"(시 23:5)라는 고백이 저절로 터져 나왔습니다. 부족함이 없는 정도가 아닌 내 잔이 넘치고 있습니다. 그때부터 성경 전체를 보는 눈이 활짝 열렸고 내게는 정말로 의의 잔, 성령 충만의 잔, 건강의 잔, 부요의 잔, 지혜의 잔, 평화의 잔, 생명의 잔이 넘치고 있습니다. 아, 꿈만 같습니다. 백만 번이나 행복합니다.

믿음으로 들은 그 음성은 꿈도 없고, 감히 꿈을 꾸지 못하며, 꿈을 이룰 수 없다는 절망 가운데 살던 나로 하여금 꿈과 희망이 가득한 의인이 되게 했습니다. 그 음성은 목마름의 소리만 듣고 살던 나로 하여금 성령님의 세미한 음성을 듣고 넘치는 기름 부음을 따라 살게 했습니다. 그 음성은 질병의 고통 가운데 신음하는 소리만 듣던 내게 명랑함과 밝음과 사랑 가득한 얼굴 표정을 지으며 건강한 모습으로 살게 했습니다. 그 음성은 가난에 찌든 소리만 듣고 살던 내게 천국의 부요함의 기쁜 소식을 들으며 살게 했습니다.

당신도 그리스도 예수를 믿으십시오. 그러면 나처럼 하나님의 세미한 음성을 들으며 행복하게 살 수 있습니다. 당신 안에 성령님이 계심을 믿는다면 지금 조용한 장소에서 사랑을 고백해 보십시오.

"성령님, 사랑합니다. 사랑합니다. 성령님."

"내게도 그 음성을 들려주세요"라고 말해 보십시오. 성령님께서 반드시 당신에게 말씀하시고 놀라운 깨달음을 많이 주실 것입니다.

예수님은 우리의 죄 때문에 십자가에서 죽으시고 삼일 만에 부활하셨습니다. 하나님의 꿈이 없이 방황하며 살던 우리를 구원해 주셨습니다. 예수님이 십자가에 달려 죽으시며 "다 이루었다"고 하신 말씀 속에 온 세상의 구원과 행복을 위한 하나님의 꿈이 담겨져 있습니다.

당신은 그러한 하나님의 꿈을 가슴에 품어야 합니다.

하나님의 꿈은 죄로 죽은 영혼들이 예수님을 믿고 성령으로 거듭나 하나님의 자녀가 되고 또 하나님이 주시는 축복을 마음껏 받아 누리며 천국같이 행복하게 사는 것입니다. 나는 예수님을 믿음으로 하나님의 꿈을 가진 행복한 의인이 되었습니다. 하나님의 꿈은 두려움이 없는 꿈입니다. 하나님을 사랑하며 그의 나라와 의를 위해 살게 합니다.

세상의 꿈은 낙망과 좌절을 안겨 줍니다. 인간 사이의 끝없는 배신과 욕심이 있는 야망은 한순간에 아침 안개처럼 없어질 허무한 꿈입니다. 그러므로 모든 사람은 늦기 전에 두려움이 없는 하나님의 꿈을 찾아야 합니다. 그러면 천국같이 살다가 천국으로 가게 됩니다.

당신도 나처럼 그리스도 예수를 믿으십시오.

십자가에서 구원의 역사를 다 이루시고 부활 승천하신 후 영으로 오신 예수 그리스도를 믿으십시오. 예수의 영이신 성령님과 함께 꿈을 꾸면 성령님이 그 꿈을 이루어 주십니다. 예수님을 믿으면 자연스럽게 큰 꿈을 꾸게 됩니다. 나는 예전에 내가 가진 원대한 꿈이 나의 야망인 줄 알았습니다. 그러나 분별해 보니 그것은 성령님이 내게 주신 소원이며 생명을 살리기 위한 그분의 위대한 꿈이었습니다.

당신은 두려움 없이 꿈을 이루는 방법을 아십니까?

첫째, 내 힘으로 할 수 없어도 결코 포기하지 말아야 합니다.

나는 절대 꿈을 이룰 수 없는 환경이었음에도 불구하고 절대 포기하지 않았습니다. 마음을 다해 성령 하나님을 의지했습니다. 꿈을 이룰 수 없다는 불안감이 나를 휘감았을 때도 성령님을 전적으로 의지했습니다. 성령님은 내가 온전히 그분을 믿도록 도우셨습니다. 영국의 유명한 수상인 윈스턴 처칠은 "포기하지 마라! 절대로 포기하지 마라"고 말했습니다. 당신도 포기하지 말고 성령님을 의지하십시오. 성령님은 보혜사이십니다. 당신을 보호하시고 당신에게 은혜를 베푸시며 당신의 갈 길을 구체적으로 가르쳐 주시는 친절한 하나님이십니다.

나는 성령님께 간절히 나의 소원을 아뢰었습니다.

"성령님, 나를 도와주소서."

"성령님, 내가 이번에 꼭 책 출간하기를 간절히 원합니다."

성령님은 결국 내가 책을 출간하도록 도우셨습니다. 천재멘토 김열방 목사님을 만나게 하시므로 쉽게 책이 출간되게 하신 것입니다. 그렇게 나의 첫 책인 〈낙천적 사고방식〉이 출간되었는데 그 책에는 정말 꾸밈없이 내가 하나님을 만난 이야기가 고스란히 담겨져 있습니다. 한 지인은 그 책을 읽으며 많이 울며 감동을 받았다고 했습니다. 나는 그 말을 듣고 정말 큰 용기가 솟아올랐습니다.

"그래 맞다. 내가 만난 하나님과의 아름다운 나의 이야기가 온 천하보다 귀한 한 영혼 한 영혼에게 희망을 준다면 그 한 가지만이라도 감사하다"고 생각되었습니다. 당신도 당신의 꿈에 대한 신념을 가지십시오. 그리고 당신의 마음을 강하고 담대하게 하십시오. 성령님이 함께 하신다는 믿음을 굳게 하십시오. 책을 출간하겠다는 당신의 꿈은 성령님과 함께하므로 반드시 이루어집니다.

"주께서 심지가 견고한 자를 평강하고 평강하도록 지키시리니 이는 그가 주를 신뢰함이니이다."(사 26:3)

둘째, 자신의 꿈에 대한 긍정적인 확신을 가져야 합니다.

나는 나의 꿈이 나 혼자만 잘되는 것이라 생각하지 않았습니다. 내가 쓴 책을 읽은 사람이 한 가지의 깨달음이라도 얻게 되어 그의 인생에 도움이 된다면 좋겠다고 생각했습니다. 내가 만난 그리스도 예수를 독자도 만나 생명의 길을 간다고 믿었습니다. 나도 다른 이의 책을 통해 유익을 얻을 때 "유레카" 하고 외쳤던 것처럼 나의 독자도 그렇게 되길 원했습니다. 진짜로 나의 첫 번째 책을 읽은 사람은 정말 눈물 나게 감동적이었고 놀라운 지혜를 얻었다고 말했습니다.

나는 이웃에게 자랑스러운 마음으로 내 책을 선물해 주었습니다.

이웃에 사는 빌딩 주인 사장님도 내 책을 보고 마음이 많이 열렸습니다. 책을 통해 전도의 문이 자연스럽게 열렸고 그분을 만날 때마다 복음을 전합니다. 그러면 그분은 "아, 목사님은 또 예수님 이야기하시네"라며 웃으십니다. 그래도 내가 하는 복음적인 이야기를 잘 듣습니다. 당신도 책을 써내면 전도의 문이 자연스럽게 열립니다.

나는 "내 책이 독자에게 큰 유익을 준다. 그들의 인생을 바꾼다"는 긍정적인 용기를 더욱 많이 갖게 되었습니다. 그래서 나는 평생 100권의 책을 출간한다는 꿈을 가지고 오늘도 힘을 내어 부지런히 책을 쓰고 있습니다. 하나하나 나의 작품으로 인해 한 사람이라도 더 많이 행복할 수 있기를 바라면서 신나게 자판을 두드립니다.

셋째, 두려움이 없는 하나님의 꿈을 가져야 합니다.

자기중심적인 꿈은 두려움이 있는 이기적인 꿈입니다. 자기 배만 위하는 꿈은 두려움이 있는 이기적인 꿈입니다. 이기적이라는 말은 욕심이 많다는 것입니다. 자기 생각이 옳다고 하지만 결국은 누가복음 16장에 나오는 어리석은 부자처럼 되기 쉽습니다.

나는 성경을 보다가 문득 생각해 보았습니다.

'누가복음에 나오는 부자는 얼마나 인생의 목마름이 심했으면 날마다 그 갈증을 채우려고 잔치를 벌였을까? 세상적으로 볼 때 부러움을 살 수도 있는 부자였지만 자신의 내면이 얼마나 허전하고 목이 탔을까? 얼마나 큰 두려움 가운데 살았을까?'

꿈은 꿈인데 두려움이 없는 꿈이 있습니다. 그것은 성령님이 주신 꿈입니다. 성령님이 강하게 소원을 일으켜 주시면 현실과 환경은 아닌데 어떻게든 저술과 강연, 사업을 통해 많은 생명을 살리겠다는 그런 확신에 찬 꿈이 생깁니다. 그 꿈이 매일 불같이 일어납니다. 속에서 거룩한 불꽃처럼 활활 일어나고 사그라지지 않습니다.

그 꿈은 두려움이 없는 하나님과 자신 앞에 당당한 꿈입니다. 당신도 그런 꿈을 꼭 가지십시오. 꿈꾸기를 사모하십시오. 두려움이 없는 꿈을 위해 현실 안주의 자리를 박차고 일어나 움직이십시오.

바론 리튼은 "생각하는 것이 인생의 소금이라면 희망과 꿈은 인생의 사탕이다. 꿈이 없다면 인생은 쓰다"고 말했습니다. 우리는 성령님의 꿈을 갖고 성령님과 함께 꿈을 성취하며 꿀처럼 달콤한 인생을 누려야 합니다. 하나님은 당신이 두려움 없이 꿈을 이루며 꿀처럼 단 성취를 맛보기를 원하십니다. 하나님은 당신을 사랑하십니다. 변함없이 사랑하십니다. 하나님의 사랑을 믿으십시오.

성령님은 당신이 위대한 꿈을 이루기를 원하십니다.

나이아가라 폭포에 어떻게 구름다리가 설치된 줄 아십니까?

세계에서 제일 유명한 폭포가 나이아가라(Niagara Falls) 폭포인데 높이가 55미터이고 폭은 장장 670미터입니다. 죽기 전에 꼭 가 봐야 할 절경 중의 하나입니다. 예전에는 그 폭포가 세계 제일의 폭포였습니다. 그러나 후에 빅토리아 폭포와 이구아수 폭포가 알려지면서 현재 북아메리카 제일의 폭포로 알려지고 있습니다.

사람들은 이 폭포에 구름다리 놓기를 원했습니다. 그러나 그 일은 너무 위험한 일이었습니다. 누구도 쉽게 해낼 수 없는 어려운 일이어서 다들 겁먹고 좀처럼 시도하지 못했습니다. 몇몇 사람이 시도해 봤지만 번번이 실패했습니다. 어떻게 해야 할까요?

그런 상황에서 한 사람이 할 수 있다는 꿈을 가지고 도전했습니다. 우선 연을 날려 이쪽에서 저쪽까지 연줄을 연결했습니다. 그런 다음 연줄에 코일을 매달아 잘 잡아당겼습니다. 그다음에 코일에 철사를 매달아 잡아당겼습니다. 철사가 설치되자 이번에는 밧줄을 매달아 당겼습니다. 마지막으로 밧줄에 쇠줄을 매달아 당겼습니다. 이렇게 해서 만들어진 쇠줄을 타고 구름다리를 놓기 시작했습니다. 마침내 사람들이 소원하던 대로 나이아가라 폭포 위에 레인보우 구름다리가 놓이게 되었고 많은 사람이 왕래하게 되었습니다.

당신이 성령님과 함께하는 꿈을 가지고 있다면 그 꿈은 반드시 이루어질 것입니다. 요셉은 하나님의 꿈을 가슴에 품고 살았습니다. 하나님의 꿈이 현실에 태어나기까지 역경도 많았습니다. 그럼에도 불구하고 그는 결코 꿈을 포기하지 않았습니다.

요셉은 꿈꾸는 사람으로 날마다 하나님을 경외하며 살았고 결국 그가 꾼 모든 꿈이 백배로 더 크게 이루어졌습니다.

성령님은 지금도 당신이 갖고 있는 꿈을 이루고 계십니다. 당신이 의심만 하지 않는다면 그 꿈은 반드시 이루어집니다. 당신이 낙심하지 않고 포기하지만 않는다면 그 꿈은 당신 앞에 버젓이 나타날 것입니다. 끝까지 성령님을 의지하고 지혜를 구하십시오. 도움을 요청하십시오. 마침내 성령님은 당신의 꿈을 이루어 주실 것입니다.

나와 함께 기도하실까요?

"진리의 영이신 성령님, 감사합니다. 저에게 꿈을 주셨고 그 꿈을 성령님과 함께 이루어 가게 하심을 감사합니다. 성령님, 성령님은 하나님이시고 저는 연약한 사람이오니 성령님을 더욱 의지하도록 도와주옵소서. 그리하여 하나님을 경외하며 두려움 없이 큰 꿈을 이루어 가게 하옵소서. 제게 주신 꿈이 생명을 살리는 일임에 자부심을 갖고 포기하지 않고 계속 이 행복한 길을 걷게 하옵소서. 예수님의 이름으로 기도합니다. 아멘."

두려움 없이 꿈을 선택하는 법

당신은 꿈을 선택하며 살고 있습니까?

나는 항상 꿈을 선택하며 삽니다. 사람은 매사에 선택하는 순간을 맞이합니다. 그 선택에 따라 인생의 결과는 확연히 달라집니다.

인생의 방향은 꿈이 없는 길과 꿈이 있는 길이 있습니다.

당신은 둘 중 하나를 선택해야 합니다. 선택의 기로에 설 때마다 나는 꿈 쪽을 선택했습니다. 꿈의 길을 선택했기에 나는 날마다 나의 꿈 속에서 황홀하게 삽니다. 지금 나는 천재작가로서 매일 부지런히 책쓰기를 하며 삽니다. 날마다 꿈꾸는 것 같이 행복하게 삽니다. 시편 기자도 자신의 행복한 마음을 "여호와께서 시온의 포로를 돌려보내실 때에 우리는 꿈꾸는 것 같았도다"(시 126:1)라고 표현했습니다.

나는 꿈의 사람이기에 꿈을 선택하는 방향으로 인생을 살아갑니다. 꿈을 선택하고 그 길을 따라 사는 것은 정말이지 너무나 행복합니다.

꿈을 선택하는 개인이나 가정은 쓰러지지 않습니다.

꿈을 선택하는 나라는 부강합니다. 꿈을 선택하고 활기차게 일하는 꿈의 사람을 만나면 꿈이 당신에게도 전염됩니다. 함께 꿈을 선택하고 웃으며 행복하게 살기에 이 세상은 더 아름다워지는 것입니다.

사상가 헤라클레이토스(Heraclitus of Ephesus, BC 540~480)는 "가장 훌륭한 사람은 모든 것을 버리고 그 중에서 단 하나를 선택한다. 영원한 명예를 선택하고 이별해야 할 것은 미리 버린다"고 했습니다.

나는 영원한 명예를 선택했습니다. 당신도 영원한 명예를 선택하십시오. 거기에 영원한 기쁨과 영원한 행복과 말로 표현할 수 없는 영원한 축복이 있습니다. 나는 당신이 나처럼 영원한 축복을 누리기를 원합니다. 이 책은 당신이 영원한 축복을 누리는 길을 제시합니다.

꿈이란 말은 '실현시키고 싶은 바람이나 이상'을 말합니다. 쉽게 표현하면 '그 사람만이 가진 고유한 불만'이라고 표현할 수 있습니다.

나는 크게 바라는 꿈이 없었습니다. 길게 내다본 인생 계획도 없었습니다. 그러다 보니 내 인생은 항상 작은 것에만 매여 있었습니다. 큰 꿈을 가지고 선택하는 것이 쉽지 않았습니다. 누군가가 '꿈'에 대해 말하면 그 '꿈'이라는 단어조차 처음 듣는 것 같았습니다.

누군가가 "세계를 품는 큰 꿈을 가져라"고 내게 말하면 "미쳤구나. 그걸 어떻게 이룰 수 있겠어?"라며 부정적인 반응을 보였습니다. 그렇게 나는 위대한 꿈을 선택하는 것이 두려웠습니다.

"나는 절대로 큰 꿈을 가질 수도 이룰 수도 없어"라는 부정적인 생각으로 가득 찼었고 꿈 자체에 대해 거부감이 들었습니다. 사실 나는 꿈을 선택하기보다는 현실에 안주하기를 좋아했습니다. 괜히 큰 꿈을 꾸었다가 안 이루어지면 어쩌나 하는 두려움이 있었기 때문입니다.

당신은 어떻습니까? 나는 우물 안 개구리 같았습니다.

어느 날 우물 안에서 살고 있는 나에게 줄이 내려왔습니다. 그 줄은 '십자가'라는 줄이었습니다. 나는 그 줄을 꽉 붙잡았습니다. 십자가는 예수님의 은혜를 상징합니다. 예수님은 못 자국 난 손을 내게 내밀었습니다. 하나님은 내가 영원한 꿈이 되시는 예수님을 선택하도록 믿음을 선물로 주셨습니다. 예수님께서 먼저 나를 선택하신 것입니다.

선택하셨다는 말은 '믿음'을 선물로 주며 나를 구원하셨다는 말입니다. 예수님은 내게 "화수야, 내가 너를 위해 죽었단다. 이제 너는 내가 선택한 내 것이란다"라고 말씀하셨습니다. 하나님은 내게 '선택할 수 있는 믿음'을 주셨습니다. 나는 예수님을 믿기로 선택했습니다.

예수님은 십자가에서 내 대신 피와 땀과 눈물을 흘리며 값을 다 지불하신 후에 "다 이루었다"(요 19:30)고 말씀하셨습니다. 이 선언은 내가 위대하신 하나님의 꿈을 선택하며 살고 또 내 인생의 모든 꿈의 성취를 축복으로 받아 누리도록 대가를 지불한 것이었습니다.

첫째, 나는 하나님이 선물로 주신 믿음으로 의의 십자가 줄을 꽉 잡았습니다. 그러자 죄인이기에 깊은 웅덩이에 빠져 꿈꿀 수 없었던 내 인생이 성령님의 꿈을 잉태하고 출산하는 꿈꾸는 의인이 되었습니다.

둘째, 나는 하나님이 선물로 주신 믿음으로 성령 충만의 십자가 줄을 꽉 잡았습니다. 그러자 물을 얻으려고 동네 여기저기를 다니며 구걸하느라 꿈이 뭔지도 몰랐던 내 인생이 성령 충만함으로 두려움 없이 꿈을 선택하며 앞으로 나아가는 성령의 사람이 되었습니다.

셋째, 나는 하나님이 선물로 주신 믿음으로 건강의 십자가 줄을 꽉 잡았습니다. 그러자 근심, 걱정, 불안, 낙심, 질병, 상처, 스트레스의 인생이 건강하게 하나님 나라를 위해 사는 사람으로 바뀌었습니다.

넷째, 나는 하나님이 선물로 주신 믿음으로 부요의 십자가 줄을 꽉 잡았습니다. 그러자 가난한 인생이 부요함으로 가득 찬 왕족이 되었습니다. 당신은 지금 어떤 삶을 살고 있습니까? 당신도 나처럼 부요하고 두려움 없이 마음껏 꿈을 선택하며 살아야 합니다.

어떻게 해야 꿈을 이루며 행복하게 살 수 있을까요?

첫째, 영원한 꿈을 선택해야 합니다.

영원한 꿈을 선택하면 언제 어디서나 영원히 행복하게 삽니다.

하나님 안에는 영원한 행복의 꿈이 있습니다. 하나님은 당신에게 이 행복의 꿈을 선택하라고 예수님을 보내 주셨습니다. 예수님 안에 모든 행복의 꿈이 있습니다. 당신은 예수님을 선택하십시오. 그러면 예수님의 영원한 행복의 축복이 당신의 것이 됩니다.

나는 예수님을 믿기로 선택한 후로부터는 큰 꿈을 가지고 삽니다. 바로 성령님과 함께하는 꿈입니다. 나의 꿈은 한 마디로 '세계적으로 생명을 살리는 꿈'입니다. 그런데 나는 "아, 하나님은 내 기도를 듣고 계신 걸까? 왜 내 기도에 응답이 없지?" 그렇게 낙심한 적도 있습니다. 명심할 것은 믿음의 사람은 조금이라도 하나님을 의심하면 안 된다는 것입니다. 하나님은 믿음의 사람을 기뻐하십니다. 아브라함처럼 하나님만 신뢰하는 사람을 제일 기뻐하십니다.

어느 날 하나님은 아브라함에게 "네 사랑하는 아들을 번제로 드리라"고 말씀하셨습니다. 생각해 보십시오. 자식을 사랑하지 않는 부모가 어디 있겠습니까? 아브라함도 얼마나 이삭을 사랑했겠습니까? 그런데 아브라함은 하나님의 말씀대로 순종했습니다.

아브라함이 하나님을 절대적으로 믿었기 때문입니다.

아브라함이 줄로 꽁꽁 묶인 이삭을 칼로 찌르려 할 때 하나님은 "아브라함아, 아브라함아" 하고 부르셨습니다. 아브라함은 "내가 여기 있나이다"라고 대답했습니다. 그때 하나님은 "그 아이에게 손을 대지 마라. 그 아이에게 아무 일도 하지 마라. 네가 너의 아들, 너의 외아들까지도 나에게 아끼지 아니하니, 네가 하나님을 두려워하는 줄을 내가 이제 알았다"고 말씀하셨습니다. 아브라함은 하나님을 믿음으로 사랑하는 아들을 살렸고 하나님으로부터 칭찬도 받았던 것입니다.

나는 나의 꿈이 더디 이루어지는 것 같아 때때로 답답했습니다.

그러나 살아 계신 하나님은 내게 응답하셨습니다. 지금 그 응답들이 실제로 진행되고 있습니다. 나는 용인 양지에 있는 신학대학원에 다닐 때 기도의 동산에서 자주 기도했습니다. 그때 기도한 내용은 세계를 품은 기도였습니다. 전 세계를 오가며 마음껏 하나님을 전하는 것이었습니다. 학교를 졸업하고 목사가 되어 목회를 했습니다. 때때로 응답하여 주시는 은혜로 크고 작은 기쁨을 누렸습니다.

하지만 문득 문득 내 꿈을 생각할 때마다 답답하게 느껴졌습니다.

"음, 세계는 넓고 내가 하고 싶은 일도 많은데 나는 답답하구나."

물론 나는 나의 현재의 삶을 감사하며 삽니다. 안정적인 삶이 중요합니다. 하지만 삶은 정체되어 있으면 안 됩니다. 네모난 상자 같은 현실에 갇혀 평생 산다고 생각해 보십시오. 얼마나 갑갑하겠습니까?

나와 당신에게는 마음껏 꿈을 펼치고 사는 길이 많습니다. 하지만 나는 하나님이 내 길을 안 열어 주시는 것 같아 답답했습니다.

어떻게 하면 목회도 성공하고 세계적인 전도자의 꿈을 이룰 수 있을까요? 전지전능하신 하나님을 굳게 믿고 인내해야 합니다.

나는 "반드시 내가 너를 들어 쓰리라"는 하나님의 약속을 계속 믿었습니다. "그래, 아브라함도 바랄 수 없는 중에 하나님을 바라보았지 않은가? 나도 하나님만 더욱 믿고 또 믿자"고 결심했습니다.

하나님은 그런 내게 응답하셨습니다. 하나님은 내게 '책'이라는 매개체를 통해 응답하셨습니다. 하나님은 내게 독서할 수 있는 환경으로 인도하셨습니다. 나는 꾸준히 독서했습니다. 하나님은 책을 통해 나에게 필요한 천재멘토 김열방 목사님을 만나게 하셨고 그분을 통해 책쓰는 작가의 길을 열어 주셨습니다.

나는 천재작가입니다. 지혜의 신이신 성령님께서 내게 끊임없이 천재적인 지혜를 부어 주고 계시기 때문입니다. 내 머릿속에 있는 150억 개의 뇌세포가 성령님의 능력에 따라 활발히 움직이고 있습니다.

지금 나는 황홀한 인생을 살고 있습니다. 하나님의 꿈을 선택하였더니 날마다 인생이 꿈꾸는 것 같습니다. 참으로 행복합니다. 인생이 즐겁습니다. 하루하루가 기대되는 가슴 설레는 삶입니다.

당신도 성령님과 함께 꿈꾸는 자가 되십시오.

당신이 품고 있는 꿈을 성령님과 의논하십시오. "성령님, 이 일은 어떻게 하면 될까요?"라고 여쭈십시오. 성령님은 당신에게 세미한 음성으로 말씀하실 것입니다. 성령님께 당신의 꿈과 인생을 맡기면 그분은 당신이 꿈꾼 것보다 백배 이상으로 축복하실 것입니다.

지금 낙심하고 있습니까? 다시 힘을 내십시오. 다시 성령님을 의지하십시오. 그분은 크신 하나님이십니다. 이 땅에 오셔서 바람과 파도도 다스리신 예수님이 지금 당신 안에 거하십니다. 그 예수님을 믿으십시오. 예수의 영이신 성령님은 당신을 위로하며 힘을 주시며 당신이 가진 천재성을 발휘하며 탁월한 삶을 살게 도와주실 것입니다.

당신은 당신이 선택한 꿈을 어떻게 이루어 가고 있습니까?

나는 영원한 꿈을 선택하였고 지금 책쓰기를 통해 그 꿈을 이루어 가고 있습니다. 나는 지금 작가로서 매일 책쓰기를 하며 삽니다. 하나님의 인도로 〈낙천적 사고방식〉이란 첫 책을 출간했습니다. 지금도 나의 책들이 독자를 만나며 꿈의 하나님을 전하고 있습니다. 당신도 책을 쓰십시오. 책쓰기에는 많은 유익이 있습니다.

당신은 책쓰기의 유익을 아십니까? 책쓰기는 최고 수준의 자기 계발이므로 자기 계발을 위해 다른 곳에 기웃거리지 않아도 됩니다.

책쓰기의 유익은 많습니다.

첫째, 책을 쓰면 자신의 인생이 정리 정돈됩니다. 자신의 과거를 돌아보게 되고 새로운 방향을 세울 수 있습니다. 시간을 허비하지 않고 가치 있는 일에 시간을 쓰게 됩니다. 현재의 자신의 모습을 깨닫고 꿈을 향해 집중하게 합니다. 생각해 보십시오. 자기 인생이 정리 정돈되어 있지 않으면 어떻게 더 큰 꿈을 선택하며 살 수 있겠습니까? 어떻게 효율적으로 자신을 관리하며 성과를 거두는 삶을 살겠습니까?

둘째, 책을 쓰면 좋은 공부가 됩니다. 나는 책을 쓰면서 지식과 책과 사물을 보는 눈이 많이 달라졌습니다. 요즘은 평생 교육 시대가 아닙니까? 책쓰기는 평생 공부할 수 있도록 많은 도움을 줍니다. 책을 쓰면서 필요한 자료를 직접 찾아보고 또 찾았을 때의 그 희열이란 말로 다 표현 못합니다.

셋째, 책은 당신의 분신을 만드는 것이 됩니다. 책은 나의 대사가 되어 전국과 세계를 다니며 내 대신 영향을 줍니다. 나의 책을 읽은 많은 사람들이 감동적인 스토리라고 칭찬했습니다. 나는 용기를 얻어 이렇게 나의 분신을 만들어 뜻을 이루고자 책을 씁니다. 당신의 관심 분야는 무엇입니까? 책을 쓰십시오. 책을 출간하십시오. 당신의 책들이 당신의 분신이 되어 당신의 일을 대신 하게 하십시오.

나와 함께 기도하실까요?

"하나님, 감사합니다. 성령님과 함께 두려움 없는 꿈을 갖게 하시니 감사합니다. 꿈이 없는 길과 꿈이 있는 길에서 선택의 문제 때문에 갈등하고 고민했지만 이제는 항상 꿈 쪽을 선택하겠습니다. 하나님이 기뻐하시는 복음의 꿈을 선택하겠습니다. 나를 살리고 영혼들을 살리는 꿈 쪽을 선택하며 살겠습니다. 오, 주 성령이여, 내게 지혜를 더욱 부어 주옵소서. 예수님의 이름으로 기도합니다. 아멘."

무기력에 대한 두려움 없이 사는 법

당신은 어떤 일에 뜨겁게 열망한 적이 있습니까?

나는 내 꿈의 성취에 대해 뜨겁게 열망한 적이 있습니다.

그것은 나의 책을 출간하려는 열망이었습니다. 나는 내 책이 나오기까지 정말 심신이 녹도록 열망했습니다. 하루하루가 천 일처럼 기다려졌습니다. 매 시간, 매 분, 매 초가 너무나 길게 느껴졌습니다. 나는 그때 1초가 길다는 것을 정말 뼈저리게 경험했습니다.

세계적인 성공 철학자 나폴레온 힐(Napoleon Hill, 1883~1970)은 "가장 열광적인 꿈을 꾸어라. 그러면 열광적인 삶을 살게 될 것이다"라고 말했습니다. 우리는 인생을 열정적으로 살아야 합니다.

나는 독서의 유익이 읽는데서 끝나는 줄 알았습니다.

나는 한 권 한 권의 책을 읽으며 마지막 표지까지 넘길 때 짜릿한 성취감을 맛보곤 했습니다. 하지만 무언가 마음 한 구석에 찜찜한 기분이 남아 있습니다. 이 석연치 않는 느낌은 뭘까요?

나중에 알고 보니 그것은 '왜, 내 책은 하나도 없는 거지?'라는 궁금한 마음이었습니다. 내 안에서 그런 불만이 끓어올랐던 것입니다.

"와, 서점에 정말 책이 많기는 많구나. 그런데 이상하다. 왜 내 책은 하나도 없는 거지? 책의 종류가 수십만 권은 되는데 왜 내 이름이 인쇄된 책은 한 권도 없는 거야?"

당신도 살면서 어떤 일에 대해 불만을 가진 적이 없습니까?

그 불만이 어쩌면 당신의 꿈과 소원에 관계된 것일 수 있음을 알아야 합니다. 나는 그 답을 찾기 위해 많은 책을 읽어 나가던 중 〈내 인생을 바꾼 만남의 축복〉이라는 책을 서점에서 우연히 만났습니다.

그 책은 나의 의식에 큰 충격을 안겨 주었습니다. 책을 쓰고 싶어 하는 나에게 작가와 강연가의 길을 가도록 열망하게 했습니다. 사실 나는 책쓰기를 통해 '나를 만나 주신 하나님의 사랑'을 모든 사람에게 전하고 싶었습니다. 나 같은 죄인을 살리신 하나님의 큰 사랑을 담은 책을 내고 싶은 불같은 소원이 내 마음에서 활활 타올랐습니다.

나는 '천재멘토 김열방과의 공동저자'에 대한 소식을 듣고 등록하여 책을 내고 싶었습니다. 필요한 돈과 시간, 기술을 얻기 위해 하나님께 간절히 기도했습니다. 몇몇 아는 사람에게 책을 통한 문서 사역의 중요성을 알리고 후원을 요청했지만 모두 다 거절을 당했습니다.

나는 크게 낙심했습니다. 그래도 나는 다시 용기를 가지고 공동저자 사무실에 연락을 했습니다. 차갑게 거절당했습니다. 나는 마침내 '이번 기회는 아닌가 보다. 결국 다음에 해야 하는 건가? 하지만 그 기회가 내게 온다는 보장이 없지 않은가? 아, 어떻게 해야 이번 기회에 책을 출간할 수 있을까? 전혀 길이 없는 건가?'라며 오로지 하나님만 의지했습니다. 정말 미치도록 간절하게 열망했습니다.

나는 머리가 아파 잠도 제대로 못 잤습니다. 드르렁 드르렁. 코를 골며 잘 자고 있는 가족의 소리가 들렸지만 나는 뜬 눈으로 창가에 비취는 가로등 불빛을 보며 눈물 흘리며 탄식했습니다.

하나님은 그런 내게 신기하게 역사해 주셨습니다. 사무실에서 연락이 왔는데 원고를 써서 제출해 달라고 했습니다. 나는 너무 신기했습니다. 사무실에서 아직 확정된 것은 아니지만 일단 원고는 써서 보내 달라고 했습니다. 나는 뜨거운 여름철에 내 방에서 컴퓨터에 나의 이야기를 써 나갔습니다. 며칠간 몰입하여 쓴 결과 나의 원고가 나왔는데 에이포 용지로 11장 정도였습니다. 나는 읽고 또 읽고 떨리는 마음으로 사무실에 원고를 보냈습니다.

이제 내가 할 일은 하나님만 바라보는 것이었습니다.

"하나님, 나의 하나님. 내 소원을 들어주소서."

나는 사무실에서 놀라운 소식을 들었습니다. 내 원고가 들어가 책을 낼 수 있는 자리가 기막히게 한 자리 나왔다고 했습니다. 내 원고가 채택되어 이번에 책이 나올 거라 했습니다. 나는 너무너무 기뻤습니다. 마음과 눈에서 눈물이 나며 나의 하나님을 찾았습니다.

"하나님, 감사합니다. 하나님, 감사합니다."

하나님은 책을 출간하게 응답해 주셨고 재정 문제도 해결해 주셨습니다. 할렐루야! 살아 계신 나의 하나님을 찬양합니다.

원래 나는 나의 이야기가 없던 사람이었습니다. 내가 작가로서의 축복된 삶을 누리는 것은 모두가 예수님의 은혜입니다. 예수님은 아무런 스토리가 없는 나에게 나의 스토리가 되어 주셨습니다.

나는 수많은 상처와 좌절과 낙망을 경험했습니다. 나는 세상이 다 그런 줄만 알았습니다. 하지만 그런 어두운 세상에 하나님의 희망이 있었습니다. 이 세상에는 아름답고 풍요로운 삶이 있습니다. 그 축복은 예수님께서 "다 이루었다"고 하신 말씀 안에서 가능해졌습니다.

예수님은 가치 없는 나의 스토리를 가치 있는 스토리로 만들어 주셨습니다. 나는 나 자신이 책을 쓴다는 것을 상상한 적도 없었습니다.

"내가? 책을? 어떻게? 감히?"

책을 쓰는 사람은 이 세상 사람이 아닌 것 같았습니다. 그러나 예수님이 만나 주시면 그 인생은 가치 있는 스토리가 됩니다. 천재작가가 됩니다. 예수님이 "다 이루었다"고 하시며 내게 주신 믿음으로 인해 나는 행복한 사람이 되었습니다. 내 마음은 행복이 가득합니다.

내 인생의 스토리는 어떤 것일까요?

첫째, 이제 나는 죄인이 아닌 의인으로서 '의인 스토리의 삶'을 살아갑니다. 둘째, 더 이상 목마르지 않은 인생이 되었습니다. 날마다 나는 생수의 강이 흘러넘치는 축복의 샘으로 살아갑니다. 나는 시냇가에 심겨진 나무처럼 삽니다. 예수님은 포도나무요 나는 가지인데, 나는 전도를 통해 아름다운 영혼을 열매 맺으며 행복하게 살아갑니다.

셋째, 나는 아프고 병든 인생이 아닙니다. 나는 건강한 삶을 누립니다. 마음도 몸도 건강하니 내 인생 살맛이 납니다. 그래서 다른 이의 건강을 위해 기도해 주며 삽니다. 얼마나 행복한지 모릅니다.

넷째, 나는 더 이상 가난하지 않습니다. 내 영혼은 우주의 왕이신 하나님이 함께 계시기에 모든 것에 만족하며 행복합니다. 다섯째, 지혜롭고 총명하게 나의 삶을 천재적으로 경영하며 탁월한 삶을 삽니다.

이 모두가 하나님의 은혜입니다.

당신도 예수님을 믿으십시오. 당신의 인생의 문제는 무엇입니까? 당신이 진정으로 뜨겁게 열망하는 것이 무엇입니까? 모두다 하나님의 아들 예수님 안에 있음을 명심하십시오. 지금 예수님을 믿으십시오.

"주 예수를 믿으라. 그리하면 너와 네 집이 구원을 받으리라. 아멘."

믿음으로 이렇게 고백하며 따라 읽어 보실까요?

"예수님, 이 글을 통해 예수님을 믿습니다. 나의 죄와 모든 문제를 위해 대신 십자가에서 죽으시고 다시 사신 것을 믿습니다. 나의 모든 문제를 십자가에서 해결하신 후 '다 이루었다'(요 9:30)고 하심으로 큰 은혜를 베푸신 예수님을 내가 구주로 믿습니다. 나도 의와 성령 충만과 건강과 부요와 지혜와 평화와 영원한 생명의 풍요로운 축복을 누리게 인도하옵소서. 예수님의 이름으로 기도합니다. 아멘."

당신이 진심으로 기도했다면 기뻐하십시오. 당신은 예수님의 사람이 되었습니다. 예수님이 주신 모든 축복을 소유하게 되었습니다. 오직 믿음으로 의와 성령 충만의 축복을 누리십시오. 오직 믿음으로 건강과 부요의 축복을 누리십시오. 오직 믿음으로 지혜와 평화와 영생의 축복을 누리십시오. 당신은 하늘나라 시민권을 가졌습니다.

지금 내 얼굴에 큰 점이 있는데 그것은 복점 중의 복점입니다.

예수님 안에서 거듭난 복점이기 때문입니다. 주님은 내게 "너는 온 천하에 다니며 복음을 전파하라"고 말씀하셨습니다. 나는 세계를 품고 삽니다. 내 얼굴의 점은 세계지도입니다. 약점이 강점이 되었습니다.

나는 오늘도 책을 씁니다. 나의 책속에 나를 작가로 살게 하시는 축복의 예수님의 이야기가 흥미진진하게 담겨져 있습니다. 예수님은 이 책을 통해 많은 영혼을 만나 주시고 그들을 살리실 것입니다.

나는 내 소원이 이루어지기를 뜨겁게 열망했습니다. 그 결과 나는 나의 첫 책을 출간했습니다. 독자에서 저자로 위치가 바뀌었습니다. 이 책은 두 번째 책입니다. 세 번째 책도 벌써 저술이 끝났습니다.

지금도 나는 책을 쓰고 있으며 앞으로 계속해서 100권의 책을 써낼 것입니다. 당신도 책을 써내고자 하는 꿈이 있을 것입니다. 일하기 전에 먼저 시간을 내어 책을 쓰십시오. 책에는 저자의 놀라운 삶과 깨달음이 담겨져 있습니다. 당신도 당신의 책에 당신의 놀라운 삶과 깨달음을 담으십시오. 먼저 예수님을 믿고 그분과 살아가는 이야기를 담아 사람들에게 행복의 길을 전하십시오. 나는 그렇게 하고 있습니다.

당신도 책을 먼저 써내야겠다는 뜨거운 열망을 가지십시오. 그리고 가만있지 말고 움직이십시오. 실천하십시오. 그래야 얻습니다.

책을 써내면 당신의 포지셔닝(Positioning, 자리매김)이 확고해집니다. 책의 힘은 막강합니다. 때로 당신이 힘들고 지쳤을 때 자신이 쓴 책을 보며 마음이 새로워지고 새 힘을 얻게 됩니다. 그러면 다시 꿈의 길을 선택하여 담대하게 전진하는 최고의 삶을 살게 됩니다.

무엇보다 책을 써내면 인생의 우선순위가 정해집니다.

당신은 우선순위를 정하고 생활하십니까? 나는 그렇게 하고 있습니다. 나는 아침에 일어나면 제일 먼저 성령님께 인사합니다.

"성령님, 사랑합니다. 성령님, 안녕하세요?"

"나도 널 사랑한다. 아들아."

"성령님, 오늘도 성령님이 나의 삶을 도와주세요."

"알았다. 그리하마."

이렇게 나는 성령님과 대화합니다. 성령님과 함께 애인처럼 서로 속삭이며 다정하게 지냅니다. 당신도 그렇게 하루를 시작하고 마무리해야 합니다. 그리고 나는 나라와 교회와 가정을 위해 기도합니다.

또한 무시로 하나님께 찬송을 드립니다. 하나님은 나의 찬송을 기뻐하십니다. 나는 습관을 따라 성경을 펼치고 말씀을 읽습니다. 나의 마음은 하나님의 영광으로 가득합니다. 믿음으로 하나님께 찬양하고 믿음으로 말씀을 볼 때 하나님은 나에게 무한한 기쁨을 주십니다.

그리고 내게 유익한 책을 봅니다. 그 책을 읽으며 나의 깨달음을 적습니다. 한 걸음 더 나아가 지금처럼 책을 씁니다. 데생의 원리를 따라 큰 그림을 그립니다. 그다음부터 여러 차례 반복하여 쓰고 읽으며 고쳐 나갑니다. 정말 양심에 부끄럽지 않고 독자에게 큰 유익을 주도록 심사숙고하며 책을 씁니다. 무엇보다 "성령님, 나를 도와주세요. 책쓰는 것을 도와주세요"라고 기도하며 책을 씁니다. 그렇게 책을 쓰는 삶은 구별된 삶이요 럭셔리한 삶입니다. 남들과 경쟁하여 쟁취하지 않고 나 자신의 삶과 스토리를 담아 사람들에게 유익을 줍니다.

당신도 나처럼 꿈에 대해 뜨거운 열망을 가지십시오.

당신의 꿈이 당신의 뜨거운 열정으로 녹아 버리게 하십시오. 당신의 이름과 얼굴, 삶과 깨달음이 담긴 책을 써내고 전국과 세계를 다니며 강연하겠다는 꿈을 이루십시오. 어려운 기간이 있더라도 꿈을 포기하지 마십시오. 뜨거운 열망으로 하루하루 꿈을 향해 전진하십시오. 반드시 그 꿈을 성령님께서 이루어 주실 것입니다.

나와 함께 기도하실까요?

"하나님, 감사합니다. 꿈이 없는 내게 꿈을 주셨고 그 꿈을 이룰 열망도 주시니 감사합니다. 현실이 어려워도 결코 꿈을 포기하지 않겠습니다. 낙심하여 주저앉지 않겠습니다. 힘을 내고 뜨거운 마음으로 책쓰기를 열망하겠습니다. 더 넓은 세계로 나아가기를 원합니다. 저술과 강연으로 희망을 전하며 럭셔리하게 살기 원합니다. 성령이여, 내 가슴을 더욱 뜨겁게 하옵소서. 예수님의 이름으로 기도합니다. 아멘."

무질서에 대한 두려움 없이 사는 법

    당신은 질서 있는 삶을 삽니까?

    나는 지금 성령님과 교제하며 질서 있는 삶을 삽니다. 성령님과 함께 성경을 봅니다. 그분과 함께 내게 유익한 책을 봅니다. 성령님과 함께 주의 나라와 주의 의를 위해 꿈을 꿉니다. 성령님과 함께 수억의 영혼들에게 희망의 복음을 전하며 사람을 살릴 것에 대한 꿈을 꾸며 삽니다. 그리고 꿈을 전합니다.

    내가 행위에 있어서 완벽하다는 뜻이 아닙니다. 단지 아브라함처럼 완전한 믿음으로 하나님만 신뢰할 뿐입니다. 365일 24시간 성령님의 얼굴을 보며 살기를 믿음으로 노력하는 사람입니다. 성령님은 이런 나에게 "내가 널 사랑한다. 아들아, 내가 널 사랑해"라고 자주 말씀해 주십니다. 나는 그 사랑의 말씀에 푹 잠겨 행복해 합니다.

    영국의 작가 조나단 스위프트(Jonathan Swift, 1667~1745)는 "하나님의 질서가 세상을 다스린다. 악마는 혼란을 만드는 자다"라고 말했습니다. 그렇습니다. 우리 하나님은 질서의 하나님이십니다.

    당신은 꿈을 갖고 있습니까?

    나는 꿈이 있습니다. 그 꿈은 큰 꿈입니다. 나의 꿈은 성령님과 동역하며 국내와 세계를 다니며 영혼들에게 희망을 주는 꿈입니다. 세계를 품은 큰 꿈입니다. 이 꿈은 성령님의 꿈입니다. 성령님의 말씀이 있는 사람은 인생을 허투루 살지 않습니다. 낭비하지 않습니다. 무질서하게 살지 않습니다. 성령님과 함께 우선순위를 가지고 묵묵히 알찬 삶을 살아갑니다.

나는 꿈이 있기에 성령님과 매일 교제하는 시간을 우선순위에 두고 삽니다. 아침에 깨자마자 "성령님, 안녕하세요? 사랑합니다. 성령님" 하고 문안 인사를 드립니다. 그러면 성령님도 내게 말씀하십니다.

"그래, 나도 널 사랑한다. 나도 널 많이 사랑해."

"성령님, 오늘 하루 저의 모든 삶을 도와주세요."

"그래 알았다. 걱정하지 마라."

그리고 성령님을 모시고 내가 맡은 일에 충성합니다. 전도지로 전도합니다. 책쓰기로 전도합니다. 강연으로 전도합니다. 다음 세대 양육으로 복음을 전합니다. 나는 특별히 잘 난 것이 없지만 믿음으로 꾸준히 내게 맡겨진 복음의 일들을 합니다. 그러면 하나님이 기뻐하시는 것을 느끼며 내 마음속에서 한없는 기쁨이 샘솟습니다.

나는 예전에 성령님과 함께 하루를 시작하는 이런 아름다운 삶을 몰랐습니다. 그러나 하나님은 나를 사랑하셔서 하나님의 자녀로 삼아 주셨습니다. 하나님의 아들 예수님을 희생시키기까지 나를 너무나 사랑하셨습니다. 하나님은 사랑하는 외아들을 내게 주실 만큼 나를 사랑하셨습니다. 그 사랑은 십자가의 사랑입니다.

무질서하고 허랑방탕한 나를 불쌍히 여겨 주심으로 내 대신 모든 고통과 괴로움을 당하셨습니다. 벌거벗은 인생을 살다가 멸망당할 내 대신 벌거벗김을 당하셨습니다. 나는 예수님이 벌거벗겨 지셔서 십자가에 달리신 모습을 보면 너무나 가슴이 아픕니다.

"아, 나 같은 죄인 때문에……;"

"주님이 저렇게 고통을 당하셨다니……;"

"아, 주님은 이토록 나를 사랑 하시는구나."

나는 주님을 깊이 생각하며 목 놓아 크게 울기도 합니다.

예수님은 나를 위해 십자가에서 모든 피와 물을 다 쏟아 주셨습니다. 그리고 "다 이루었다"고 하시며 나의 모든 저주를 멸하셨습니다.

예수님은 교만하고 오만불손하게 살던 내 죄를 모두 용서하셨습니다. 대신에 하나님을 바라보며 살도록 큰 믿음을 선물로 주셨습니다. 나는 예수님을 믿자 점차적으로 질서 있게 살게 되었습니다. 지금은 전혀 요동치 않고 질서 있는 삶을 누리며 행복하게 살고 있습니다.

예수님이 고통당하심으로 무질서한 죄인의 삶이 청산되고 천국의 큰 의를 가진 의인의 삶으로 변화되었습니다. 예수님이 고통당하심으로 목이 말라서 무질서하게 살던 삶이 청산되고 천국의 생수가 넘치는 삶으로 변화되었습니다.

예수님이 고통당하심으로 질병에 눌려 무질서하게 살던 삶이 청산되고 천국의 건강이 넘치는 삶으로 변화되었습니다. 예수님이 고통당하심으로 가난하여 거지 의식을 가지고 무질서하게 살던 삶이 청산되고 천국의 부요함이 있는 삶으로 변화되었습니다. 예수님이 고통당하심으로 어리석어서 무질서하게 살던 삶이 청산되고 천국의 지혜가 넘치는 삶으로 변화되었습니다. 나는 성령님의 도우심으로 천재의 지혜를 발휘하여 책쓰기를 하며 생명의 작가로 삽니다.

하나님을 바라보았더니 내 인생에 중심이 잡혔습니다.

하나님을 바라보았더니 어지럽게 널려 있던 내 인생이 정리되었습

니다. 하나님을 바라보니 내 인생에 꿈이 생겼습니다. 하나님을 바라
보니 인생에 우선순위가 있게 되었습니다. 방자하게 살지 않게 되었습
니다. 하나님을 바라보니 나의 책들이 출간되었습니다. 하나님을 바라
보니 나는 천재작가가 되었습니다. 하나님을 바라보니 나는 현역 작가
로 책을 쓰며 마음껏 꿈을 꾸며 행복하게 살게 되었습니다.

당신도 나처럼 하나님을 바라보십시오.

당신을 너무나 사랑하셔서 십자가를 짊어지신 우리 주 예수 그리스
도를 바라보십시오. 하나님은 당신을 너무나 사랑하십니다. 그분은 당
신이 하나님의 꿈을 품고 질서 있고 윤택한 삶을 살기를 바라십니다.

잠언 29장 18절에 "묵시(꿈, 비전)가 없으면 백성이 방자히 행하거
니와 율법을 지키는 자는 복이 있느니라"고 말씀하십니다.

방자하게 산다는 의미는 무엇일까요?

첫째, 무질서하게 산다는 말입니다.

쉽게 말하면, 제멋대로 산다는 것입니다. 생각해 보십시오. 제멋대
로 살면 그 사람의 인생이 어떻게 되겠습니까? 과연 자신에게 유익이
있겠습니까? 가정과 사회에 유익이 있겠습니까?

사람이라면 사람답게 살아야 합니다. 하나님의 '생명을 살리는 꿈'
을 품을 때 그 사람은 질서 있는 삶을 삽니다. 나는 성령님의 꿈을 가
졌습니다. 그랬더니 놀랍도록 내 삶은 질서가 잡혔고 소원들이 이루어
지게 되었습니다. 당신도 꿈을 선택하십시오. 꿈을 가지십시오.

둘째, 무절제하게 산다는 말입니다.

꿈이 없는 사람은 자신을 조절하지 못합니다. 감정도 마음도 의지
도 몸도 환경도 조절하는데 서툽니다. 결국 자신의 영혼과 육신에 해
를 입힙니다. 그러나 하나님의 꿈을 가진 사람은 자신 안에 크신 성령

님이 계신다는 것을 압니다. 성령님의 기름 부음으로 자신에게 능력과 사랑과 절제하는 마음이 있음을 압니다. 그는 믿음으로 절제된 삶을 삽니다. 꿈을 위해 자신을 지혜롭게 경영합니다.

성령님은 믿는 이의 마음에 절제하는 마음을 주셨습니다.

"절제한다"는 말은 '자신을 통제한다, 자신을 조절한다, 하나님을 기억하고 자신과 이웃을 위해 좋은 것을 선택한다'는 의미입니다.

"하나님이 우리에게 주신 것은 두려워하는 마음이 아니요 오직 능력과 사랑과 절제하는 마음이니."(딤후 1:7)

셋째, 망하는 길로 간다는 말입니다.

당신은 인생길에 망하는 길과 흥하는 길이 있음을 알아야 합니다. 망하는 길이 무엇일까요? 천국에 자신의 집이 없는 길입니다. 이 땅에서도 천국의 의와 성령 충만과 건강과 부요와 지혜와 평화와 영원한 생명과 관계없는 인생길입니다.

진리이신 예수님을 믿지 않는 길은 이미 망한 길로 가고 있는 것입니다. 길과 진리와 생명이신 예수님을 믿으면 그 사람은 의인이 됩니다. 날마다 성령 충만한 삶을 삽니다. 건강한 삶을 삽니다. 부요한 삶을 삽니다. 다음의 말씀을 꼭 기억하십시오. "어떤 길은 사람이 보기에 바르나 결국에는 사망의 길이다."(잠 16:25)

꿈이 어떻게 당신의 삶을 질서 있게 하는지 아십니까?

첫째, 꿈은 당신을 일깨워 줍니다.

정신을 차리고 진리와 은혜의 그리스도 예수를 바라보게 합니다.

하나님을 경외하게 합니다. 잠언 29장 18절의 '묵시'는 하나님의 말씀입니다. 이 말씀은 당신을 일깨워 주고 믿음으로 축복을 누리며 살도록 도와줍니다.

둘째, 꿈은 성령님이 주시는 것입니다.

진정한 성령님의 꿈을 가진 사람은 인생이 변화됩니다. 새롭게 됩니다. 성령님과 동행하며 거룩한 산 예배를 드리는 삶을 삽니다. 성령님이 주시는 기름 부음을 따라 능력 있고 강하며 담대한 삶을 살게 됩니다. 하나님이 주시는 모든 복들을 풍성하게 받아 누립니다. 다음의 말씀을 한번 읽어 보십시오.

"묵시가 없으면 백성이 방자히 행하거니와 율법을 지키는 자는 복이 있느니라."(잠 29:18)

묵시는 복음의 꿈이 담긴 하나님의 말씀입니다. 생명의 말씀이 선포될 때 불신자는 구원의 꿈을 갖고 구주를 영접하게 될 것이요 초신자는 하나님의 꿈을 발견할 것이요 성숙한 신자는 묵시를 소중히 여기며 생명을 살리는 복음을 위해 살게 됩니다. 묵시를 존중하지 않는 자는 실이 끊어진 연처럼 방황하며 방자히 살게 됩니다.

윈스턴 처칠은 "인생의 처음 25년 동안 나는 자유를 간절히 원했다. 그다음 25년 동안 나는 질서를 추구했다. 그다음 25년 동안 나는 질서가 곧 자유라는 사실을 깨달았다"고 고백했습니다.

자유는 진리가 줍니다. 진리는 성경 말씀입니다. 성경 말씀은 누구를 증언하고 있을까요? 바로 예수 그리스도입니다. 그러므로 진정한 자유는 예수님이 주시는 것임을 분명히 기억해야 합니다.

그 자유 안에 거하면 어떤 결과가 올까요? 첫째, 천국의 의인으로 행복하고 질서 있는 삶을 누리게 됩니다. 둘째, 날마다 생명수를 얻으려고 돌아다니지 않아도 되며 믿음으로 말미암아 저절로 철철 넘치는 생수를 공급받으며 살게 됩니다. 셋째, 병마에게 괴롭힘 받지 않고 건강의 자유를 누리며 살게 됩니다. 넷째, 가난의 억압과 불편함에서 벗어나 하나님의 부요함의 축복을 누리며 살게 됩니다.

질서 있는 안정된 삶을 사십시오. 지상과 천상을 통일시킨 주 예수 그리스도를 믿으십시오. 하나님 나라의 질서 있는 백성으로 사십시오.

나무 목(木)의 뿌리에 작대기를 걸치면 근본 본(本)자가 됩니다. 나무 목(木)의 가지에 작대기를 하나 걸치면 어떤 글자가 되는 지 아십니까? 네. 말(末)이 됩니다. 이 글자들은 무엇을 말해 줄까요? 네, 바로 나무의 시작은 '뿌리'이며 나무의 끝은 '가지'라는 뜻입니다. 뿌리와 가지는 모두 한 나무이지만 뿌리가 먼저라는 말입니다.

이처럼 하나님께서 만든 나무 하나에도 질서가 있습니다.

하물며 사람이 살아가는데 질서가 정말 필요하지 않을까요? 그러니 가정에도 질서가 필요합니다. 학교에도 질서가 필요합니다. 직장에도 질서가 필요합니다. 국가에도 질서가 필요합니다. 세계에도 질서가 필요합니다. 우리의 내면과 삶에도 질서가 필요합니다.

어떤 질서가 최고의 질서일까요?

첫째, 창조주 하나님을 경외하는 질서입니다.

모든 인간은 하나님의 소유입니다. 하나님이 창조하셨기 때문입니다. 죄 가운데 있는 자연인은 이런 사실을 모릅니다. 그 사람은 속히 예수 그리스도를 구주로 믿고 성령으로 거듭나야 합니다.

예수님을 믿는 의인은 범사에 하나님을 경외하는 마음으로 살아야 합니다. 돈이나 명예로 자신의 방패를 삼지 말아야 합니다. 오직 하나님을 믿는 믿음으로 하나님을 경외해야 합니다. 자신의 소유물의 많고 적음에 따라 하나님을 믿는 믿음의 크기가 변질되어서는 안 됩니다.

둘째, 예배를 소중히 여기는 질서입니다.

하나님은 안식일을 기억하여 거룩히 지키라고 하셨습니다.

육일 동안은 맡은 바 일에 힘써 충성해야 합니다. 그리고 주일에는 하나님께 예배해야 합니다. 이 길은 자신의 영혼을 사랑하는 길입니다. 자신의 영혼이 하나님을 만나지 못했는데 이웃을 사랑하겠다는 사람은 하나님의 뜻을 잘 이해하지 못하는 어린아이와 같습니다.

셋째, 이웃을 자신의 몸 같이 사랑하며 사는 것입니다.

복음을 모르는 사람에게는 온전한 복음을 들려주어 그가 복음을 듣고 믿어 성령님의 인 치심이 있도록 해야 합니다. 복음을 믿는 사람에게는 더 온전한 복음에 거하도록 서로 믿음의 말을 하며 성령 안에서 교제하게 해야 합니다.

이렇게 우리는 하나님이 주신 질서 안에 거하며 살아야 합니다. 이런 질서가 깨지니까 가정이 뒤죽박죽되고 사회 곳곳이 뒤죽박죽되는 것입니다. 고린도전서 14장 40절은 우리에게 "모든 것을 품위 있게 하고 질서 있게 하라"고 가르쳐 줍니다.

창조주 하나님이 중심에 계신 질서의 삶에 하나님이 약속하신 천국의 부요함이 넘칩니다. 의의 질서가 넘칩니다. 성령 충만함의 질서가 넘칩니다. 건강함의 질서가 넘칩니다. 부요함의 질서가 넘칩니다. 천국의 부요함을 가진 사람은 윗사람을 공경합니다. 위에 있는 권세들에게 복종하며 삽니다. 모든 질서를 주신 하나님의 주권을 인정합니다.

당신은 다이아몬드를 좋아하십니까?

맑고 투명하고 아름다운 보석인 다이아몬드는 고가로 판매됩니다. 그런데 다이아몬드를 원자 단위까지 분석하면 그 빛나던 보석이 흑연 성분인 탄소라는 사실을 아십니까?

결국 다이아몬드와 흑연 덩어리는 같은 원소입니다. 다이아몬드와 흑연 덩어리의 차이는 무엇일까요? 그 차이는 탄소 원자의 배열과 결합 질서에 있습니다. 탄소 원자의 배열이나 결합 질서에 따라 고가품의 다이아몬드가 됩니다. 아니면 값싼 흑연 덩어리가 됩니다. 평범한 흑연 덩어리가 내부 구조의 질서에 따라서 그 차이와 가치는 엄청나게 달라지는 것입니다. 사람도 마찬가지입니다.

각자의 내면의 질서가 어떻게 서 있느냐에 따라 인생의 가치와 질과 열매가 달라집니다. 예수님은 하나님의 사랑을 이루시고자 하나님의 때에 이 땅에 오신 질서의 하나님이십니다.

그리스도 예수께서 "다 이루었다" 하신 복음을 믿으면 천국의 풍성함을 누리며 질서 있고 조화로운 삶을 누릴 것입니다. 예수님이 천국으로 가는 길입니다. 다른 길은 없습니다. 오직 예수님을 믿음으로 그 믿음을 통해서만 하나님께로 나아갈 수 있습니다.

하나님은 질서의 하나님이십니다. 하나님을 믿고 항상 질서 있는 천국의 행복한 삶을 누리며 사십시오. 항상 가슴에 예수님을 모시고 질서 있는 삶을 누리십시오. 성령님의 인도를 따라 행하길 힘쓰십시오. 그러면 당신도 나처럼 질서 있고 평화로운 삶을 누릴 것입니다.

나와 함께 기도할까요?

"하나님, 감사합니다. 예수님을 믿고 질서 있는 천국의 부요함을 누리며 살게 하심을 감사드립니다. 늘 성령님과 교제하며 내 생활에 천국의 질서가 세워지도록 하겠습니다. 질서를 존중하므로 이 땅에 질서를 주신 하나님의 뜻을 펼치며 살겠습니다. 그리고 질서가 있는 가운데 행복하고 아름다운 열매를 맺게 하는 이 행복한 복음을 전하며 살겠습니다. 예수님의 이름으로 기도합니다. 아멘."

미래를 두려워하지 않고 사는 법

당신은 미래를 두려워하지 않습니까?

나는 나의 미래를 두려워하지 않습니다. 주 예수 그리스도만 절대 신뢰하기에 그렇습니다. 주 하나님만 절대 신뢰하니 내 마음은 항상 평강이 넘치며 행복합니다. 당신도 그렇게 살아야 합니다.

예수님 안에 있는 나는 영원한 생명을 가졌습니다. 하나님의 성령이 영원토록 나와 함께하시니 나는 미래가 두렵지 않습니다. 오히려 영원한 천국에서 영원히 행복하게 살 소망이 넘칩니다.

나는 지금 지상과 천국에서의 내 삶을 계획하신 하나님의 뜻 안에서 성령님과 동업하며 행복하게 삽니다. 미래에 대해 든든한 믿음의 보험을 들어 놓았습니다. 당신도 믿음의 보험을 들어 놓고 사십시오.

나는 멸망당하지 않습니다. 나의 가는 길은 슬픔과 고통이 없는 의와 성령 충만과 건강과 부요함과 평화와 생명이 넘치는 축복의 길입니다. 이 모두가 하나님의 은혜입니다.

유명한 작가이자 외교관인 애나 엘리너 루스벨트(Anna Eleanor Roosevelt, 1884~1962)는 "미래는 꿈이 아름답다고 믿는 사람들의 것이다"라고 말했습니다. 그렇습니다. 나의 미래는 장밋빛입니다.

나는 미래에 대해 걱정과 근심이 많았던 사람입니다. 허약한 마음과 허약한 몸이어서 늘 걱정하며 살았습니다.

"아이고, 이렇게 비실비실하다 병으로 죽으면 어떻게 하나?"

"앞으로 전쟁이 일어나서 죽으면 어떻게 하지?"

"내가 갑자기 사고로 죽으면 어떻게 되는 거야?"

"암에 걸려서 죽으면 가족은 어떻게 되는 걸까?"

자꾸 암에 대한 광고를 보거나 듣거나 말하거나 하지 말아야 합니다. 그러면 진짜 그 병에 걸립니다. 그 시간에 믿음의 말씀을 보거나 듣거나 말하는 것이 당신의 삶에 훨씬 더 유익합니다. 믿음의 복음을 전하는 것이 유익하고 믿음의 교제를 하는 것이 유익합니다.

온갖 부정적인 정보에 귀 기울이지 말고 오직 믿음 안에 거하십시오. 암에 대한 광고를 보고 들으며 거기에 푹 빠지면 자기도 모르게 암에 대한 믿음이 생기고 결국 암에 사로잡히게 됩니다. 걱정하게 됩니다. 암 병에 걸려 죽을 지도 모른다는 두려움에 사로잡히게 됩니다. 왜 그렇게 삽니까? 그러지 말아야 합니다. 믿음의 사람은 믿음의 생활 시스템에서 살아야 합니다. 믿음으로 성령님과 대화해야 합니다.

나는 나이가 차차 들어가면서 걱정했습니다.

"마흔이 넘어 내 얼굴에 책임 못 지면 어떻게 하나?

"아들들이 크다가 사고라도 나면 어떻게 하지?"

"엘리 제사장처럼 아들들을 잘 못 키우면 어떡해?"

"교회가 부흥 안 되면 어떻게 할 건가?"

"내 책이 출간되지 않으면 어떻게 할까?"

"교회 개척하다가 길거리에 나 앉게 되면 어떻게 되는 거야?"

그러나 그런 두려움대로 하나도 내게 이루어지지 않았습니다. 그 대신 하나님은 더 풍성하고 축복된 길로 인도하셨습니다. 지나온 내 삶을 돌아보면 하나님은 너무나도 신실하고 나는 너무나 변덕쟁이였음을 발견합니다. 지금은 그분의 신실함을 따라 나도 신실합니다. 당신도 성령님의 음성을 듣고 그 음성을 따라 살면 신실해집니다.

당신은 성령님으로부터 자주 듣는 음성이 있습니까?

나는 있습니다. 그분이 내게 가장 많이 하는 음성은 "화수야, 두려워하지 마라. 마음을 강하게 하고 담대히 하라. 내가 너와 함께하고 있다"라는 말씀입니다. 성경에는 "두려워하지 마라"는 말씀이 365번이나 나옵니다. 하도 사람들이 전능하신 하나님을 안 믿고 두려워하며 사니까 하나님이 그렇게 많이 말씀하셨다고 한 신학자는 말합니다.

하나님은 내게 종종 "두려워하지 마라, 강하고 담대하라"고 말씀하십니다. 아마도 내가 예수님을 믿지 않았으면 온갖 질병에 걸려 고생하다가 단명했을 것입니다. 마음에 상처가 많고 스트레스가 많았으니까요. 지금은 그렇지 않습니다. 건강하고 장수합니다.

내가 지금도 미래에 대해 두려워하지 않고 사는 것은 모두 예수님의 은혜입니다. 예수님께서 십자가를 짊어지시며 내가 겪어야 할 미래의 두려움과 지옥에서 형벌을 받아야 할 두려움을 다 짊어지셨기 때문입니다. 예수님께서 날 위해 모든 피와 물을 다 쏟으셨습니다. 그리고 "다 이루었다"고 외친 후 죽으셨습니다. 그분은 부활하신 후에 성령을 보내셨고 내게 풍성한 삶을 선물로 주셨습니다.

풍성한 삶, 그것이 구체적으로 무엇일까요?

첫째, 예수님은 내 모든 과거와 현재 그리고 미래의 죄에 대한 두려움에서 나를 구출해 주셨습니다. 나는 항상 과거의 아름다움과 현재의 기쁨과 미래의 찬란한 영광을 누리며 의인으로 행복하게 삽니다.

둘째, 예수님은 내 모든 현재와 미래의 목마름에서 구출해 주셨습니다. 나는 항상 현재에서 강 같은 생명수를 공급받으며 성령 충만하게 삽니다. 당신 안에도 성령의 기름 부음이 가득합니다.

셋째, 예수님은 내 모든 현재와 미래의 질병에서 구출해 주셨습니다. 나는 현재 건강하고 미래도 건강하게 120세 이상을 살 것이며 천국에서 영원한 부활의 몸을 입고 건강하게 살 것입니다.

넷째, 예수님은 내 모든 현재의 가난과 미래의 가난에서 구출해 주셨습니다. 나는 항상 억만장자 마인드로 부요하게 삽니다. 성 삼위 하나님은 온 우주 만물을 창조하신 주인이십니다. 온 우주의 재벌 총수이십니다. 나는 그분의 구원받은 아들로서 왕족의 권위와 부요 마인드로 풍성하게 살아갑니다. 부요하신 하나님으로 인해 나는 지금 너무너무 행복합니다. 당신도 부요하신 하나님을 믿으십시오. 그분의 부요함을 누리며 사십시오. 그분의 부요함으로 마음껏 복음을 전하십시오.

어떻게 해야 미래를 두려워하지 않고 살 수 있을까요?

첫째, 성경의 예언대로 믿으면 됩니다.

성경의 예언은 "사람은 죄인으로 태어났다. 그런데 죄의 결과는 사망이고 그 후에는 심판이 있다. 죄에 대한 문제는 사람의 힘으로 해결할 수 없다. 우상을 섬기면 귀신에게 속는 것이다. 그러니 너는 너를 창조하신 예수님이 너를 위해 십자가에서 피를 쏟으며 죽으신 것을 믿음으로 죄를 사함 받고 성령을 받아 영생하라"는 말씀입니다.

사람이 성경의 예언대로 예수님을 믿으면 모든 두려움에서 벗어납니다. 사람이 하나님을 두려워하고 미래를 두려워하고 삶 속에서 두려움을 느끼며 사는 것은 엄마를 잃은 고아처럼 하나님을 잃어버렸기 때문입니다. 따라서 두려움이 없는 미래를 사는 방법은 자신의 영혼에 빛이신 예수님을 구주로 모시는 것입니다.

이제 하나님은 성령으로 믿는 자의 마음에 함께 살아 계십니다. 성령님은 애인처럼 친밀하게 하나님의 자녀인 당신과 함께하십니다.

성령님은 나의 애인이십니다. 지금 성령님께서 영광의 구름으로 나를 덮고 계십니다. 지금 나의 마음과 몸에는 하나님의 영광이 가득하게 임재 해 계십니다. 하나님께 대한 사랑, 현재의 삶, 미래의 소망에 대한 기쁨이 넘칩니다. 아, 성령의 사람인 나는 행복합니다.

당신도 두려움이 없는 이런 축복을 누리십시오. 당신을 위해 기도합니다. 내 책을 읽으며 나 같이 두려움이 없는 현재와 미래를 소망하며 살도록 당신을 위해 기도합니다. 항상 성령님을 사랑하십시오. 오직 그분을 의지하십시오. 한번 따라서 고백해 보실까요?

"성령님, 사랑합니다. 사랑합니다. 성령님. 내 마음에 두려움이 있다면 성령님이 다 몰아내 주세요. 두려움이 없는 하나님과의 온전한 관계가 되도록 나를 도와주세요. 오늘과 미래도 나를 도와주세요."

어떤가요? 성령의 강물 같은 기름 부음이 느껴집니까? 사실 기름 부음은 느낌이 아닌 영적 사실에 대한 믿음입니다. 당신 안에 기름 부음이 가득하다는 사실을 믿으면 두려움이 모두 사라집니다.

여호수아는 모세의 후계자로 이스라엘의 지도자가 되었지만 연약한 자신과 백성들의 미래가 불안하고 두려웠습니다.

"내가 어떻게 이 많은 민족을 데리고 약속의 땅으로 가지? 나는 모세에 비해 많이 부족한 사람인데. 모세를 대적하고 비판했던 사람들도 있는데. 아, 두렵구나. 저 많은 사람들의 지도자로 서는 것이."

여호수아는 심히 두려웠을 것입니다. 크신 하나님은 이런 여호수아에게 다정하게 말씀하셨습니다.

"내 종 여호수아야, 너는 강하고 담대하라. 내가 모세와 함께 있었던 같이 너와 함께 있을 것임이니라. 내가 너를 떠나지 아니하며 버리지 아니하리니 너는 강하고 담대하라."

여호수아가 "하나님, 무척 떨립니다. 사람들의 눈초리가 무섭습니다. 나를 대적할까 두렵습니다"라고 말했습니다. 그러나 하나님께서는 재차 그에게 큰 용기를 불어 넣어 주셨습니다. "내가 네게 명령한 것이 아니냐? 강하고 담대하라. 두려워하지 말며 놀라지 말라. 네가 어디로 가든지 네 하나님 여호와가 너와 함께하느니라."

둘째, 하나님의 생각을 믿어야 합니다.

당신을 향한 하나님의 생각은 재앙이 아님을 알아야 합니다. 세상에 자기 자식에게 불행이나 재앙을 주는 부모는 없습니다. 그 부모를 지으신 큰 사랑의 하나님께서 어찌 당신에게 재앙을 주겠습니까? 나도 하나님에 대해 잘 몰랐을 때 하나님은 매일 때리는 무서운 분으로만 알았습니다. 그것은 하나님에 대해 모르고 크게 오해한 것입니다. 그분은 내가 잘되도록 사랑으로 위로하고 훈계하시는 좋은 분입니다.

지금 나는 정말 평안한 삶을 삽니다. 풍성하고 부요한 삶을 누립니다. 영육 간에 풍족합니다. 당신도 하나님에 대해 바르게 알고 진정한 하나님의 사랑을 받으면 나처럼 평안하고 부요한 삶을 살게 됩니다.

성경은 진리입니다. 성령 하나님은 말씀대로 내게 재앙이 아니라 풍성한 삶과 미래에 대한 희망을 주셨습니다. 나는 오늘도 이 생명의 복음을 위해 살아갑니다. 이 길은 거룩한 기쁨과 보람이 넘치는 길입니다. 하나님은 내게 아브라함처럼 억만장자의 부요함을 주셨습니다. 나는 성령님과 동업하며 복음을 위해 행복하게 삽니다.

하나님은 당신도 사랑하십니다. 그분은 당신이 하나님의 마음을 알고 이해하고 믿기를 원하십니다. 또 당신이 미래와 희망을 갖고 두려움 없는 부요한 삶을 누리길 원하십니다.

당신은 하나님을 경외함으로 모든 미래의 두려움에서 벗어나 행복하게 살아야 합니다. 하나님에 대해 바르게 알고 믿으면 그렇게 됩니다. "여호와의 말씀이니라. 너희를 향한 나의 생각을 내가 아나니 평안이요 재앙이 아니니라. 너희에게 미래와 희망을 주는 것이니라"(렘 29:11)는 말씀을 꼭 기억하십시오.

요즘 100세 시대입니다. 많은 이들이 100세 노후에 대비해 보험과 은퇴 자금을 마련합니다. 100세 생명보험은 유한한 것입니다. 그 보험에 들어 미래를 준비하는 것은 잘하는 것이지만 먼저 '영원보험'에는 반드시 가입해야 합니다. 자신이 영원히 살도록 영원보험에 들어야 합니다. 그 길은 어디 있을까요? 그 길은 오직 예수님 안에 있습니다.

"내가 곧 길이요 진리요 생명이다"라고 말씀하신 예수님만이 당신의 영원한 구주요 생명보험임을 명심하십시오. 지금 당신의 마음 문을 여십시오. 예수님께 이렇게 고백하고 그분을 사모하며 믿으십시오.

"예수님, 예수님이 나의 길과 진리와 생명이심을 믿습니다. 지금 내 마음의 문을 열고 예수님을 나의 구주로 모십니다. 내 안에 오셔서 나의 구주가 되어 주십시오. 나를 구원해 주시니 감사합니다. 나는 이제 하나님의 자녀가 되었습니다. 예수님의 이름으로 기도합니다. 아멘."

당신은 진심으로 기도했나요? 그렇다면 기뻐하십시오. 당신은 영원한 생명 재단의 가족이 되었습니다. 창조주 하나님 아버지가 당신의 아버지가 되어 주신 것입니다. 당신은 아버지 하나님이 생겼습니다. 은혜의 주 예수 그리스도께서 당신의 주님이 되셨습니다. 당신에게는 생명을 다 바쳐 충성할 만왕의 왕인 주님이 생겼습니다. 한번 선택한 자녀를 영원토록 보호하시고 필요한 은혜를 베푸시며 가르쳐 주시는 성령님이 당신의 하나님이 되셨습니다. 당신은 성령님과 날마다 사랑하며 살게 되었습니다. 진심으로 축하합니다.

하나님을 얻은 사람은 모든 것을 얻은 사람입니다. 하나님을 귀히 여기십시오. 성경을 귀히 여기십시오. 온전한 복음을 귀히 여기십시오. 성령님이 들려주시는 세미한 음성을 귀하게 여기십시오. 그리하면 당신은 의의 충만, 성령 충만, 건강 충만, 부요 충만, 지혜 충만한 삶을 누리게 될 것입니다. 왜 사람은 미래를 두려워할까요?

첫째, 그것은 자기 인생의 끝을 몰라서 그렇습니다.

나는 인생의 끝을 알기에 평화롭고 소망 가운데 삽니다. 이 세상에 사는 지금 내 안에 천국이 있고 육신의 생이 다하면 내 영혼은 약속대로 영원한 천국에서 영생할 줄 확신합니다.

당신은 어떻습니까? 현재도 미래도 평안합니까? 어떻게 미래도 평안하다고 말할 수 있냐고요? 믿음의 사람은 그렇게 말할 수 있습니다. 부활이요 생명이신 예수 그리스도가 믿는 자 속에 실제로 살아 계시기 때문입니다. 당신도 예수님을 굳게 믿으십시오. 그러면 나와 같이 현재도 미래도 두려워하지 않는 행복한 삶을 살 것입니다.

당신은 성경의 약속대로 예수님께서 당신의 죄와 목마름과 병과 가난과 어리석음과 징계와 죽음을 다 해결해 주신 것을 인정해야 합니다. 그리고 대신 당신에게 의와 성령 충만과 건강과 부요와 지혜와 평화와 영원한 생명을 주신 것을 믿으십시오. 이것이 비결입니다.

다음의 말씀을 마음에 깊이 새기십시오.

"예수께서 이르시되 나는 부활이요 생명이니 나를 믿는 자는 죽어도 살겠고 무릇 살아서 나를 믿는 자는 영원히 죽지 아니하리니 이것

을 네가 믿느냐."(요 11:25~26)

　그렇습니다. 먼저 부활과 생명의 축복을 믿음으로 획득한 사람은 미래가 두렵지 않습니다. 오히려 소망이 간절합니다. 하루하루가 기대됩니다. 오늘은 성령님께서 어떤 깨달음과 기쁨을 주실지 기대됩니다.

　토머스 제퍼슨은 "나는 과거의 역사보다 미래의 꿈을 더 좋아한다"고 말했습니다. 우리는 항상 오늘에 충실하되 미래를 그리워해야 합니다. 오늘에 충실할 때 내일이 기대되고 꿈이 실상으로 펼쳐집니다.

　무엇보다 당신 안에 살아 계신 크신 성령님을 찾으십시오. 성령님께 지혜를 구하고 인도를 구하고 도움을 요청하십시오. 그분과 사랑을 나누며 행복하게 살아가십시오. 성령님을 사랑하고 존중하며 살 때 당신의 내면에서부터 풍성한 기쁨과 능력이 흘러나와 당신에게 아름다운 삶의 열매가 가득하게 될 것입니다. 나와 함께 기도하실까요?

　"사랑의 예수님, 감사합니다. 이 시간 온전한 복음을 듣고 믿게 하시니 감사합니다. 지금 이 시간 내 마음 문을 열고 예수님을 나의 구주로 영접합니다. 예수님, 나를 구원해 주세요. 영원토록 나의 구주가 되어 주세요. 내가 예수님을 마음으로 믿고 입으로 시인하였으니 나의 구주가 되신 줄 믿습니다. 내 안에 성령으로 들어오신 줄 믿습니다. 성령이여, 점점 하나님을 아는 지식에서 자라게 하옵소서. 예수님의 이름으로 기도합니다. 아멘."

혼자라는 두려움 없이 사는 법

당신은 혼자라는 두려움으로 살지 않습니까?

나는 혼자라는 두려움으로 살지 않습니다. 나는 혼자가 아닌 여럿이서 함께 어울려 행복하게 삽니다. 나에게는 성 삼위 하나님이 함께하십니다. 성 삼위 하나님은 나의 하나님 아버지와 구주 예수 그리스도와 보혜사 성령님이십니다. 그리고 세상에는 나의 믿음의 가족들이 많이 있습니다. 그래서 나는 아주 든든하며 행복하게 삽니다.

그리고 생활 속에 나의 사랑하는 가족이 있습니다.

독일의 제 8대 총리인 앙겔라 메로켈(Angela Dorothea Merkel, 1954~)은 "빨리 가려면 혼자 가도 된다. 그러나 멀리 가고 싶다면 함께 가야 한다"고 말했습니다. 믿음의 사람들과 함께하십시오.

당신도 사랑하는 가족이나 가족같이 함께 삶을 나눌 사람이 주위에 있을 것입니다. 혹시 가족이 있음에도 '나는 혼자야'라고 스스로 만든 상자에 갇혀 살지는 않습니까? 하나님은 사람이 서로 사랑하며 같이 살기를 원하십니다. 혼자라는 부정적인 생각은 버리십시오.

나는 얼굴에 있는 큰 점으로 많은 심적인 고통을 안고 살았습니다. 사실 마음속에 장애가 있는 사람이었습니다. 나는 마음에 장애를 가지고 혼자라는 생각을 했습니다.

"나는 혼자야. 내 얼굴에 큰 점이 있는데 아무도 그 아픔을 이해하지 못할 거야. 그 점을 없애 주려고 아무도 신경 쓰지 않았어. 친척도 다 소용없네. 가까운 가족도 다 소용없어. 난 혼자야."

나는 혼자라는 생각을 많이 하게 되었고 낙심하고 좌절했습니다.

때때로 '혼자 살다 혼자 죽으면 어떻게 되는 건가?' 하고 가슴이 찡하고 저리고 아파서 매우 힘들어 했습니다. 나보다 능력이 많은 사람을 의지하기도 했지만 내 마음의 고통을 없애 주지는 못했습니다.

사람의 근본적인 고통을 해결하는 길은 어디에 있을까요?

참된 구원과 행복은 오직 하나님 안에 있습니다. 사람은 육신의 목숨에 한계가 있기 때문에 언제든지 내게서 떠날 수 있습니다. 얼마 전에 같은 건물에 사는 사람이 세상을 떠났습니다.

나이로 볼 때 아직 더 활동할 수 있는 사람이었습니다. 그런데 회사 입구에 광고가 붙어서 알았습니다. 그저께만 해도 인사하고 얼굴을 봤는데, 깜짝 놀랐습니다. 나는 아내에게 말했습니다.

"여보, 글쎄 아래층에서 사업하던 그 사람이 병원에 있다가 세상을 떠났다고 하네요."

"네? 그래요?"

우리는 잠시 인간의 죽음과 구원의 하나님을 생각했습니다.

사람은 의지할 대상이 아닙니다. 언제고 때가 되면 훌쩍 내 곁을 떠나 버리는 것이 사람이기 때문입니다. 나 역시도 주위의 사람을 훌쩍 떠날 수 있는 사람입니다. 그러므로 우리는 영생하시는 하나님을 의지해야 합니다. 변하기 쉽고 목숨에 한계가 있는 사람을 의지하므로 많은 사람이 낭패를 당합니다. 사람은 세월이 지나면 자신에게 상처를 주고 떠나갈 수도 있고 이익 때문에 배신할 수도 있는 연약한 존재임을 기억하십시오. 그렇다면 우리는 누구를 신뢰해야 할까요?

우리는 영원히 살아 계셔서 만물에게 복을 주시는 하나님을 믿어야 합니다. 그래야 무너지지 않는 반석 위에 지은 집 같은 인생을 누립니다. 하나님은 영적으로 고아같이 혼자 살아가는 우리에게 예수님을 보내 주셨습니다. 하나님을 떠나 영적으로 혼자라는 두려움에 싸여 사는 인간을 사랑하셨습니다. 아무 조건 없이 먼저 우릴 사랑하셨습니다.

"하나님이 세상을 이처럼 사랑하사 독생자를 주셨으니 이는 그를 믿는 자마다 멸망하지 않고 영생을 얻게 하려 하심이라."(요 3:16)

예수님을 믿는 자는 고아같이 혼자 살다가 멸망당하지 않습니다.

예수님을 믿고 나서 나는 혼자가 될 수 없었습니다. 왜냐하면 예수님이 성령으로 내 마음에 들어오셨기 때문입니다. 나는 그리스도 안에서 천국 가족의 일원이 되었고 천국 시민권을 가졌습니다.

예수님을 믿는 자는 세상에서 고아같이 혼자가 아닙니다. 대화 상대도 있고 서로 사랑하며 꿈을 위해 협력하는 형제들이 있기 때문입니다. 당신도 오늘부터 교회에 다니면 같이 하나님을 아버지라 부르며 하나님을 섬기는 형제자매들을 많이 만날 수 있습니다.

나도 처음에 예수님을 믿고 교회에 다니면서 하나님을 성실하게 믿는 형제들과 좋은 교제를 나누었습니다. 믿음의 말을 하며 항상 예수님을 높이는 그들로부터 나는 신앙적인 도움을 받았습니다. 처음 신앙생활을 할 때 나에게 일할 수 있는 직장도 제공해 주고 신앙과 직장생활을 균형 있게 하도록 나를 이끌어 주었습니다.

지금 생각해 보면 정말 고마운 분들이었습니다. 지금 나는 그 사랑의 빚을 갚는 마음으로 복음을 위해 삽니다. 한 예로 한 주에 한번씩

4~7세 되는 어린이들에게 온전한 복음을 힘써 전합니다. 내가 구원 받기까지 성령님께 순종하여 나를 섬겨 준 그 사랑의 빚을 갚기 위해 서입니다. 하나님의 사랑의 빚을 내가 갚을 수 없지만 은혜에 감사한 마음으로 복음을 전하며 삽니다. 믿음으로 복음의 씨앗을 뿌립니다.

천국 가족은 예수님의 보혈로 죄와 목마름과 병과 가난과 어리석음을 해결한 사람들입니다. 천국 가족은 의인됨과 성령 충만함과 건강함과 부요함과 지혜 충만함의 복을 누리며 삽니다.

예수님을 믿으면 어떤 모임에 가입이 될까요?

예수님을 믿으면 의인들의 모임에 자동으로 가입이 됩니다. 악인들과 죄인들은 의인들의 모임에 들지 못합니다. 그런데 "다 이루었다" 하신 예수님의 공로를 믿는 자는 의인들의 모임에 일원으로 사는 것입니다. 그 의인들은 천국의 부요함을 서로 나누며 기쁘고 즐겁고 행복하고 가치 있는 인생을 삽니다. 무엇보다 복음을 위해 협력하며 삽니다. 하나님은 우리가 서로 교제하며 살기를 바라십니다.

당신은 진정으로 마음을 나눌 가족이 있습니까? 친구가 있습니까?

하나님은 당신을 위해 당신이 생각하는 것보다 훨씬 좋은 형제자매들을 예비하셨습니다. 당신도 적극적으로 좋은 믿음의 친구를 사귀겠다는 소원을 가지십시오. 예수님을 믿고 그분을 친구로 사귀십시오. 천국의 가족의 일원이 되십시오. 함께 성령으로 충만한 삶을 누리십시오. 어떻게 해야 성령으로 충만하게 살 수 있을까요?

예수님을 믿으면 됩니다. 주를 믿는 나의 마음에 태양보다 큰 빛 되신 예수님이 영광중에 살아 계심을 믿으면 됩니다. 권능의 신이신 성령님이 자신 안에 살아 계심을 믿으면 됩니다. 예수님은 "나를 믿는 자는 그 배에서 생수의 강이 흘러 나리라"고 말씀하셨습니다.

"명절 끝날 곧 큰 날에 예수께서 서서 외쳐 이르시되 누구든지 목마르거든 내게로 와서 마시라. 나를 믿는 자는 성경에 이름과 같이 그 배에서 생수의 강이 흘러나오리라."(요 7:37~38)

지금 당신 안에 생수가 아마존 강 같이 흘러나오고 있음을 믿으십시오. 불같은 성령님의 권능이 당신의 믿음을 통해 나타남을 믿으십시오. 성령님이 당신 안에서 강 같은 평화와 강 같은 능력을 갖고 계심을 믿고 행하십시오. 믿음으로 사는 의인이 능력 있는 삶을 삽니다.

예수님은 너무나 고마우신 분이십니다. 왜냐하면 2천 년 전에 성육신하여 십자가에서 우리의 죄 값으로 죽어 주셨기 때문입니다. 그리고 예수님은 우리를 마귀가 판치는 이 세상에 고아와 같이 버려두지 않으시려고 성령으로 다시 오셨기 때문입니다.

예수님을 믿는 당신과 나의 마음에 그리스도의 영이신 성령님이 오셨습니다. 그래서 우리는 혼자가 아닙니다. 그분은 우리의 하나님이시며 주님이십니다. 우리의 친구이시고 스승이시며 우리의 애인되십니다. 성령님은 언제나 사랑으로 우리를 도와주고 계십니다.

혼자라는 두려움에 휩싸인 사람은 밤도 두렵고 아침에 일어나는 것도 두렵습니다. 그러나 성령님과 함께라면 모든 삶이 기쁩니다. 성령님이 그분의 음성으로 갈 길을 인도하시고 가르쳐 주시기 때문입니다.

혼자라는 마귀의 속삭임에 절대 속지 마십시오.

당신은 혼자가 아닙니다. 가만히 생각해 보십시오. 당신 주위에 얼마나 좋은 사람들이 많습니까? 혼자 삐져서 마음 문을 닫지 마십시오. 밝음과 명랑함과 좋은 가치를 좇는 사람과 사귀십시오. 믿음과 진실함과 착함을 가진 사람을 사귀십시오. 하나님을 경외하는 하나님의 종을 존중하십시오. 하나님을 경외하는 이들과 분별 있게 사귀십시오. 당신도 그런 사람이 되고자 부지런한 믿음으로 사십시오.

나는 아침에 깨면 웃으며 성령님께 먼저 인사를 합니다.

"사랑합니다. 성령님. 안녕하세요? 성령님? 오늘 하루 나의 일과를 돌봐 주세요." 그러면 성령님은 "알았다. 내 그리 하마" 하고 웃으십니다. 그리고 실제로 잠자리에서 성령님을 부르며 하루를 돌아보면 성령님의 인도하심으로 행복한 하루였음을 고백하게 됩니다.

"성령님, 오늘 하루 정말 멋진 하루였어요. 고맙습니다."

"성령님과 함께하는 삶은 정말 행복합니다. 감사해요."

"이제 함께 잠자리에 드시지요."

하나님은 고아의 아버지이십니다. 당신이 고아처럼 생각되어 혼자라는 두려움에 살거든 꼭 예수님을 믿으십시오. 자신이 고립되어 있다고 생각되고 두려움에 견디지 못할 때 하나님을 찾으십시오. 그러면 성령을 선물로 받습니다. 성령님은 영원히 당신과 함께하십니다. 그분은 따뜻한 부모와 같이 당신을 보살피며 당신이 행복하게 살도록 친절하게 도와주실 것입니다.

어떻게 해야 성령님과 사귀며 살 수 있을까요?

성령님은 믿음으로 친밀하게 사귈 수 있습니다. 세상 친구보다 먼저 보혜사 성령님을 당신의 친구로 만드십시오. 성령님은 놀라우신 하나님이십니다. 당신이 만약 성령님을 애인처럼 사귀며 산다면 놀라운 축복의 삶을 경험할 것입니다.

지금도 수많은 사람들이 마귀의 속삭임에 속고 삽니다. 자기 스스로 울타리를 칩니다. 그러면 안 됩니다. 세상은 혼자 사는 것이 아닙니다. 더불어서 함께 사는 곳입니다. 우리가 세상에 태어날 때 기본적으로 부모가 있습니다. 형제가 있습니다. 가족이 있고 이웃이 있습니다. 나라가 있다는 것은 그 안에 속한 동포가 이웃이고 넓은 의미의 가족인 것입니다.

요즘은 원룸이 인기입니다. 혼자 사는 사람이 많습니다. 특별한 경우에 일정 기간은 혼자 있을 수 있습니다. 하지만 평생 그렇게 산다는 것은 좋은 것이 아닙니다. 남자나 여자가 성년이 되면 적당한 때에 결혼을 해야 합니다. 결혼은 음란한 세대에서 자신을 지키는 하나의 방편이기도 합니다. 당신은 하나님을 경외하는 가정을 세우십시오.

이 세상에서 최고의 친구는 예수님이십니다. 예수님은 이 땅에 오셔서 우리의 죄 값을 다 지불하시고 십자가에서 승리하셨습니다. 예수님을 믿음으로 우리의 모든 죄 값과 사망과 저주가 사라집니다. 그 대신에 예수님의 의와 성령 충만과 건강과 부요를 믿음으로 받아 누리게 됩니다. 영으로 오신 예수님 곧 성령님은 영원히 믿음의 사람과 함께하며 친구가 되어 주십니다.

당신은 아직도 혼자라는 우울한 마음에 빠져 있지 않습니까?

빨리 빠져나오십시오. 넓고도 따뜻한 성령님의 품에 안기십시오. 혼자 무엇을 하려고 하지 말고 스승이신 성령님께 여쭈십시오.

나는 매사에 성령님께 여쭈어 봅니다.

"성령님, 이 일은 어떻게 해야 할까요? 저 일은 언제 처리하죠?"

그러면 성령님께서는 "음, 조금 기다려 봐라. 내가 일하고 있다. 그건 걱정하지 마라" 하고 세미한 음성으로 나를 인도해 주십니다.

당신도 성령님과 함께 일을 처리하는 방법을 터득하십시오. 성령님과 모든 일을 함께하십시오. 휴식도 성령님과 함께하십시오. 숨을 쉴 때도 성령님을 부르십시오. 인생의 모든 것을 성령님과 함께 나눈다면 당신의 삶은 분명히 생수가 흐르는 시냇가와 같을 것입니다.

거기에 물고기가 살고 풀과 나무들이 건강하게 성장하고 번창해질 것입니다. 거기에는 '쪼르르 쪼르르' 노래하는 예쁜 새들이 날아들 것입니다. 마치 에덴동산과 같은 행복한 풍경이 될 것입니다.

성령님과 사는 사람은 영원히 절대로 혼자가 아닙니다. 성령님과 친숙하게 사는 사람은 혼자라고 생각하며 비틀거리는 사람을 도와줄 수 있습니다. 그들에게 하나님의 영광을 보여줄 수 있습니다. 희망의 복음을 전해줄 수 있습니다.

기억하십시오. 그리스도 예수를 믿는 당신은 절대 혼자가 아닙니다. 왜냐하면 우주에서 최고로 뛰어난 친구이자 최고의 멘토이신 성령님이 당신과 영원토록 함께하시기 때문입니다. 성령님과 사는 당신은 최고의 친구를 둔 행복한 사람입니다. 다음의 말씀을 마음에 깊이 새기십시오. "내가 아버지께 구하겠으니 그가 또 다른 보혜사를 너희에게 주사 영원토록 너희와 함께 있게 하리니."(요 14:16)

나와 함께 기도하실까요?

"하나님 아버지, 감사합니다. 고아같이 살던 최고의 친구이신 성령님을 보내 주셔서 감사합니다. 그동안 성령님을 소홀히 대했던 것을 회개합니다. 앞으로 성령님을 최고의 친구로 사귀며 살도록 노력하겠습니다. 나의 모든 일과 삶에 성령님을 존중하겠습니다. 성령님, 사랑합니다. 성령이여, 항상 동행하기를 원하오니 강력한 감동과 말씀으로 나를 인도하옵소서. 예수님의 이름으로 기도합니다. 아멘."

후회하는 두려움 없이 사는 법

당신은 자주 후회하며 살지 않습니까?

나는 후회하며 살지 않습니다. 나는 내가 한 일에 후회함으로 시간을 낭비하지 않고 저술과 강연을 하며 나의 길을 달려갑니다. 나는 손에 쟁기를 잡은 사람입니다. 그러므로 앞만 봅니다. 앞에 계신 믿음의 주요 온전하게 하시는 예수 그리스도만 바라보며 의지합니다.

미국의 작가 메이슨 쿨리(Mason Cooley, 1927~2002)는 "낭비한 시간에 대한 후회는 더 큰 시간 낭비다"라고 말했습니다.

나는 예전에 작은 아파트를 가지고 있었습니다. 그 아파트를 팔고 싶지 않았고 보존하여 오래 가지고 있고 싶었는데 친구의 말을 듣고 팔아 버렸습니다. 지금 갖고 있었으면 억대의 아파트입니다.

"음, 내가 그때 그걸 왜 팔았지? 내 귀는 왜 이렇게 얇은 거야?"

"다른 사람의 말을 듣지 말고 내 중심을 가지고 끝까지 갖고 있어야 했는데, 내가 하나님이 주신 재물을 잘 관리하지 못한 건가?"

나는 종종 후회하며 시간을 낭비했습니다.

후회가 밀려오면 때때로 한숨을 쉬기도 했습니다. 후회에 빠지다 보면 괜히 팔아도 된다고 한 그 친구가 서운하게 느껴지기도 합니다.

그런데 후회한들 무슨 소용이 있습니까? 자고로 지나간 버스에 미련을 두지 말라고 하지 않습니까?

내가 크게 후회한 것 중의 하나는 저축 생활을 하지 않았다는 것입니다. 잘못된 물질관으로 살았기 때문입니다. 크리스천이 그것도 주의 종의 길을 가는 사람이 저축하면 실패하는 종이 되는 줄 알았습니다. 믿음이 없는 신앙생활을 하는 사람인 줄 알았습니다.

하나님께서 하늘 문을 열고 곳간에 쌓을 것과 마음껏 누리며 복음을 위해 쓸 것을 주셨는데 내가 곳간 관리를 잘하지 못했다는 사실을 깨닫게 되었습니다. 나는 후회를 하고 '다시는 그러지 말아야지' 하고 굳게 결단했습니다. 물론 지금은 저축 생활을 잘합니다.

수입이 생기면 먼저 하나님께 드리는 십일조를 구별해 놓습니다. 더 나아가 요셉처럼 오분의 일 법칙으로 하나님의 것을 먼저 구별해 놓고 주일 예배 시간에 하나님께 올립니다. 그리고 내게 허락하신 곳간에 저장을 해 둡니다. 나의 꿈을 위해서 가정을 위해서 복음을 위해서 재물을 관리하며 적절하게 사용합니다.

요즘 가장 후회되는 일은 성경을 읽으면서도 복음을 제대로 보지 못한 것입니다. 복음을 더 귀하게 여기지 못했고 예수 그리스도를 알기에 힘쓰지 않았던 날들입니다. 지금은 성령님의 은혜로 성경을 보는 눈이 열려서 그리스도 예수님의 영광을 보며 삽니다. 성경을 통해 예수님의 영광을 보고자 힘쓰고 사모하며 날마다 삽니다.

제일 큰 후회는 사랑을 많이 베풀지 못했다는 아쉬움입니다. 그래서 나는 결심했습니다. "그래, 나는 복음 전도자니까 복음으로! 복음으로 영혼들을 더욱 더 사랑하며 살리라!" 하고 결심했고 지금도 성실히 복음을 전하며 그들을 사랑하고자 노력합니다.

호스피스 전문의인 오츠 슈이치는 천여 명이 넘는 말기 환자들과 이야기를 해보았고 그들의 죽음을 옆에서 지켜봤습니다. 그는 그들과의 대화중에 그들이 하는 마지막 후회에는 큰 공통점이 있음을 발견하고 〈죽을 때 후회하는 스물다섯 가지〉란 제목의 책을 써 냈습니다.

그 중에 몇 가지 핵심적인 것을 보면 환자들이 죽어 가면서 한 후회는 "꿈을 꾸고 그 꿈을 이루려고 노력하지 않은 것, 감정에 휘둘리며 살았던 것, 죽도록 일만 하며 살았던 것, 삶과 죽음의 의미를 진지하게 생각하지 않았던 것, 신의 가르침을 알지 못했던 것" 등등 입니다.

나는 예전에 목회할 때 연로한 성도가 병원에 입원해 있어 심방을 다녀왔습니다. 가서 그 성도를 위해 기도하고 위로의 말씀을 전했습니다. 그 성도는 죽음 앞에서도 평안한 모습이었습니다.

나는 "예수님을 믿지요? 예수님이 피를 흘리신 것은 성도님의 죄를 용서하기 위함입니다. 예수님을 믿으면 천국에 갑니다. 어떤 상황이든 예수님만 찾으세요. 예수님만 믿으세요" 하고 복음을 들려주었습니다. 그 성도는 고개를 끄덕이며 살짝 웃었습니다. 나는 기도를 한 후 돌아왔고 며칠 후에 그 성도는 아주 편안한 마음으로 천사들에게 받들려 천국으로 갔습니다. 많은 고통도 없었고 긴 어려움도 없었습니다. 예수님 안에 있는 성도는 죽음도 평안합니다.

사람들은 왜 죽음 앞에서야 하나님을 모르고 죽도록 일만 하며 살았던 것을 후회할까요? 사람들은 왜 삶과 죽음의 의미를 진지하게 생각하지 않고 바쁘게 살아갈까요? 사람들은 이 땅에 참 하나님이신 예수님이 오셔서 하나님을 알려 주었는데도 그분을 알지 못할까요?

한 마디로 자신의 영혼에 대해서 무관심하다는 것입니다. 세상에서 당신의 영혼이 가장 귀한 것임을 알아야 합니다. 죽도록 일만하며 살아 많은 돈을 모아도 그것이 당신의 영혼을 천국으로 인도하지 못함을 알아야 합니다. 자신의 영혼에 대해 진지해야 합니다.

당신이 혹시 이렇게 후회하는 범위 안에 있다면 속히 예수님을 믿어야 합니다. 예수님을 믿으면 스물다섯 가지의 후회를 하지 않는 복된 인생이 됩니다. 아니 이천오백 가지의 후회를 하지 않는 복된 인생이 됩니다. 하나님 안에 있는 복된 인생을 선택해야 합니다.

하나님을 떠나 사는 사람은 후회하며 삽니다.

죄를 지음으로 후회하며 삽니다. 결국에 예수님을 믿지 않고 죄를 해결하지 못한 것을 뼈저리게 후회합니다. 예수님을 만난 사람은 흡족하게 삽니다. 예수님의 보혈로 죄를 용서 받고 의인이 된 것을 매우 기뻐하며 삽니다. 목자이신 예수님 안에서 행복해 합니다.

하나님을 떠나 사는 사람은 날마다 목말라 하는 후회의 삶을 삽니다. "아! 목말라. 왜 이렇게 내 마음이 목이 마른 거지?" 하며 일생 동안 영혼의 목마름으로 고통을 받습니다. 결국에 영원히 고통스럽게 목마른 지옥 불로 떨어집니다. 예수님을 만난 사람은 일 년 내내 시원하게 삽니다. 마음에 살아 계신 성령님이 항상 생명수를 부어 주시기 때문입니다. 성령님의 기름 부음이 최고의 생수입니다.

"아, 시원해. 와아, 정말 시원해."

"역시 성령님표 생수가 최고야. 아, 시원해."

이렇게 성령님께서 철철 넘치게 부어 주시는 생수를 마시며 시원하게 오아시스 인생을 누립니다. 당신은 어떻습니까?

하나님을 떠나 사는 사람은 이미 환자입니다. 죄의 환자입니다. 미움, 다툼, 시기, 질투, 음란, 음행, 살인, 거짓말, 흘기는 눈, 중상모략, 불효, 불충 등등 마음으로부터 죄의 환자인 것입니다.

만병의 뿌리가 마음에 있음을 아십니까?

마음은 죄인인데 몸은 건강하여 오래 살 수 있습니다. 마음은 의인인데 몸은 허약하여 오래 살지 못 할 수도 있습니다. 마음이 의인인데 몸도 건강하여 장수하는 사람도 있습니다. 당신은 어떤 삶을 원하십니까? 예수님을 만난 사람은 몸도 마음도 건강하게 삽니다. 예수님께서 채찍에 맞으심으로 질병을 다 가져가셨음을 믿는 강한 믿음이 있기 때문입니다.

하나님을 떠나 사는 사람은 이미 가난한 인생입니다.

"네? 하나님을 믿지 않는데 부자인 사람이 많다고요?"

그럴 수 있습니다. 하나님이 지으신 인간은 위대한 존재이니까요. 그러나 우린 누가 참된 부자인가를 알아야 합니다.

성경 누가복음 16장에는 세 사람이 나옵니다.

첫 번째 사람은 하나님을 모르고 천국도 모르는 어리석은 부자입니다. 두 번째는 하나님을 믿는데 가난하고 병든 나사로입니다. 세 번째는 하나님을 믿고 대부호로 살았던 아브라함입니다.

어리석은 부자는 돈이 많아 날마다 잔치했습니다. 좋은 옷을 입고 맛난 음식을 먹으며 많은 친구들과 즐기며 살았습니다. 그런데 그는 예수님을 믿지 않았던 사람입니다. 그가 죽자마자 불지옥으로 떨어졌습니다. 당신은 세상에 널린 책 속에서 말하는 성공에 속으면 안 됩니다. 사람들이 말하는바 성공했다는 사람의 겉만 보면 안 됩니다. 누구와 관계된 성공이냐를 볼 줄 알아야 합니다.

하나님의 아들 예수 그리스도가 없는 성공, 돈, 재물, 이성, 권력, 명예는 당신을 행복하게 해줄 수 없음을 명심해야 합니다.

나사로는 거지라 부자의 상에서 떨어지는 것을 먹곤 했습니다.

병에 걸렸는데 개들이 와서 핥기도 했습니다. 그런데 그는 예수님을 믿었던 사람입니다. 그는 죽자마자 천사들에게 받들려져 천국으로 옮겨졌습니다. 하나님이 없는 부자로 살다 지옥 불에 떨어지는 것보다 하나님이 있고 거지같이 살더라도 죽어 천사들에게 받들려 천국에 들어가는 것이 수억 배나 낫습니다. 그리고 아브라함처럼 하나님이 있고 하나님이 주신 여러 가지 부요함을 누리며 살다 천국에 가는 신앙도 있음을 알아야 합니다.

당신은 어떤 부자로 살다가 세상을 떠나길 원하십니까?

이왕이면 아브라함의 믿음과 풍성한 삶을 선택하십시오.

어떻게 해야 후회하는 두려움 없이 살 수 있을까요?

첫째, 하나님께서 당신을 부르심에 후회하심이 없음을 알아야 합니다. 많은 이들이 하나님의 사랑을 잘 알지 못합니다.

하나님의 아들 예수님을 통해 의와 성령 충만과 건강과 부요의 복을 주신 것을 알아야 합니다. 결코 우리가 잘나서 무엇을 해서 받는 것이 아닙니다. 오직 예수님이 십자가에서 "다 이루었다" 하시며 이루어 놓으신 그 복을 믿음으로 받아 누리면 되는 것입니다. 아브라함이 바로 그 복을 받아 누린 사람입니다. 하나님은 당신을 사랑하십니다. 아직 예수님을 믿지 않는 당신도 지금 예수님을 믿는 당신도 하나님은 변함없이 사랑하고 계십니다.

하나님의 사랑을 믿고 사는 하나님의 자녀는 후회함이 없는 믿음의 삶을 살며, 세상을 정복하며 누리게 됩니다. "하나님의 은사와 부르심에는 후회하심이 없느니라"(롬 11:29)고 했습니다.

둘째, 하나님의 뜻대로 후회해야 합니다.

후회를 하더라도 하나님의 방식으로 해야 합니다.

하나님의 방식은 "너, 또 실수했구나. 그럴지라도 낙심하며 자학하지 말고 십자가에 달린 예수님을 바라보면 된다"는 것입니다. 크리스토퍼 머레이는 "후회는 수술을 하는 것과 같다. 마음의 더러운 조직을 잘라 내기 때문이다"라고 말했습니다.

고린도후서 7장 10절에 "하나님의 뜻대로 하는 근심은 후회할 것이 없는 구원에 이르게 하는 회개를 이루는 것이요 세상 근심은 사망을 이루는 것이니라"고 말씀합니다.

우리는 후회할 일이 있으면 당당하게 후회는 하되, 후회하며 낙심하며 좌절하며 넘어져 있으면 안 됩니다. 후회도 믿음으로 해야 합니다. 십자가를 봐야 합니다. 우리의 죄와 허물을 사하시려 십자가에서 피와 물을 쏟으신 그 주님을 봐야 합니다. 그것이 회개인 것입니다.

주님께서 "내가 다 이루었다" 하신 그 승리를 믿어야 합니다. 예수님을 진심으로 믿지 않았던 가룟 유다는 예수님을 은 삼십에 판 것을 후회는 하였으나 회개하지 않았습니다. 그는 비참한 결과에 빠졌습니다. 우리는 아무 일을 만나도 오직 예수님이 나의 구주이심을 믿어야 합니다. 믿는 자는 살면서 짓는 죄를 자책하며 혼자서 후회하지 말고 예수 복음을 믿으며 회개해야 합니다. 회개란 내가 후회스런 그 어떤 것을 저질렀을지라도 회개하면 예수님이 보혈로 다 용서해 주신다는 복음을 믿는 것입니다. 복음을 믿고 예수님 안에 거하는 것입니다. 예수님 십자가 우편에 달렸던 강도처럼 오직 예수님을 믿고 찾는 마음입니다. 후회는 인본적이요 회개는 신본적인 것입니다.

"하물며 영원하신 성령으로 말미암아 흠 없는 자기를 하나님께 드린 그리스도의 피가 어찌 너희 양심을 죽은 행실에서 깨끗하게 하고 살아 계신 하나님을 섬기게 하지 못하겠느냐."(히 9:14)

죄를 지었을 때 회개하면 다 용서받고 흰 눈보다 더 희어집니다.

셋째, 믿는 자는 푯대를 향하여 달려야 합니다.

예수님을 믿는 사람은 모든 죄를 다 용서 받은 사람입니다.

때문에 자신을 정죄하거나 마귀의 참소에 속으면 안 됩니다. 바울도 "누가 우리를 정죄할 수 있겠습니까? 의롭다 하신 이는 하나님이시니 누가 정죄할 수가 있겠습니까? 절대 없습니다!"라고 강력하게 선포했습니다. 그러기에 후회가 되면 거기서 교훈을 얻고 빨리 자신의 갈 길을 달려가야 합니다. 그 인생이 복된 인생입니다.

바울은 "내가 살면서 왜 실수가 없었겠느냐. 왜 잘한 것이 없었겠느냐. 그러나 나는 과거에 매여 후회하며 시간 낭비 안 하련다. 오직 하나님의 복음을 위해서 앞만 보고 달려간다"고 고백했습니다. 인생은 그렇게 살아야 합니다. 오직 마음에 천국의 영광을 누리며, 천국에 입성하기까지 믿음으로 달려가야 합니다.

나는 나의 천직인 복음을 위한 저술과 강연과 사업을 하며 부지런히 나의 길을 달려가고 있습니다. 당신은 무엇을 하고 있습니까? 자기 일을 사랑하는 사람은 부지런히 그 길을 갑니다. 당신은 왜 후회하며 주저앉아 있습니까? 당신도 부지런히 성령님을 믿고 동행하며 복음을 위한 길을 가십시오. 그러면 후회하는 두려움 없이 성령님과 함께 행복하게 살 것입니다. 바울은 오직 앞을 향해 달려간다고 말했습니다.

"내가 이미 얻었다 함도 아니요 온전히 이루었다 함도 아니라 오직 내가 그리스도 예수께 잡힌바 된 그것을 잡으려고 달려가노라. 형제들아, 나는 아직 내가 잡은 줄로 여기지 아니하고 오직 한 일 즉 뒤에 있는 것은 잊어버리고 앞에 있는 것을 잡으려고 푯대를 향하여 그리스도 예수 안에서 하나님이 위에서 부르신 부름의 상을 위하여 달려가노

라."(빌 3:12~14)

　나와 함께 기도하실까요?

　"하나님, 감사합니다. 그동안 때때로 후회하며 살았으나 회개하는 해결책을 가르쳐 주셔서 감사합니다. 내가 예수님을 믿음으로 누구에게도 정죄함을 받지 않는 의인임을 항상 명심하고 살겠습니다. 후회가 오면 교훈을 얻고 다시 나의 본분에 힘쓰겠습니다. 믿음으로 후회를 넘어 재빨리 회개함으로 하나님의 완전한 의인 복음을 더욱 굳세게 붙들겠습니다. 성령이여, 오늘 복음의 능력으로 나를 통치하옵소서! 예수님의 이름으로 기도합니다. 아멘."

자신감 없는 두려움 없이 사는 법

당신은 자신감이 넘치게 삽니까?

나는 자신감이 넘치게 삽니다. 나의 내면에 끊임없이 격려하시는 성령님이 계시기 때문입니다. 성령님은 나를 향해 계속해서 말씀해 주십니다. "화수야, 강하고 담대하라. 내가 너와 함께하고 있다. 너는 마음을 강하게 하고 담대히 하라"고 격려해 주십니다. 내가 좀 실수해도 성령님은 "괜찮다. 힘내라. 내가 너와 함께하며 널 사랑해"라고 칭찬해 주십니다. 그러니 나는 예수님 안에서 자신감 있게 삽니다.

수많은 사람에게 희망을 주는 삼중고의 성녀인 헬렌 켈러(Helen Adams Keller, 1880~1968)는 "낙관주의는 성공으로 인도하는 믿음이다. 희망과 자신감이 없으면 아무것도 이룰 수 없다"고 말했습니다. 인생은 자신감이 있는 사람에게 기회를 줍니다.

나는 늘 나 자신에 대해 부정적이었습니다. "나는 할 수 없다. 내가 그걸 어떻게 할 수 있단 말인가"라며 자신감 없이 살았습니다.

내가 초등학교 6학년 때의 일입니다.

날 가르치셨던 분은 남자 선생님인데 별명이 '호랑이 선생님'이었습니다. 선생님이 "이화수, 앞에 나와서 칠판에 써 놓은 이 문제를 풀어 봐"라고 하면 "네, 선생님" 하고 대답을 조그맣게 했습니다.

온 몸에서 진땀이 났습니다.

"아이고, 어떻게 하지. 어떻게 해야 하나."

나가는 시간이 늦어지니까 친구들이 빈정댑니다.

"야, 빨리 나가. 시간 없단 말이야."

결국 칠판 앞에 갔지만 제대로 문제를 못 풀고 들어왔습니다.

나는 빨갛고 큰 점을 친구들이 볼까 봐 두려웠습니다. 친구들이 한 마디씩 할까 봐 마음 졸였습니다. 문제를 푸는 것보다 내 얼굴을 가지고 놀려댈까 봐 그것이 더 싫었습니다. 머릿속이 하얗게 되었습니다. 아무 생각도 안 났습니다. 나는 몸도 마음도 위축되었습니다.

시간이 갈수록 그런 내가 후회되었습니다.

"이런, 아까 좀 더 힘을 내서 잘할 걸."

"왜 쭈뼛쭈뼛 댔지? 바보 멍청이 같이."

"아, 멍청이. 아, 이화수 멍청이. 조금만 침착했으면 충분히 잘 풀고 들어 올 수 있었는데" 하며 속상해 했고 오랫동안 그 여운이 남아 나를 힘들게 했습니다.

당신도 나처럼 어떤 일을 해내는 것에 대해 두려워하진 않습니까? 혹시 매사에 자포자기를 하는 스타일은 아닙니까? 시도도 해보지 않고 패배 의식에 젖어 살지는 않습니까?

나는 발표를 잘하는 친구들을 보면 부러웠습니다.

"쟤는 왜 저렇게 말을 잘하지?"

"쟨 뭐가 저렇게 당당한 거야? 뭐야?"

친구들이 수업 시간에 발표할 때나 서로 어울려 말할 때 자신에 대해 당당하게 표현하는 모습을 보면 나는 정말 신기하게 느껴졌습니다.

나는 완전히 자신감이 결핍된 상태에서 자랐고 살아왔습니다.

어릴 적의 습관이 내면에 자리 잡자 자포자기 상태로 지낸 적이 많았습니다. 내가 공부를 잘할 수 있다는 자신감은 거의 없었습니다. 내가 운동을 잘할 수 있다는 자신감도 없었습니다. 무엇인가를 잘할 수 있다는 생각을 나는 할 수가 없었습니다.

누구의 탓으로 돌리겠습니까? 나는 아무도 탓하고 싶지 않습니다. 다만 인생에 대해 무언가를 조금 깨달았을 때 "음, 그때 누군가가 어떻게 살아야 할지에 대해 구체적으로 가르쳐 주었더라면 내 인생이 더 멋지게 전개되었을 텐데"라는 아쉬운 마음이 있을 뿐입니다.

당신도 그런 경우는 없습니까?

지금 나는 하나님 앞과 사람 앞에서 한없이 당당하게 살아갑니다.

나는 하나님 앞에서 순한 양처럼 살고 있습니다. 나의 목자인 하나님께 응석을 부립니다. 그러나 나는 세상을 향해서는 강한 용사입니다. 사자와 같고 독수리 같은 마인드로 삽니다. 지혜롭고 영민한 천재작가 대부호로 삽니다. 이 모두가 예수님의 은혜입니다.

예수님은 자포자기하며 사는 내 인생을 럭셔리하고 새로운 인생으로 바꿔 주셨습니다. 예수님은 패배주의자인 나를 성공하는 사람으로 변화시키셨습니다. 예수님은 나를 새롭게 해주시려고 큰 고통의 십자가를 짊어져 주셨습니다. 내가 영원한 지옥의 패배자로 살아야 하는데 예수님이 내 대신 십자가에서 그러한 패배의 고통을 당해 주신 것입니다. 예수님은 나의 고통을 짊어지고 십자가에서 "다 이루었다"고 하셨습니다. 예수님은 "내가 십자가에서 너의 모든 모자람을 다 이루었으니 너는 나를 믿기만 하라"고 말씀하셨습니다.

나는 주님을 믿기만 했는데 죄의식과 좌절의 두려움에서 건져졌고 정죄가 없는 당당한 의인으로 자신감이 넘치는 삶을 살게 되었습니다.

나는 주님을 믿기만 했는데 두려움을 주는 각종 목마름에서 건져짐으로 목마름이 없는 오아시스 같은 자신감을 갖게 되었습니다.

나는 주님을 믿기만 했는데 두려움을 주는 각색 질병에서 건져짐으로 질병이 없는 건강한 자신감이 넘치게 되었습니다.

나는 주님을 믿기만 했는데 두려움을 주는 모든 가난에서 건져짐으로 가난함, 가난 의식, 거지 의식, 노예 의식이 사라지고 부요함, 부요 의식, 왕자 의식, 재벌 가문 의식이 넘치는 대부호의 자신감을 갖게 되었습니다. 나는 주님을 믿기만 했는데 두려움을 주는 어리석음에서 건져짐으로 어리석음이 없는 천재적인 큰 지혜로 자신감이 넘치게 되었습니다. 지금 나는 자신감이 넘치는 삶을 살아갑니다.

나의 마음속에는 항상 기쁨과 감사와 믿음이 충만합니다.

이런 영적인 요소는 매우 중요하며 자신감이 생기게 하는 원동력입니다. 예수님은 죽으시고 삼일 만에 부활하신 놀랍고도 전지전능하신 하나님이십니다. 하나님은 지금 내 안에 성령님으로 나와 함께 살고 계십니다. 성령님은 내 안에서부터 사랑과 기쁨과 평화와 인내와 친절과 선함과 신실함과 온유와 절제의 영을 부어 주고 계십니다.

이전의 나는 온데간데없고 지금의 나는 오직 새롭게 지으심을 받은 성령의 사람이랍니다. 지금 나는 청중 앞에서 강연하는 것이 매우 즐겁고 기쁘고 보람찹니다. 책을 쓰고 책을 통해 나를 살리신 복음을 이야기해 주는 것도 너무나도 기쁘고 행복하고 살맛납니다.

세상에서 나는 가장 행복한 사람입니다. 예전에 열등감과 패배 의식에 눌린 나와는 비교할 수 없는 새사람이 된 것입니다.

성령님은 자신감이 없는 나에게 능력이 되어 주셨습니다. 생명을 살리고 영혼을 사랑하는 능력을 주셨습니다. 이 놀라운 능력의 자신감은 학벌로 되는 것이 아닙니다. 가문의 배경이나 돈으로 되는 것도 아닙니다. 나는 성령님을 경험해 본 결과 이 모두가 내 힘이 아닌 200퍼센트 성령님의 능력임을 믿고 고백합니다. 바울도 "오직 능력을 주시는 하나님 안에서 모든 것을 할 수 있다"고 고백했습니다. 당신도 오직 성령님을 믿으십시오. 그분에게 모든 것을 맡기고 신뢰하며 인생을 살아가십시오. 성령님은 당신을 사랑하십니다. 믿는 자를 한없이 기뻐하시며 인도해 주기를 즐겨 하십니다.

당신은 지금도 "나는 할 수 없어"라고 생각합니까?

"그것만은 안 될 거야"라며 자포자기하고 있진 않나요?

모든 문제를 하나님께 맡기십시오. 맡아 달라고 요청하십시오.

하나님을 찾으십시오. 아브라함은 하나님을 믿음으로 받아들였습니다. 아브라함은 바랄 수 없는 중에 하나님을 바라며 기대했습니다. 그 결과 그는 믿음의 조상과 대부호로 사는 두 가지 하나님의 축복을 모두 받아 누렸습니다. 당신도 두 가지 다 받아 누려야 합니다.

나는 지금 하나님을 경외하며 저술과 강연으로 억대 수입을 올리며 삽니다. 당신은 부요한 하나님을 받아들이고 그분을 인정하며 사십시오. 당신 안에 "할 수 없다"는 마음은 다 떠나갈 것입니다. "나는 어쩔 수 없어"라고 말하는 패배 의식은 씻은 듯이 사라질 것입니다. 하나님의 영광만이 당신 안에 가득할 것입니다.

성령님은 나의 진정한 멘토가 되어 주셨습니다. 성령님은 그리스도의 영이십니다. 지금 시대는 믿는 사람의 각 마음에 예수님이 영으로 들어와 함께 살고 계십니다. 성령님은 나에게 모든 것을 하나하나 가르쳐 주셨습니다. 성경의 말씀을 통해 친절하게 가르쳐 주셨습니다.

모든 인생에 멘토 중의 멘토는 바로 성령님이십니다.

성령님은 나에게 뛰어난 자신감을 주셨습니다. 사람 앞에서 예수님을 자랑할 수 있을 정도로 용기 있는 자신감을 주셨습니다. 성령님 안에서의 나는 이미 모든 면에서 성공한 사람입니다. 나는 이미 모든 면에서 승리한 사람입니다. 나는 모든 것을 말씀에 근거해 완전히 믿습니다. 성령님은 계속해서 나에게 자신감을 부어 주고 계십니다. 나는 날마다 성실하게 부지런하게 성령님과 동업하며 살아갑니다. 나는 나를 살린 복음을 위해 부지런히 살아갑니다. 성령님이 돌보시는 가운데 날마다 모든 일이 잘 되어 가고 있습니다.

날마다 자신감이 넘쳐 나의 가정에, 목회 현장에 그리고 사회로 흘러가고 있습니다. 그것은 바로 예전의 나처럼 할 수 없다는 패배 의식에 사로잡혀 방황하는 사람들에게 복음을 전하는 것입니다. 나는 성령님과 동업하는 모든 면에서 부요함을 누리고 있습니다.

어떻게 해야 자신감이 넘치게 살 수 있을까요?

첫째, 하나님을 인정해야 합니다.

당신 자신의 힘으로 그 무엇도 할 수 없다는 것을 인정하십시오. 하나님의 능력으로 자신감이 넘치는 삶을 사십시오. "내게 능력 주시는 자 안에서 내가 모든 것을 할 수 있느니라."(빌 4:13)

둘째, 성령님만이 진정한 멘토임을 믿고 의지해야 합니다.

성령님처럼 친절하게 가르쳐 주시는 보혜사는 없습니다. 보혜사란 말은 '곁에서 나를 보호하고 은혜를 베푸시며 친절하게 가르쳐 주시는 스승'을 가리킵니다. 당신이 하나님의 꿈을 품고 어떤 분야의 일을 하던 간에 성령님은 당신을 뛰어나게 하실 것입니다. 천재성을 발휘하며 자신감과 창조성을 발휘하며 인정받으며 살게 할 것입니다.

셋째, 하나님을 믿는 믿음 위에 모든 것을 세워 가야 합니다.

세상의 사물은 무너질 수 있으나 하나님을 믿는 믿음은 무너지지 않습니다. 당신이 믿는 그 믿음은 위대한 하나님을 믿는 믿음입니다.

"사랑하는 자들아, 너희는 너희의 지극히 거룩한 믿음 위에 자신을 세우며."(유 1:20)

자신감의 뜻이 무엇일까요? 자신감의 사전적인 의미는 '어떤 일에 대하여 뜻한 대로 이루어 낼 수 있다고 스스로의 능력을 믿는 굳센 마음'을 말합니다. 스스로의 능력은 한계가 있습니다. 당신은 유한한 존재입니다. 유한한 당신의 능력 위에 당신의 인생을 세우면 모래 위의 집과 같아서 때가 되면 허물어집니다.

당신은 예수님을 믿는 그 믿음 위에 당신의 인생을 세워야 합니다. 그렇게 세운 인생은 절대 무너지지 않습니다. 당신과 함께하시는 분이 능력의 하나님이시기 때문입니다.

예전의 나는 내 힘으로 나를 세워 보려고 했지만 허사였습니다. 오히려 열등감만 더 가중될 뿐이었습니다. 죄의 문제를 해결하지 못했으니 죄의 힘에 눌려 열등의식에 종노릇하며 살았던 것입니다.

예수님을 믿으면 죄에서 해방이 됩니다. 죄인에서 의인이 됩니다. 이 축복이 가장 큰 것입니다. "허물의 사함을 받고 자신의 죄가 가려진 자는 복이 있도다."(시 32:1) 이 축복을 받은 사람만이 진정한 자신감을 소유한 사람입니다.

생각해 보십시오. 죄를 해결하지 못해 온갖 열등감과 패배감에 사로잡힌 사람이 어떻게 자신감이 넘치는 삶을 살 수가 있겠습니까? 의인이 되어 하나님과 자신과 사람 앞에 죄 문제가 없는 사람이 떳떳하고 당당하게 자신감이 넘치게 살아가지 않겠습니까?

의인이 되니 하나님은 나에게 "네게 모든 축복을 주었노라"고 말씀하셨습니다. 성경의 모든 축복의 약속이 내 것이 된 것입니다. 나는 지금 성령님과 함께 하나님의 나라를 위한 일군으로 살아갑니다.

위대한 유일신 하나님께 쓰임 받는 축복을 아십니까? 그 행복을 느껴 보셨습니까? 나는 정말 행복합니다. 모든 족속, 모든 인류를 창조하신 하나님의 왕자로 살아가니까요. 하나님께 왕자로 대우받으며 사는 삶이 가장 자신감이 넘치는 삶이 아닐까요? 당신도 이런 삶을 누리기를 소원합니다. 하나님은 당신을 사랑하십니다. 당신을 도와주길 원하십니다.

나와 함께 기도하실까요?

"예수님! 당신이 나를 구원하시려 내게 오신 구주임을 믿습니다. 내가 스스로 나를 세우며 힘들게 살던 것들을 모두 내려놓습니다. 그동안 너무도 힘들게 살았는데 이제 예수님을 만나니 너무 행복합니다. 나의 마음 문을 엽니다. 내 안에 오셔서 영원토록 나의 하나님이 되어 주옵소서. 앞으로 성령님과 동행하며 죄를 해결하지 못해 자신감 없고 무기력하게 살아가는 영혼을 전도하며 살겠습니다. 성령이여, 나를 거룩한 통로로 삼아 주옵소서. 예수님의 이름으로 기도합니다. 아멘."

꿈이 없는 두려움 없이 사는 법

당신은 꿈 없이 산다는 두려움이 있지 않습니까?

나는 지금 나의 꿈을 위해 산다는 기쁨 가운데 삽니다.

나는 나의 꿈에 변함없이 충실하고자 나를 항상 재촉합니다. 자신의 꿈을 위해 사는 사람은 그 내면에서 꿈을 위한 힘이 항상 솟구칩니다. 기쁘고 즐겁고 행복합니다. 나의 꿈은 성령님과 동행하며 저술과 강연과 사업으로 복음을 전하여 온 인류에게 희망을 주는 것입니다.

예술가이자 철학자인 칼릴 지브란((Khalil Gibran, 1883~1931)은 "나는 꿈과 소망이 없는 자들 사이에서 군주가 되기보다는 실현시킬 포부를 지닌 가장 미천한 자들 사이에서 꿈을 꾸는 사람이 되는 쪽을 선택하겠다"고 말했습니다.

당신은 어떤 꿈이 있습니까? 꿈이 있는 사람은 이미 반 이상 성공한 사람입니다. 나는 "성공과 행복은 친척이다"라고 말합니다. 따라서 꿈을 위해 살고 있는 사람은 성공한 사람이요 행복한 사람인 것입니다. 나의 꿈은 모든 사람이 하나님을 만나도록 돕는 것입니다.

나는 그 꿈을 위해 오늘도 책쓰기를 합니다. 책쓰기는 나의 꿈을 이루는 '다윗의 물맷돌'과 같습니다. 나는 책쓰기를 통해 골리앗 같이 덤

벼드는 환경과 맞서 싸워 능히 이깁니다. 나는 책쓰기를 통해 성령 하나님과 더욱 하나가 됩니다.

나는 멍청하게 있을 때가 많았습니다. 시간을 낭비한 적도 있고 무기력할 때도 있었습니다. 그때는 내가 정말 원하는 꿈이 없었을 때입니다. 사람이 꿈이 없으면 무기력하고 무사 안일주의에 빠져 삽니다. 많은 사람들은 자신의 꿈을 희미하게 바라보며 대충 대충 시간을 보냅니다. 그러나 꿈이 있는 사람의 특징은 지혜로우며 용기가 있으며 적극적으로 삽니다. 성실함 가운데 전능하신 하나님을 바라봅니다.

사람은 원래 하나님을 꿈꾸며 살도록 지음 받았습니다.

그러나 아담과 하와는 하나님 말씀 밖의 꿈을 갖게 되었고 그 결과 죄인의 신분으로 추락했습니다. 왜 사람은 뜻도 모를 두려움 가운데 살아갈까요? 왜 무엇을 해도 만족이 없을까요? 왜 무엇을 먹어도 만족이 없을까요? 왜 무엇을 소유해도 참 기쁨이 없을까요? 꿈을 꾸며 함께 기뻐해야 할 대상 즉 영혼의 뿌리가 되시는 하나님을 잃어버렸기 때문입니다. 성령님과 함께 꾸는 꿈이 없기 때문입니다. 가졌던 꿈을 잃어 버렸기 때문입니다.

어떻게 해야 다시 진정한 행복과 꿈을 되찾을 수 있을까요?

예수님은 하늘에서 내려 온 살아 있는 떡입니다. 이 떡을 먹는 자는 영생합니다. 예수님은 당신과 나를 위해 십자가를 짊어지셨습니다. 그리고 모든 물과 피를 다 쏟으시며 "다 이루었다"고 말씀하셨습니다. 예수님은 "내 살은 참된 양식이요 내 피는 참된 음료로다"라고 말씀하셨습니다. 나는 그 음성이 믿어져서 예수님의 살과 피를 믿음으로 먹었습니다. 그 결과가 무엇일까요?

예수님의 살과 피를 먹으니 꿈이 없어 죄 가운데서 이리저리 방황하며 살던 내가 천국의 꿈을 가진 의인으로 거듭났습니다.

예수님의 살과 피를 먹으니 목이 말라 이 곳 저 곳을 꿈도 없이 헤매던 내가 끊임없이 솟아나는 샘물을 가진 성령 충만한 꿈의 사람으로 거듭났습니다. 당신도 부디 예수님을 믿음으로 성령 충만한 삶을 누리십시오. 당신의 행위로 성령님을 사려고 하거나 퍼 오려고 하지 마십시오. 성령님은 크신 하나님으로 하나님의 자녀인 당신 안에 이미 아마존 강 같은 생수의 강으로 살아 계십니다.

어떻게 해야 성령 충만을 유지하며 살 수 있을까요?

그 비밀은 믿음입니다. 오직 믿음으로 성령 충만을 누릴 수 있습니다. 예수 그리스도 복음을 믿는 믿음 외에 다른 것을 가감하면 그만큼 행위의 열매를 먹게 됩니다. 행위의 열매는 노동입니다. 땀입니다. 힘 듭니다. 신앙생활에 짜증이 납니다. 기복 신앙입니다. 그러나 믿음의 열매는 달콤합니다. 행복합니다. 내 마음은 새처럼 가볍습니다. 성령님은 예수님을 구주로 믿을 때 믿는 자의 마음에 임하시는 것입니다. 믿는 이의 마음에 이미 생수의 강으로 거주하고 계시는 것입니다.

예수님은 "나를 믿는 자는 영원히 목마르지 아니할 것이라"고 말씀하셨습니다. 예수님은 "나를 믿는 자는 그 배에서 생수의 강이 흘러나오리라"고 말씀하셨습니다. 나는 내 안에 살아 계신 성령님이 그리스도의 영이시며 크신 창조주 하나님이심을 믿습니다. 당신도 당신 안에 거하시는 크신 성령님을 알아 가야 합니다. 이것이 신앙생활의 큰 핵심입니다. 성령님을 아는 자는 성령님의 꿈을 꾸게 됩니다.

성령님은 전도자 하나님이십니다. 성령님을 모신 사람은 그분과 함께 온 천하에 다니며 전도하는 꿈을 꾸게 됩니다. 성령님의 인도를 받으며 크게 생각하며 모든 꿈을 이루어 가게 되는 것입니다.

나는 저술과 강연을 하는 것이 내게 꼭 맞는 옷과 같습니다. 나를 복음 작가와 강연가와 사업가로 삼으신 하나님을 찬양합니다.

"온 천지 만물아, 주를 찬양하라. 할렐루야!"

예수님의 살과 피는 우리의 참된 양식이요 참된 음료입니다.

예수님의 살과 피를 먹으니 질병으로 낙심하며 방탕하던 내가 건강한 마음과 건강함 몸을 가진 성령의 사람으로 거듭났습니다.

예수님의 살과 피를 먹으니 가난으로 기도 못 피고 사람을 피하던 내가 복음을 위해 사람을 만나며 영혼과 삶에 억만장자의 부요를 누리며 사는 하나님의 황태자로 거듭났습니다. 예수님의 살과 피를 먹고 나는 참으로 영생과 행복의 삶을 누리고 있습니다.

왜 사람에게 꿈이 있어야 할까요?

첫째, 우물 속의 개구리로 살지 말아야 하기 때문입니다.

예전에 나는 꿈이 없이 우물 속의 개구리처럼 살았습니다.

우물 안에만 있던 개구리의 미래가 답답한 이유가 무엇일까요? 우물 밖의 넓은 세상을 모른다는 것입니다. 사람이 우물에 갇히듯 살면 융통성이 없고 답답한 생을 삽니다. 세상은 넓고 할 일도 많이 있는데 이왕이면 넓은 세상을 보며 이웃을 위해 살아야 하지 않을까요?

둘째, 매너리즘에 빠지지 말아야 하기 때문입니다.

매너리즘이란 '사람이 한 분야에서 오랫동안 일을 하므로 그 일에 대한 열정을 잃고 다람쥐처럼 습관에 의해 하던 대로만 행동하는 것'을 말합니다. 사람이 한 자리에만 있으면 발전이 없습니다. 생각이 굳어지고 인생이 발전되지 않습니다. 변화되지 않습니다. 꿈도 없고 힘도 없는 노인이 아닌 이상 사람은 꿈을 향해 나아가야 합니다.

꿈은 우물 안 개구리와 매너리즘에 빠진 사람에게 이루어지지 않습니다. 간혹 로또 복권에 당첨된 사람이 있으나 그것은 꿈을 이룬 것이라 할 수 없습니다. 꿈을 이루는 과정에는 어려움과 인내와 용기와 희망을 경험하는 과정이 있기 때문입니다.

아리스토텔레스는 "희망은 잠자고 있지 않는 인간의 꿈이다. 인간의 꿈이 있는 한 이 세상은 도전해 볼만하다. 어떠한 일이 있더라도 꿈을 잃지 말자. 꿈을 꾸자. 꿈은 희망을 버리지 않는 사람에겐 선물로 주어진다"고 말했습니다.

당신도 희망을 버리지 말고 꿈을 갖고 살아가십시오. 그러면 당신이 원하는 그 꿈을 이룰 수 있습니다. 당신의 꿈은 당신에게 자신도 모르는 놀라운 잠재력을 발휘하게 합니다. 돈을 주고도 살 수 없는 자신에 대한 높은 가치를 갖게 됩니다.

내가 작가와 강연가로서 꿈을 가지고 일을 시작했을 때 주위 사람들로부터 "미쳤나 봐요"라는 소리를 들었습니다. 자신의 꿈을 가지고 과감하게 실행할 때 주위의 소리를 듣지 마십시오. 자기 내면에서 하나님이 주는 확신을 가지고 묵묵히 그 길을 걸어가십시오. 나는 작가와 강연가와 사업가의 꿈을 꾸었습니다. 지금 벌써 여러 권의 책을 써냈고 차례대로 계속 출간하고 있습니다. 그 꿈을 이루었습니다. 당신도 책을 쓰고 자신의 책을 출간하겠다는 꿈을 포기하지 마십시오. 때가 되면 반드시 다 이루어집니다.

어떻게 하면 자신의 꿈을 이룰 수 있을까요?

첫째, 자신의 내면에 가지고 있는 꿈을 확신해야 합니다.

정말 죽기 살기의 마음으로 꿈을 이루기 위한 목표를 향해 달려가면 이루어집니다. 나는 나를 돕는 성령님을 끝까지 의지했습니다. 마침내 나는 천재작가와 천재강연가 천재사업가로 성공했습니다.

둘째, 주위의 환경이나 소리나 현상에 낙심하지 말아야 합니다.

그들의 충고를 참고는 하되 빨리 뒤로 하고 내 앞에 있는 해야 할 일과 목표에 몰입하십시오. 꼭 기억하십시오. 낙심은 금물입니다. 혹시 지금 낙심하고 주저앉아 있다면 당장 벌떡 일어나 다시 꿈을 향해 달려가십시오. 하나님이 당신과 함께하십니다.

셋째, 자신이 가진 꿈을 늘 가슴에 깊이 새겨야 합니다.

공책에 글로 써 놓고 꿈을 위해 움직이십시오. 뜨겁게 열망하며 구하고 찾고 두드리십시오. 그러면 열립니다.

피겨로 세계에 감동을 주었던 김연아는 어릴 때부터 "미셸 콴 같은 선수가 되겠다"고 입버릇처럼 말하며 그 꿈을 이루었습니다. 김연아는 한 강연에서 "꿈은 꿈꾸는 사람의 몫이고 약속은 꿈을 이루기 위한 나 자신과의 다짐입니다"라고 말했습니다.

우리나라의 자랑인 반기문 유엔 사무총장은 어린 시절 학교에 왔던 외교관을 보고 "야, 멋지다. 바로 저거야. 나도 우리나라를 높이는 외교관이 되어야지"라고 말하며 외교관이 되는 꿈을 가졌고 지금 그 꿈을 이룬 사람으로 다른 이의 꿈이 되어 살고 있습니다.

세계 억만장자들 중에서 최고를 지키고 있는 빌 게이츠는 허름한 창고 안에서 컴퓨터 몇 대로 아주 보잘 것 없이 회사를 시작했습니다. 하지만 빌 게이츠는 위대한 꿈을 꾸었습니다. 그것은 모든 사람들의 책상 위에 컴퓨터를 놓는 일이었습니다. 손가락 하나로 모든 것을 할 수 있게 하는 첨단 과학의 시대를 꿈꾸었습니다. 그 당시 주위에서 "빌 게이츠는 허황된 꿈을 갖고 산다"고 조롱했습니다. 그러나 놀랍게도 현대는 그의 꿈대로 이루어져 모든 사람의 책상 위에는 컴퓨터가 한 대씩 놓여 있는 것을 볼 수 있습니다.

토마스 제퍼슨은 "나는 과거의 역사보다는 미래의 꿈을 더 좋아한다"고 말했습니다. 과거보다는 꿈을 향해 전진해야 합니다. 그래야 현재보다 나은 풍성한 미래를 삽니다.

그렇다면 우리는 어떤 꿈을 가져야 할까요?

첫째, 하나님의 꿈을 가져야 합니다.

하나님의 복음의 꿈을 가져야 합니다. 잠언 29장 18절에는 "묵시가 없으면 백성이 방자히 행하거니와 율법을 지키는 자는 복이 있느니라"고 말씀합니다. 묵시는 무엇일까요?

묵시는 하나님의 가르침과 하나님의 꿈을 말합니다. 하나님은 예수님을 통해 우리에게 자신의 사랑을 가르치셨고 행복한 꿈을 심어 주셨습니다. 우리는 이 꿈을 가짐으로 하나님이 예비하신 의와 성령 충만과 건강과 부요함과 지혜와 평화와 생명을 누리게 됩니다.

반대로 예수님을 통해 주신 하나님의 복음의 꿈을 갖지 않은 사람은 여전히 죄와 목마름과 병과 가난과 어리석음과 징계와 죽음 속에서 불행하게 살고 있습니다. 이제 당신이 무엇을 선택해야 행복할지 분명히 나타나지 않았습니까? 당신도 나처럼 하나님의 꿈인 예수님을 믿고 놀라운 축복을 누리길 바랍니다.

나는 하나님을 떠난 상태에서 고삐 풀린 망아지처럼 살았습니다.

자제력도 없고 삶의 목표도 없고 꿈도 없이 살았습니다. 하나님은 그런 나를 사랑해 주셨습니다. 내 마음에 예수님을 보내 주셨습니다.

나는 예수님을 믿고 꿈의 사람이 되었습니다. 예수님을 믿으니까 내 마음에 성령님이 들어오셨습니다. 성령님은 영으로 오신 예수님입니다. 성령님은 내게 놀랍고도 황홀한 천국의 부요함을 가져다 주셨습니다. 무엇보다 성령님은 나 자신을 알도록 일깨워 주십니다.

성령님은 정말 놀라우신 하나님이십니다.

나는 하나님의 꿈대로 그리스도 안에 있는 의와 성령 충만과 건강과 부요함과 지혜와 평화와 생명을 가지게 되었습니다. 와, 나의 삶은 하루하루가 보람이 넘치고 행복한 삶입니다. 나는 성공한 인생을 누리고 있습니다. 당신도 부디 예수님을 믿고 예수님을 알아 가며 하나님이 예비하신 풍성한 축복을 다 받아 누리십시오.

예수님을 믿는 우리의 마음에는 성령님이 계십니다. 성령님을 모신 사람은 꿈을 갖게 됩니다. 이 세상을 사랑하시며 가득히 덮고 계시는 사랑의 성령님의 능력을 알게 됩니다. 성령님은 오늘도 구원받아야 될 영혼을 찾고 계십니다. 그리고 그가 예수님이 이루어 주신 복음의 능력을 누리길 원하십니다. 의와 성령 충만의 복, 건강과 부요의 복, 지혜와 평화와 영생의 복을 마음껏 누리길 원하십니다.

나는 오늘도 성령님의 가슴과 눈과 손과 발이 되어 책을 쓰고 있습니다. 나의 가슴은 성령님과 탄식하며 이 책을 보고 구원 얻을 영혼들을 기대합니다. 나의 눈은 눈물을 흘리며 나의 입은 탄식하며 코는 벌렁거리며 성령님과 동업하고 있습니다.

그렇습니다. 성령님을 모신 사람은 성령님의 꿈을 갖게 됩니다.

그 꿈은 큰 꿈입니다. 온 천하에 다니며 만민에게 복음을 전하고 싶은 꿈입니다. 어떤 분야든 그 분야를 통해 큰 꿈을 이루며 보람되게 살아갑니다. 당신도 성령님과 함께 꿈을 품고 사십시오. 얼마나 멋집니까? 길에 가다가 위험에 처한 동물을 구해도 보람이 넘치는데 하물며 영혼을 구하는 삶은 얼마나 보람이 넘치겠습니까?

성령님을 모시면 반드시 당신도 하나님의 꿈을 가지게 될 것입니다. 조그만 꿈을 갖지 말고 큰 꿈을 가지십시오. 한 개의 꿈만 갖지 말고

백 개의 꿈을 가지십시오. 아니 더 많이 가져도 됩니다. 성령님과 그 꿈을 성취해 가는 기쁨을 맛보십시오.

꿈이 없는 인생보다 꿈이 있는 인생이 훨씬 낫습니다. 훨씬 보람이 넘칩니다. 그래야 훨씬 건강하게 삽니다. 훨씬 활력이 넘치게 삽니다. 당신에게 이런 복들이 넘치기를 축복합니다.

나와 함께 기도하실까요?

"하나님, 감사합니다. 나에게 하나님의 꿈을 주셔서 감사드립니다. 성령님과 함께 큰 꿈을 꾸겠습니다. 또 수백 개의 꿈을 갖겠습니다. 그 꿈을 이루고자 할 때 내가 하는 것이 아니라 전능하신 성령님과 동행하며 동업하겠습니다. 와! 나도 기쁩니다. 나도 살고 이웃도 살리는 꿈이 있어 행복합니다. 성령이여, 내 꿈을 이루도록 도와주옵소서. 예수님의 이름으로 기도합니다. 아멘."

실패에 대해 두려움 없이 사는 법

당신은 실패에 대한 두려움이 없습니까?

나는 실패에 대한 두려움이 없습니다. 어떻게 그럴 수 있을까요? 하나님을 믿는 믿음으로 살기 때문입니다. 이 예수님을 통해 나의 과거와 현재와 미래의 죄 문제뿐만 아니라 인생 문제를 다 해결해 주셨기 때문입니다. 그리스도 안에서 나는 성공한 사람입니다.

나의 하나님은 전능하신 분이십니다. 말씀으로 천지 만물을 만드신 큰 능력의 하나님이십니다. 그 하나님은 나를 자녀로 삼아 주셨습니다. 그러기에 나는 그분을 믿음으로 실패에 대한 두려움 없이 삽니다.

나의 하나님은 전지하신 분이십니다. 나의 모든 것을 다 아시는 분이십니다. 하나님은 내가 생각하는 것에도 응답하시고 더 풍성한 것으로 먹여 주시는 분이십니다. 그러기에 나는 실패에 대한 두려움 없이 삽니다. 전지전능하신 성령님만 믿고 성공을 누리며 삽니다.

유명한 작가와 강사인 데일 카네기(Dale Carnegie, 1888~1955)는 "가장 멀리 가는 사람은 대개 기꺼이 행하고 도전하는 자이다. 확실한 배는 결코 근해를 맴돌지 않는다"고 말했습니다.

내가 처음 교회를 개척할 때의 일이었습니다.

나는 부교역자로 칠 년을 하루같이 섬기던 친정 같은 옛 교회를 사임했습니다. 하나님을 경외하는 마음으로 내가 맡은 임기를 그 해 12월까지 다 마쳤습니다. 그리고 교회를 개척했습니다. 친정 교회는 부교역자가 개척 교회를 세울 때 예배당을 얻을 일억 원의 자금과 2년 정도 사례비를 공급해 줍니다. 그런데 당시 그 비전을 가지고 있던 담임 목사님이 병으로 인해 사임하면서 그 비전이 없어지고 말았습니다. 나와 가족은 눈앞이 캄캄했습니다.

"어떻게 하지? 교회는 사임했고 임지가 있어야 하는데."

"어떻게 나에게 이런 일이 생긴 거지? 난 실패한 건가?"

"내가 많이 부족했었나? 하나님께 뭔가 잘못한 것이 있나?"

나는 이런저런 생각을 하며 한동안 실패감에 사로 잡혔습니다. 정말 앞이 캄캄했습니다. 그러나 임지를 위해 기도원에서 기도할 때 하나님은 내게 "나는 성공의 하나님이다"라고 말씀해 주셨습니다.

도대체 무슨 일이 있었던 걸까요?

나는 실패감을 갖고 사랑하는 가족을 뒤로하고 기도원에 가서 일주일 동안 금식 기도를 하며 전심으로 하나님을 찾았습니다. 며칠을 금식하니 온 몸에 힘이 없었습니다. 그때 갑자기 바람이 쐬고 싶어졌습니다. 나는 성령님과 함께 밖으로 발걸음을 옮겼습니다.

오산리 기도원에 있는 승리로를 산책할 때였습니다. 강한 전류 같은 성령님의 감동하심이 내 안과 밖에 갑자기 임했습니다. 성령님은 너무나 뚜렷하고 분명한 음성으로 내게 말씀하셨습니다.

"내가 너와 영원토록 함께하리라."

"내가 너와 영원토록 함께하리라."

"내가 너와 영원토록 함께하리라."

"네? 하나님……"

나는 하늘을 향해 쭉 뻗으며 자란 큰 가로수에 오른손을 올렸고 그 팔 위에 이마를 대고 엉엉 울었습니다. 하나님의 음성에 너무나 가슴이 벅차올라 큰 소리로 아버지 하나님을 부르며 울었습니다.

"아……. 아버지, 사랑합니다. 아버지……. 감사합니다. 저도 아버지 하나님을 사랑합니다. 영원히 사랑합니다."

그때 하나님은 "화수야! 내가 영원토록 너와 함께하느니라. 너는 아무것도 염려하지 마라. 내가 너와 함께하고 있다. 내가 너와 너의 가정이 있을 곳을 예비해 두었다. 너는 그곳에 가서 복음에 충성하거라"며 성공에 대한 말씀을 해주셨습니다.

하나님은 정말 나의 조건과 마음에 맞는 지역과 예배당을 만나게 하셨습니다. 복음에 충성하는 목회를 하게 하셨습니다. 나는 내가 가진 돈 전부를 하나님께 드렸습니다. 지금도 '사렙다 과부'를 생각하면 감사의 눈물이 나옵니다. 나는 좋은 장소에 예배당을 얻어 지금까지 감사한 마음으로 목회를 잘하고 있습니다.

나는 예배당을 얻고 생활에 필요한 돈은 후원받지 못했지만 오히려 하나님의 사랑과 함께하심과 보호와 인도하심과 안아주심에 대한 큰 성공의 축복을 얻었습니다. 이것은 백억보다도 더 귀한 귀중한 나의 재산이 되었습니다. 나는 내게 인간적인 위로를 하는 이들에게 오히려 당당히 말합니다. "지금 이렇게 교회를 개척하면서 인격적으로 하나님을 알아 가는 것이 내겐 수천억보다 더한 가치가 있습니다."

오직 하나님만 믿고 의지하였더니 하나님을 더 많이 알게 해 주셨습니다. 지금은 내가 생각하고 계획했던 목회보다 오히려 더 크게 성공한 사람이 되었습니다.

그리고 실제로 지금 성령님과 더 큰 꿈, 더 큰 성공의 길을 걸어가고 있습니다. 하나님은 목회자와 설교자의 영광스러운 길로 인도하시더니 나를 책 쓰는 작가와 강연가 그리고 책쓰기 코치와 사업가로 세워 주셨습니다. 성령님과 함께하는 이 영광스런 작가와 강연가의 길을 덤으로 주신 것입니다. 나는 지금도 이렇게 성령님과 함께 책쓰기를 합니다. 얼마나 보람되고 기쁘고 영광이 가득한지 모릅니다.

당신이 생각하는 성공은 어떤 기준입니까? 나는 하나님을 인격적으로 알아 가는 것이 최고의 성공이라고 믿습니다. 하나님을 얻는 것이 최고의 지혜요 크게 성공하는 인생입니다.

나는 전도사 시절에 교통사고를 당했습니다.

음주 운전자 때문에 억울하게 교통사고를 당했습니다. 그때 나는 죽음의 구덩이에 빠졌고 한동안 큰 혼란을 겪었습니다.

"내가 전도사인데 왜 이런 교통사고를 당했지?"

"내가 주의 종인데 왜 이 교통사고가 내게 일어났지?"

"오늘이 주일인데, 왜 하필 사고가 났지?"

하지만 하나님은 나를 살리셨고 나는 119구급차에 실려 병원 응급실로 후송되었습니다. 나는 목에 기브스하고 환자복 입고 링거 주사 바늘을 꽂고 있었습니다. 문병 온 주일학교 아이들에게 설교를 위해 준비했던 그림으로 복음을 전했습니다. 내 마음의 믿음이 그렇게 하게 했습니다. 나는 오히려 교통사고를 통해 얻는 것이 더 많았습니다.

그것은 나의 여호와 하나님만이 나의 힘이시요 나의 요새시요 나를 건지시는 분이시요 나의 하나님이시요 나의 피할 바위시요 나의 방패시요 나의 구원의 뿔이시요 나의 산성이심을 체험했기 때문입니다. 그렇습니다. 나는 나의 하나님을 더 많이 알게 되었습니다.

하나님만이 나의 참된 의지라는 사실을 머리가 아닌 가슴으로 체험했습니다. 그 믿음은 수천억보다 더 가치 있는 것임을 나는 오늘도 깨달으며 살아갑니다. 그러니 내 인생은 그리스도 안에서 실패가 절대 있을 수 없는 의인인 것입니다. 당신도 실패가 없는 의인입니다.

하나님은 그분의 자녀를 더욱 복되고 좋으며 가치 있는 길로 인도하시는 고마운 분이십니다. 로마서 8장 28절에서는 "하나님을 사랑하고 그분의 계획대로 부르심을 받은 사람들에게는 결국 모든 일이 유익하게 된다"는 사실을 우리에게 가르쳐 줍니다.

이처럼 그리스도 안에서의 삶은 실패가 없고 오직 성공의 길뿐입니다. 가장 큰 성공은 하나님의 자녀로서 그분의 보호와 베푸시는 복들과 천국의 영광을 누리며 행복하게 사는 삶입니다.

이 행복은 예수 그리스도의 십자가의 피로 이루어졌습니다. 예수님은 이 행복을 주시고자 십자가를 짊어지셨습니다. 인류의 저주와 실패를 다 짊어지고 십자가에서 죽으셨습니다. 모든 피와 물과 눈물과 땀을 흘리셨습니다. "다 이루었다"고 선포하신 그 승리로 인류에게 행복이 부어지게 된 것입니다. 나는 예수님을 믿고 이 행복을 받았습니다. 당신도 이 큰 행복을 받았습니다.

그리스도 밖에서 실패한 죄인으로 살다가 그리스도 안에서 나는 성공한 의인이 되었습니다. 의인의 삶은 시냇가에 심겨진 나무처럼 성공한 인생입니다. 그는 사시사철 번영하며 삽니다.

그리스도 밖에서 목말라 고통당하며 살다가 그리스도 안에서 나는 영원히 목마르지 않는 성령 충만한 자녀가 되었습니다. 예수님을 믿는 사람은 믿음으로 성령 충만하게 삽니다. 우리 안에 오신 그리스도의 영이신 성령님은 창조주이시며 크신 하나님이십니다. 그 성령 하나님께서 지금도 당신 안에서 생수의 강을 흘러 보내고 계심을 믿고 믿음으로 성령 충만한 생활을 누리십시오.

"명절 끝날 곧 큰 날에 예수께서 서서 외쳐 이르시되 누구든지 목마르거든 내게로 와서 마시라. 나를 믿는 자는 성경에 이름과 같이 그 배에서 생수의 강이 흘러나오리라."(요 7:37~38)

그리스도 밖에 있을 때 병의 괴롭힘 받으며 건강에 실패자로 살다가 그리스도 안에서 병을 다스리며 사는 건강한 사람이 되었습니다. 당신은 능력과 권세의 이름인 주 예수 그리스도의 이름으로 병을 향해 명령하십시오. 믿음으로 예수 이름으로 기도하면 역사가 일어납니다.

그리스도 밖에서 천국의 보화와 상관없는 노예, 거지처럼 살다가 그리스도 안에서 왕자로서 천국의 억만장자의 부요함을 누리는 하나님의 자녀가 되었습니다.

그리스도 밖에서 우둔하고 어리석게 살다가 그리스도 안에서 현명하고 지혜롭게 사는 하나님의 자녀가 되었습니다.

어떻게 해야 실패에 대한 두려움 없이 살 수 있을까요?

첫째, 하나님의 부르심과 택하심을 굳게 믿어야 합니다.

하나님이 부르신 사람은 하나님이 절대로 버리거나 그 사람에게서 떠나지 않으십니다. 성령님은 믿는 자의 마음에 오셔서 영원토록 함께 하십니다. "그가 친히 말씀하시기를 내가 결코 너희를 버리지 아니하고 너희를 떠나지 아니하리라 하셨느니라."(히 13:5)

그런데 원수는 항상 속삭입니다. "네가 받은 복음만으로 완벽하지 않다. 모자란다. 너희 행위를 더 보태라. 노력해라. 그래야 하나님이 받으신다"고 유혹합니다. 절대로 속지 마십시오. 당신이 예수 그리스도를 진심으로 구주로 영접했다면 당신은 하나님의 자녀입니다. 구원

받은 하나님의 자녀이므로 절대 멸망당하지 않고 영생의 사람으로 영생의 길을 걷고 있습니다. 하나님이 당신을 선택하시고 부르신 말씀을 항상 기억하십시오.

베드로후서 1장 10절을 읽어 보십시오.

"그러므로 형제들아, 더욱 힘써 너희의 부르심과 택하심을 굳게 하여라. 너희가 이런 것들을 행하면 결코 넘어지지 않을 것이다."

무엇을 굳게 하라고 하십니까? 그렇습니다. 당신을 부르신 사실과 택하신 사실을 굳게 하라고 말씀하십니다. 당신이 예수님을 믿었다면 그 믿음이 있을 것입니다. 그 믿음은 온전한 복음을 믿는 놀라운 축복의 믿음입니다. 하나님이 선물로 주신 것입니다.

온전한 복음은 당신에게 그리스도의 완전한 의를 주었습니다. 그러기에 당신은 구원을 받기 위해 하나님께 받아들여지기 위해 더 이상 노력해야 할 것이 아무것도 없습니다. 단지 예수님을 믿기만 하면 됩니다. 예수님을 믿음으로 완전히 받아들여져 하나님의 왕자와 공주로 살고 있다는 사실을 굳게 믿으십시오. 그리하면 넘어지지 않고 성공을 늘 맛보며 살 것입니다.

아브라함이 하나님 앞에 자랑할 행위는 아무 것도 없었습니다. 믿음의 조상이라는 영광스런 호칭은 있었지만 여러 가지 실수를 저질렀습니다. 하나님의 부르심을 받아 하란을 떠나 가나안 땅에 왔을 때 그곳에 기근이 있었습니다. 그때 아브라함은 하나님이 명하신 가나안 땅에 계속 있어야 함에도 불구하고 하나님을 끝까지 신뢰하지 못하고 애굽으로 내려갔습니다.

그리고 아내를 누이라고 거짓말을 했습니다. 아내로 인해 자신의 목숨이 위협받을까 봐 두려웠던 것입니다. 어쩌면 아브라함은 하나님 앞에서 자신을 합리화시켰을 것입니다. 그러나 그것은 명백한 범죄행위였습니다. 아브라함은 아내를 누이라고 속이는 거짓말을 반복해서 저질렀지만 하나님은 그러한 아브라함을 구출해 주셨습니다.

오늘날 우리도 아브라함처럼 실수하며 삽니다. 그 실수만 보면 실패한 인생입니다. 실패로 인해 두려움 가운데 늘 살아갈 것입니다. 그러나 하나님은 아브라함이 전능하신 하나님을 믿는 믿음을 의롭게 여기셨습니다. 이처럼 하나님을 믿는 우리도 영원히 의롭다 여겨 주신 진리를 믿어야 합니다. 그래야 믿음을 통해 천국의 복을 더욱더 풍성히 누리는 성공된 인생을 살아갈 수 있습니다.

우리는 실패라는 기준을 정확히 보아야 합니다. 인간의 관점, 자신의 관점, 마귀의 관점에서 보면 안 됩니다. 하나님 아버지의 사랑의 관점, 주 예수 그리스도의 은혜의 관점, 보혜사 성령님의 관점, 온전한 복음의 관점에서 자신을 봐야 합니다.

거기에 믿음으로 누리는 의와 성령 충만과 건강과 부요와 지혜가 있습니다. 다윗은 하나님이 자기 머리에 기름을 부어 주심으로 자신의 잔이 넘친다고 고백했습니다. 하나님이 당신에게도 기름을 부어 주셨음을 믿으십시오. 당신의 인생에 실패란 없습니다. 실패의 두려움에 속지 말고 흔들리지 말고 항상 강하고 담대하게 사십시오.

다음의 내용을 함께 고백해 보실까요.

"나의 의의 잔이 넘칩니다."

"나의 성령 충만의 잔이 넘칩니다."

"나의 건강의 잔이 넘칩니다."

"나의 부요의 잔이 넘칩니다."

"나의 지혜의 잔이 넘칩니다."

나와 함께 기도하실까요.

"하나님 아버지, 감사합니다. 하나님의 사랑 안에서 실패가 없는 인생임을 알게 하셔서 감사합니다. 내가 실패하지 않으려고 하던 것을 내려놓습니다. 사람의 눈치보고 실패하지 않으려고 했던 것을 포기합니다. 내 대신 실패해 주시고 고통당하신 예수님을 믿고 예수님이 베풀어 주신 성공의 복들을 누리며 살겠습니다. 성령이여, 항상 의와 성령 충만과 건강과 부요와 지혜와 평화와 영원한 생명의 잔이 넘치게 하옵소서. 예수님의 이름으로 기도합니다. 아멘."

흔들리는 두려움 없이 사는 법

당신은 믿음생활의 핵심을 아십니까?

나는 믿음생활의 핵심을 압니다. 핵심을 알고 생활하니 우왕좌왕하지 않습니다. 하나님을 굳게 믿는 믿음의 사람으로 잘 성장하고 있습니다. 나는 공부할 때 핵심을 몰라 어렵게 공부한 적이 있습니다. 믿음생활도 마찬가지입니다. 믿음생활의 핵심을 모르면 방황합니다.

세계적인 베스트셀러인 〈영혼을 위한 닭고기 수프〉의 저자 마크 빅터 한센(Mark Victor Hansen, 1948~)은 "모든 부와 성공, 물질적 이득, 위대한 발견, 발명, 성취의 원천은 사상과 아이디어다"라고 말했습니다. 그렇습니다. 우리는 복음적인 생각을 갖고 성공하며 살아야 합니다. 당신은 어떤 생각을 하며 삽니까?

크리스천 중에 막연하게 끝도 없이 방황하는 이가 많습니다.

왜 그럴까요? 믿음생활의 핵심을 모르기 때문입니다.

나도 이 핵심을 몰랐을 때는 그리스도에게서 끊어진 것 같은 고통을 경험했습니다. 지금은 그 핵심을 알기에 하루하루 너무나도 행복합니다. 나는 매일 성령님과 교제하며 행복하게 살고 있습니다. 당신도 믿음생활의 핵심을 알고 믿음을 키워 가야 합니다.

나는 처음에 예수를 믿고 거듭났을 때 무척 행복했습니다.

세상에 어디를 가도 하나님의 영광이 보였습니다.

"우와, 세상이 이렇게 아름다울 줄이야. 예전에 이것을 왜 몰랐지? 아, 저기에도 하나님의 사랑스런 손길이 있네" 하고 말했습니다.

내 앞에도, 세상에도 충만한 하나님의 영광이 보였습니다.

이스라엘 백성이 광야에서 생활할 때 하나님의 영광이 성막에 가득한 것처럼 나는 이 세상에서 하나님의 충만한 영광을 본 것입니다. 내 영혼에도 하나님의 영광이 충만하였습니다. 하나님의 충만한 임재는 내게 만족과 평안이 넘치게 했습니다. 하지만 어느 정도 시간이 지났을 때 내게서 하나님이 사라진 것 같이 느껴졌습니다.

"어, 하나님은 어디 계시지?"

"어떻게 해야 하나님을 내 맘에 다시 모실 수 있을까?"

나는 심각하게 고민했지만 알 길이 없었습니다.

예수 그리스도를 나의 구주로 영접하는 기도를 수십 번 한 적도 있습니다. 기도를 한 시간 하면 어느 정도 하나님이 충만하게 함께 계시는 것 같았습니다. 세 시간씩 기도하면 왠지 모르게 자신감이 넘치며 마치 나 스스로 목회를 한다는 생각이 들었습니다.

때때로 일곱 시간씩, 열두 시간씩, 하루 온종일 시간 채우는 기도를 했습니다. 목회에 부흥이 일어나길 원했기 때문입니다. 그런데 기도를 오래 하면 할수록 내 몸이 힘들어졌고 나중에는 짜증이 났습니다.

"아, 신앙생활과 목회가 왜 이렇게 힘들고 목마를까?"

성령 충만한 때도 있었지만 오래가지 않았습니다. 나는 성령 충만해야 기쁘고 힘 있게 사역할 수 있다고 믿었기 때문에 성령 충만을 사모하며 내 땀과 피와 눈물을 흘리며 온갖 노력을 했습니다. 그럼에도 불구하고 나는 그리스도에게서 끊어진 자 같이 느낀 적이 많았습니다. 교회에 가서 예배하면 다시 하나님이 내게 계신 것 같았습니다.

처음 신앙생활 때 한 교회에 다녔는데 2층에 앉아 예배하며 예배당 중앙에 있는 큰 나무 십자가를 보면 마음에 위로가 되었습니다.

"그래도 예배하러 왔는데, 하나님은 나를 다시 사랑해 주실 거야" 하고 스스로 위로했습니다. 마치 하나님께 사랑을 구걸하듯이 신앙생활을 했습니다. 하나님의 자녀 마인드보다 거지 마인드였습니다.

나의 처음 믿음생활은 혼란스러웠습니다. 믿음생활의 핵심을 몰랐기 때문입니다. 그래서 나는 바울이 말한 것을 잘 압니다.

"야, 이거 정말 미치고 환장하겠네!"

"왜 나의 한 마음은 하나님의 법을 사랑하고 또 한 마음은 죄의 법을 사랑하는가? 왜 나는 죄에 약한가?"

"날마다 내 마음에 갈등이 있고 마음속이 전쟁터 같네."

나는 내 마음 안에서 두 법이 전쟁을 하고 있는 것을 몸소 경험했습니다. 당신의 마음은 어떻습니까? 갈등이 없는 믿음생활입니까? 혹시 하나님 쪽으로 가야 하는데 하나님이 원하시지 않는 쪽으로 가고 있지는 않습니까? 당신의 마음에 하나님의 법과 죄의 법이 서로 싸우고 있지는 않습니까?

지금도 미미하지만 성령님께 내 삶을 온전히 양도하지 않으면 갈등을 느낍니다. 그럴 때 빨리 성령님을 의지하는 것이 낫습니다. 나중에 한숨을 쉬고 후회도 할 테니까요. 그래도 지금은 어린 믿음생활 때보다는 더 빨리 성령님을 의지합니다. 이전보다 더 믿음의 회복이 빠른 것은 생명의 성령의 법을 알았기 때문입니다. 죄와 사망의 법에서 생명의 성령의 법이 나를 해방하였기 때문입니다.

하나님은 내 안에 충만하게 와 계십니다. 지금은 그것을 확신합니다. 단지 내 안에 크신 능력의 하나님이 가득히 있는데 그 사실을 믿고 사는 나의 믿음의 분량이 문제인 것이지 내 안에 계신 하나님이 문제가 있는 것이 아닙니다. 하나님은 위대하시고 모든 만물을 창조하신 창조주이십니다. 모든 만물은 하나님의 손아래에서 움직이고 있습니다. 크신 하나님께 당신의 인생을 완전히 맡기십시오. 그러면 당신의 인생은 든든히 서갑니다.

어떻게 해야 핵심을 몰라 흔들리는 두려움 없이 살 수 있을까요?

첫째, 그리스도 예수께서 다 이루어 주신 복음을 믿어야 합니다.

예수님은 정말 놀라우신 분이십니다. 내 안에 변함없이 가득히 성령으로 살아 계시기 때문입니다. 그분은 어제나 오늘이나 영원토록 우리와 함께하십니다. 예수님의 온전한 복음은 놀랍습니다.

"다 이루었다"(요 19:30)고 하신 선언에 크고 위대한 복들이 담겨져 있기 때문입니다. 예수님께서 다 이루어 주신 큰 복들이 무엇일까요?

바로 의로움과 성령 충만함의 큰 복입니다. 마음과 육신과 생활의 건강함, 그리고 모든 것이 풍성한 부요함의 복입니다. 또한 천재적인 지혜와 천국의 평화와 영원한 생명의 큰 복입니다.

하나님은 우리를 천국에 들어갈 수 없었던 죄인의 인생에서 천국에 넉넉히 들어가는 의인의 인생으로 바꾸어 주셨습니다. 죄인의 신분을 의인의 신분으로 새롭게 하신 것입니다. 인생의 험악한 갈증 가운데 살던 우리를 언제나 생수의 강이 흐르는 성령 충만한 의인으로 살게 하신 것입니다. 예수 복음을 믿는 우리는 더 이상 마르지 않는 샘이 되었습니다. 할렐루야! 당신도 이 사실을 믿으십시오.

영적으로 육적으로 빈곤한 인생을 아브라함처럼 대부호로 부요하게 살도록 그리스도 안에서 새롭게 창조해 주신 것입니다. 솔로몬처럼 천재적인 지혜를 베풀며 하나님의 영광을 높이며 살게 해주셨습니다.

나는 천재작가와 천재강연가로 천재적인 깨달음을 전하며 삽니다. 당신도 지혜의 영이신 성령님을 믿음으로 천재적인 삶을 살아야 합니다. 우리는 이 놀라운 축복을 지속적으로 누려야 합니다.

어떻게 누릴 수 있을까요? 자신의 노력일까요? 자신의 땀일까요? 돈으로 될까요? 사람의 공로일까요? 아닙니다. 전혀 그렇지 않습니다. 이 모든 것을 누리는 것은 오직 '예수 믿음으로'입니다.

당신은 이 사실을 정확히 인식하여 명심하고 축복을 누려야 합니다. 나처럼 예수님을 믿고 처음에는 행복을 누리다가 거기에서 떨어져 잃어버린 보석을 찾아 수십 년을 헤매는 사람처럼 살지 마십시오. 거기엔 번민과 믿음생활에 대한 회의와 갈증만 있을 뿐입니다.

우리는 자신 안에 살아 계신 크신 성령님을 믿어야 합니다. 믿는 이 안에 계신 성령님이 얼마나 크신 하나님인지 알아야 합니다. 그리고 당신 안에 성령님이 영원히 함께하고 계심을 믿어야 합니다.

새끼 사자가 자신이 사자인지 모르면 어떻게 되겠습니까? 왕자가 자신이 왕족인 줄 모르면 어떻게 되겠습니까? 믿는 자가 자기 안에 살아 계신 성령 하나님을 모르면 어떻게 살겠습니까? 다른데 가서 구걸하듯 갈증을 채우려 하지 않겠습니까? 먼저 하나님의 자녀는 자기 안에 크신 성령님이 함께 계심을 확신해야 합니다.

한번 따라서 해 보실까요?

"내 안에 크신 성령님이 살아 계신다!"

어떻게 크신 성령님을 자신하며 살아갈까요? 믿으면 됩니다. 오직 당신 안에 살아 계신 그분을 항상 믿으면 됩니다. 당신 안에 계신 하나님의 아들 예수를 전심으로 믿으면 됩니다.

"내가 그리스도와 함께 십자가에 못 박혔나니 그런즉 이제는 내가 사는 것이 아니요 오직 내 안에 그리스도께서 사시는 것이라. 이제 내가 육체 가운데 사는 것은 나를 사랑하사 나를 위하여 자기 자신을 버리신 하나님의 아들을 믿는 믿음 안에서 사는 것이라."(갈 2:20)

둘째, 온전한 복음의 능력을 확신해야 합니다.

예수님을 믿는 하나님의 자녀들에게 주신 하나님의 복음이 얼마나 큰 능력인가를 알아야 합니다. 당신이 지금 힘들어하는 문제는 무엇입니까? 어떻게 하면 그 문제를 해결할 수 있을까요?

복음이신 예수님이 그 어떤 문제보다 더 크신 하나님이심을 믿으면 됩니다. 당신 안에 예수의 영이신 성령님이 계십니다. 성령님은 당신에게 끊임없이 생수의 강을 흘려 보내고 계십니다. 아마존 강 같은 생수의 강들이 당신 안에서 흐르고 있습니다.

하나님이 나이아가라 폭포수같이 큰 능력의 기름 부음을 끊임없이 붓고 계심을 믿으십시오. 당신이 당신 안에 계신 큰 능력을 가진 성령님을 믿을 때 약속하신 능력의 기름 부음이 나타날 것입니다. 당신의 문제는 해결되고 하나님은 영광을 받으실 것입니다.

다윗이 어려운 전쟁 중에도 누구를 의지했을까요? 자기와 함께 계신 성령님입니다. 당신도 성령님을 의지하여 문제를 해결하므로 하나님이 약속하신 풍성한 축복을 누리십시오.

하나님은 믿는 자녀가 하나님을 알기를 간절히 원하십니다. 왜 그럴까요? 하나님을 아는 만큼 부요한 삶을 누리기 때문입니다. 나도 신앙생활을 수십 년 하고 있지만 과거에 비하면 지금은 엄청난 믿음의 어른이 되었습니다. 모두가 하나님의 은혜이죠. 나는 하나님의 복음을 아는 만큼 풍성하게 누리게 됩니다. 하나님은 우리가 하나님과 하나님이 주신 복들을 풍성히 알고 풍성히 누리길 원하십니다.

하나님은 누구십니까? 하나님은 스스로 존재하시는 유일무이한 신이십니다. 성령님과 예수님과 하나님 아버지 외에는 다른 신이 없습니다. 마귀도 귀신들도 타락한 천사들일 뿐입니다. 하나의 피조물일 뿐입니다. 성 삼위 하나님만이 온 우주 만물의 주인이십니다.

창조주 하나님은 모든 만물에 대해 절대 주권을 가지고 계신 분입니다. 그분께 지음 받은 사람과 모든 만물이 마땅히 경배를 드려야 할 존귀한 분이십니다. 하나님은 모든 사람이 하나님을 알기를 원하십니다. 사람이 태어나 하나님을 알고 믿고 하나님을 경외하며 풍성한 삶을 누리길 바라십니다.

성경은 "하나님은 사랑이시다"라고 말씀하십니다. 하나님은 하나님의 기업인 우리가 풍성하고 탁월하고 부요한 삶을 누리길 진정으로 원하십니다. 하나님의 기업은 무엇일까요?

하나님의 자녀인 우리 자신이 제일 소중한 하나님의 기업입니다. 그리고 하나님의 자녀는 하나님 나라에 속한 기업들을 선물로 받았습니다. 아브라함의 후손으로 아브라함이 받은 복들을 받은 것입니다.

아브라함이 받은 복들이 무엇입니까? 하나님을 경외하는 믿음입니다. 어디를 가나 충만의 은총을 입어 만족하게 사는 것입니다. 소돔과 고모라 성에 사는 사람들처럼 죄를 지으며 무익하게 사는 게 아니라 하나님의 구원 사역에 동참하며 가치 있게 사는 것입니다. 죄의 법에서 해방되어 의인으로 사는 것입니다.

가뭄에 논밭이 쩍쩍 갈라지듯이 메마른 영혼이 아닌 생수가 흐르는 사람이 되었습니다. 복 있는 사람은 시냇가에 심겨진 나무같이 푸르게 삽니다. 가난하지 않고 영혼과 삶이 부요함을 누렸습니다. 당신이 예수님을 믿는 사람이라면 이런 놀라운 복들을 이미 다 받았다는 사실을 기억하십시오.

예수님은 성령으로 우리 안에 살아 계십니다. 성령님 안에 큰 능력이 있음을 알아야 합니다. 성령님은 모든 능력과 은사를 다 가지고 함께 계십니다. 그분은 절대 주권과 능력의 하나님이십니다. 예수님이 입을 열어 명령하실 때 바람과 파도도 폭풍까지도 순종했습니다.

그 절대 권세의 주님이 지금 당신 안에 성령으로 살아 숨 쉬고 계심을 확신하십시오. 예수 그리스도가 당신 안에 살아 계십니다.

무슨 일을 해도 핵심을 알고 하는 것이 매우 중요합니다.

믿음의 사람에게 가장 중요한 핵심은 무엇입니까?

바로 삼위 하나님입니다. 하나님을 알아야 합니다.

"우리가 여호와를 알자 힘써 여호와를 알자."(호 6:3)

당신은 지극히 크신 능력의 성령님에 대해 많이 알고 정확히 알아야 합니다. 하나님을 아는 만큼 당신은 흔들리지 않을 것입니다. 방황하거나 불안한 인생을 살지 않을 것입니다.

당신이 성령님에 대해 아는 만큼 당신의 삶에 위대한 일들이 많이 일어날 것입니다. 나는 크신 성령 하나님을 알고 믿음으로 천재작가 대부호의 꿈을 이루었습니다. 지금도 더 크게 번성하고 있습니다. 당신이 나처럼 성령님을 믿고 복음을 전하면 수많은 영혼이 살아날 것입니다. 당신이 성령님을 믿고 병든 자에게 손을 얹어 기도하면 질병이 떠나가고 건강하게 될 것입니다.

당신 안에 계신 성령 하나님과 친밀하게 교제하십시오. 그분을 존중하며 모시고 사십시오. 성령님을 인격적으로 존중하십시오. 그리하면 그분의 능력이 당신을 통해 나타날 것입니다. 성령님께서 당신을 축복의 파이프로 사용하실 것입니다. 이때 당신은 오직 믿음으로 성령님만 의지하면 됩니다.

"그런즉 자랑할 데가 어디냐 있을 수가 없느니라. 무슨 법으로냐 행위로냐 아니라 오직 믿음의 법으로니라."(롬 3:27)

당신의 하나님은 어떤 분이십니까?

나의 하나님은 나의 반석이시요 나의 요새시요 나를 건지시는 분이십니다. 내 모든 삶의 의지이십니다. 다윗도 하나님은 자신의 바위라고 고백했습니다. 당신도 이런 하나님을 굳게 믿고 흔들리지 않는 믿음의 삶을 누리십시오.

세상은 당신이 흔들림 없는 삶을 살도록 그냥 두지 않습니다.

어둠의 원수는 당신의 영혼을 온갖 거짓말로 죽이고 멸망시키려고 합니다. 이럴 때 온 천지에 살아 계신 하나님을 믿어야 합니다. 믿음의 주요 온전하게 하시는 주 예수 그리스도를 믿어야 합니다. 당신 안의 크신 성령님을 믿고 지혜로운 인생을 살아야 합니다. 당신의 마음에 살아 계신 크고 위대한 성령님을 믿음으로 흔들림 없는 삶을 사십시오. 바라건대 항상 강하고 담대하십시오. 나와 함께 기도하실까요?

"하나님, 감사합니다. 눈앞에 보이는 것을 보고 흔들리는 나를 붙들어 주시니 감사합니다. 내 안에 살아 계신 성령님을 더욱 바라보겠습니다. 내 안에 권능을 가지고 오신 성령님을 믿고 흔들리지 않고 담대하게 살겠습니다. 성령이여, 나를 강하고 담대하게 하옵소서. 예수님의 이름으로 기도합니다. 아멘."

재앙의 두려움 없이 사는 법

당신은 재앙을 당할까 두려워하지 않습니까?

나는 재앙이 올까 두려워하지 않습니다. 하나님의 큰 영광이 나를 지키고 있기 때문입니다. 하나님이 나를 불꽃같은 눈으로 보호하고 계시기 때문입니다. 오히려 내 앞에 주어진 삶에 충실합니다. 현실에 충실하며 미래를 보장해 주신 하나님을 신뢰합니다.

정약용(丁若鏞, 1762~1836)은 "재난이 있을 것을 미리 짐작하고 이를 예방하는 것은 재앙을 만난 뒤에 은혜를 베푸는 것보다 훨씬 나은 것이다"라고 말했습니다. 그렇습니다. 재앙을 만나지 말아야 합니다.

내가 재앙을 당하지 않으려 노력해도 하나님이 지켜 주시지 않는다면 소용없다는 것을 나는 잘 압니다. 그리고 내가 걱정한다고 해서 내머리카락 하나도 희게 만들 수 없습니다.

나는 하나님이 나를 보호하시지만 운전할 때는 내가 나를 지키는 줄 알았습니다. 그러나 교통사고를 당하면서 차가 다니는 모든 도로에서도 하나님이 지켜 주셔야 한다는 사실을 경험했습니다.

나의 차는 신호등을 기다리며 잘 서 있었습니다. 그런데 술이 덜 깬청년 여자가 운전하는 코란도 차가 내가 운전하던 다마스라는 조그만 차를 들이 받았습니다. 내가 운전하던 차는 그 충격으로 반대편 차선 안으로 튕겨져 들어갔습니다.

그 순간을 말로 표현하자면, 슬로우 비디오 화면이 잠깐 비추는가 싶더니 반대편에서 달려오던 싼타페가 보였고 나는 그 차에 치여 정신을 잃었습니다. 요란한 사이렌 소리가 웽웽하며 내 귀에 들렸습니다.

나는 아직 할 일이 남았는지 하나님은 나를 그 사로로 죽지 않게 하셨습니다. 사고 난 차량을 보면 누가 봐도 운전자가 죽었다고 했습니다. 그런 정도로 차가 많이 찌그러져 있습니다. 아내도 연락을 받고 처참하게 찌그러진 차를 보고 내가 죽었다고 생각했습니다. 갓난 아들을 하나는 업고 하나는 안고 울면서 병원으로 달려 왔습니다.

하나님은 그 죽음의 사고에서 나를 살리셨습니다. 내가 몰던 그 차는 조그만 다마스였습니다. 누가 봐도 처참하게 찌그러진 차 안의 운전석에 있던 나는 죽을 수밖에 없다고 생각되는 상황이었습니다.

사람의 죽음은 이렇게 허무하게 다가올 수 있습니다. 사람의 영혼도 마찬가지입니다. 불시에 세상을 떠남으로 영원한 죽음의 고통에 빠지게 됩니다. 이 글을 쓰는 얼마 전에 안타깝게도 한 지방에서 리조트 체육관이 무너짐으로 귀한 젊은이들이 허무하게 세상을 떠났다는 소식을 들었습니다. 그리고 큰 배가 전복되어 많은 사람이 순식간에 세상을 떠나기도 했습니다. 이처럼 죽음은 아주 가까이 있습니다.

어디로 가야 하는지 모르고 죽은 사람도 있을 것이고 알면서도 그것을 해결하지 못하고 죽은 자도 있을 것입니다. 오늘도 지구상의 많은 이들이 재앙의 두려움에 떨며 삽니다. 어떻게 해야 할지 모르고 삽니다. 당신은 빨리 이런 재앙의 두려움에서 벗어나야 합니다. 재앙이 없는 평안한 삶을 누려야 합니다.

어떻게 해야 재앙의 두려움이 없는 인생을 살까요?

첫째, 생명의 주권이 하나님께 있음을 믿어야 합니다.

일상생활에서도 하나님이 지켜 주셔야 한다는 믿음을 가지고 살아야 합니다. 하나님은 당신을 사랑하시되 졸지도 주무시지도 않고 당신을 지키고 계십니다. 때로 우리의 이성으로 이해 안 가는 상황이 있을지라도 하나님만 전적으로 신뢰해야 합니다.

내가 사고를 당한 때는 전도사 시절입니다.

하나님의 종으로 살겠다고 헌신하고 열심히 충성하고 있었는데 그런 일을 당했으니 얼마나 당황스러웠겠습니까?

"아니, 다른 사람도 아니고 내가 전도사인데, 왜 이런 사고를 당했지? 하나님의 종으로서 헌신하고 있는데 왜 이런 일이 일어났지?"

처음에 그 사고 상황이 도저히 납득이 가지 않았습니다. 그러나 나는 그 사고를 통해 중요한 것을 깨달았습니다.

"아, 나의 직분과 상관없이 나도 교통사고로 죽을 수 있구나."

"나는 오직 나의 하나님만 바라볼 수밖에 없는 인간이구나"라는 것을 깊이 새기게 되었습니다.

요셉을 생각해 보십시오. 하나님을 믿고 살던 요셉이 큰 꿈을 두 번이나 꾸었습니다. 가족에게 꿈을 이야기해 줬습니다. 그러나 그에게 돌아온 것은 형들의 미움을 사서 죽을 고생을 한 것입니다.

요셉은 자기의 의지와는 상관없이 죽음의 구덩이에 빠졌습니다.

그러나 하나님은 그를 죽도록 내버려두지 않으셨습니다. 사람의 눈으로 볼 때 요셉은 죽었으나 하나님의 눈에는 그가 죽지 않았습니다. 세상에 모든 이의 목숨은 다 하나님의 손에 달려 있음을 알게 되었습니다. 보이지 않는 하나님을 보는 것처럼 믿고 살아야 합니다.

요셉도 '내가 하나님을 믿고 사는데, 왜 이런 죽음의 고통을 당해야할까? 나는 형들에게 꿈을 이야기했는데, 왜 내가 미움을 받아야 하나? 나는 아빠 야곱에게 충성한 것밖에 없는데, 왜 이런 고통이 찾아온 거야?'라고 생각하지 않았을까요?

그는 그러면서 모든 생명의 주관자가 하나님이심을 더욱 새기고 하나님만 가슴 깊이 믿었을 것입니다. 나도 그렇습니다. 내 의지와 상관없이 내가 당한 교통사고를 통해 내 인생이 갑자기 달라질 수도 있다는 것을 알았습니다. 나는 하나님만 더욱 신뢰하게 되었습니다. 겉으로 보면 전도사가 교통사고 당한 사건이었지만 나의 내면은 요셉처럼 더욱더 하나님을 경외하는 믿음이 생긴 계기였습니다.

이런 면에서 본다면 교통사고는 나에게 큰 복이었습니다. 요셉의 고통을 선으로 바꾸어 하나님의 선민을 살리신 하나님의 깊은 뜻을 알아야 합니다. 하나님께서도 나를 살리셔서 나를 통하여 또 다른 귀중한 영혼들을 살리고 계심을 나는 믿습니다. 실제로 나를 통해 계속해서 영혼들이 예수님을 믿고 구원을 받고 있습니다. 나를 통해 일하시는 성령님을 찬양합니다. 할렐루야!

당신도 하나님을 믿고 삽니까? 그런데 정말 황당하고 안타까운 일을 당한 적이 있습니까? 지금 그런 일이 일어났습니까? 부도가 났습니까? 가정에 우환이 겹쳤습니까? 갖고 있던 돈이 다 없어졌습니까? 그래도 다시 하나님을 믿으십시오. 나의 작은 머리로 우주보다 더 광대하신 하나님을 판단하는 죄를 짓지 마십시오.

선하신 하나님께서 당신의 의지가 아닌 일이었음에도 그것을 선으로 바꾸어 당신을 더 강하게 하실 것입니다. 당신을 통해 하나님이 그분의 큰 꿈을 이루어 가심을 믿으십시오.

"우리가 알거니와 하나님을 사랑하는 자 곧 그의 뜻대로 부르심을 입은 자들에게는 모든 것이 합력하여 선을 이루느니라."(롬 8:28)

성령님이 함께하는 사람은 모든 과정이 아름답습니다.

결국 성령님은 모든 것이 합력하여 선을 이루게 하십니다.

아프리카를 사랑한 선교사 데이빗 리빙스턴(1813~1873)이 말한 것이 생각납니다. "사명자는 결코 죽지 않는다!" 당신이 성령님과 함께 꿈을 가진 사람이라면 당신은 쉽게 죽지 않습니다.

잠언 12장 21절은 "의인에게는 어떤 재앙도 임하지 아니하려니와 악인에게는 앙화가 가득하리라"고 말씀합니다.

예수님을 믿는 사람은 의인입니다. 의인은 하나님의 복음을 믿음으로 하나님이 받으신 사람입니다. 하나님이 그분을 믿는 믿음을 보시고 아브라함을 받으셨듯이 예수님을 믿는 사람을 받으십니다.

의인은 하나님께 큰 복을 받은 복덩어리입니다. 사시사철 시냇가에 심겨져 잎이 푸르고 청청하여 좋은 열매를 맺는 나무처럼 삽니다. 가정이 영육 간에 윤택하고 하는 일마다 형통한 삶을 누립니다.

이 의인에게는 어떤 재앙도 임하지 않습니다.

"교통사고를 당했다면서요? 망한 거 아닌가요?"

"네, 아닙니다."

눈에 보이는 현상만 보면 안 됩니다. 나는 교통사고를 통해서 돈을 주고 살 수 없는 무형의 재산을 얻었습니다.

그것이 무엇일까요? 그것은 내 하나님께 대한 '절대 신뢰'라는 최고의 재산입니다. 하나님만이 내가 영원히 의지할 분이며 내 생애 최고의 보물임을 깨닫게 된 것입니다. 세상의 정욕과 세상의 자랑과 세상의 은금 패물이 내 앞에 와도 난 하나님만 선택하게 되었습니다.

하나님만 최고로 여기는 중심을 갖게 된 것은 복 중의 복입니다. 내 안에 크신 성령님만 의식하고 그를 믿으며 사랑으로 교제하는 삶은 최고의 행복을 누리게 합니다. 이 무형의 재산은 지금도 계속 영적으로 육적으로 부요함을 창출해 주고 있습니다.

의인은 일곱 번 넘어져도 다시 일어납니다.

걸어가도 복을 받으며 손을 대는 일마다 복을 받으며 삽니다. 아무도 하나님의 사랑에서 그 의인을 끊을 수 없습니다. 그 어떤 피조물도 그리스도 안에 있는 하나님의 사랑에서 그 의인을 끊을 수 없습니다. 주 예수 그리스도 안에서 의인인 우리가 받는 복들은 정말 놀랍습니다. 예수님을 믿는 당신도 이런 복들을 누릴 자격이 있습니다.

한번 소리 내어 말해 보십시오.

"나는 그리스도 안에서 의인이다."

"나는 그리스도 안에서 성령 충만하다."

"나는 그리스도 안에서 건강하다."

"나는 그리스도 안에서 부요하다."

"나는 그리스도 안에서 지혜롭다."

"나는 그리스도 안에서 평화롭다."

"나는 그리스도 안에서 영원한 생명을 가졌다."

당신은 하나님을 몇 퍼센트 신뢰하십니까?

나는 나의 충만한 믿음의 고백으로 하나님을 200퍼센트 신뢰합니다. 나는 교통사고를 통해 잠잘 때도 하나님, 깨어나도 하나님, 걸어가도 하나님, 먹든지 마시든지 무엇을 해도 오직 하나님 한분밖에 없음을 철저히 믿게 되었습니다. 당신도 그렇지요?

성경은 이 사실을 우리에게 일깨워 줍니다.

"여호와께서 집을 세우지 아니하시면 세우는 자의 수고가 헛되며 여호와께서 성을 지키지 아니하시면 파수꾼의 깨어 있음이 헛되도다."(시 127:1)

사람이 하나님과 떨어진 상태라면 아무리 스스로를 지켜도 지켜지지 않음을 알아야 합니다.

아무리 우리가 의롭게 살려고 해도 하나님의 의를 입지 않으면 죄인일 뿐입니다. 아무리 사람의 노력으로 인생의 갈증을 해결하려 해도 성령님의 기름 부음이 없다면 해갈되지 않습니다.

아무리 우리가 건강을 추구하고 몸을 위한다고 해도 하나님이 건강을 지켜 주시지 않으면 안 됩니다. 아무리 우리가 부요하게 살려고 잠도 자지 않고 밥도 먹지 않고 뛰어다니며 돈을 벌어도 하나님이 지켜 주지 않으면 헛된 물거품과 같은 부일뿐입니다.

재앙의 두려움 없이 풍성하게 사는 비결은 오직 그리스도 예수 안에 있음을 기억하십시오. 예수님을 믿어야 의와 성령 충만과 건강과 부요한 인생을 누립니다. 예수님을 의지하면 그 인생은 실패하지 않습니다. 예수님을 의지하면 현상은 실패같이 보여도 실상은 그가 계속 하나님의 은총으로 성공의 길을 가고 있는 것입니다.

당신은 항상 하나님을 굳게 믿으십시오. 하나님의 안전한 보호하심 속에서 큰 꿈을 이루며 사십시오. 그러면 날마다 성공의 길을 걸으며 행복하게 살 것입니다. 이 시간 함께 기도하실까요?

"하나님 아버지, 감사드립니다. 재앙의 바람이 불어와도 여전히 하나님은 내 편이 되어 날 지켜 주시니 감사드립니다. 성령으로 내 안에 항상 살아 계셔서 나를 인도하시니 감사드립니다. 때때로 재앙의 두려움이 올지라도 나는 여전히 하나님만 믿습니다. 내 안에 전지전능하신 성령님을 의지하겠습니다. 그 무엇보다 더 크고 위대하신 성령님을 믿고 복음을 위해 살아가겠사오니 성령이여, 나를 도와주옵소서! 예수님의 이름으로 기도합니다. 아멘."

죽음의 두려움 없이 사는 법

당신은 죽음을 두려워하며 살지 않습니까?

나는 죽음을 두려워하지 않습니다. 내가 교만해서 그런 것이 아닙니다. 내 대신 죽으시고 부활하신 예수님을 믿음으로 죄인에서 의인이되었고 영원한 생명의 사람이 되었기 때문입니다. 하나님의 아들이 있는 사람에게는 생명이 있습니다. 이 생명은 영생하는 생명입니다.

시인이자 소설가인 헤르만 헤세(Hermann Hesse, 1877~1962)는 "목적지까지 말로 갈 수도, 차로 갈 수도, 둘이서 갈 수도, 셋이서 갈수도 있다. 하지만 맨 마지막 한 걸음은 자기 혼자서 걷지 않으면 안된다"고 말했습니다. 인생은 오직 하나님과 함께 가야 합니다.

나는 교통사고를 당했고 죽음의 문턱까지 갔다가 살아났습니다. 내가 탄 차는 조그만 다마스였습니다. 술이 덜 깬 여자가 운전한 큰 차량이 내가 탄 조그만 차를 받았습니다. 내 차는 튕겨져 나갔고 앞에서오던 다른 큰 차가 나를 향해 오더니 내 차를 들이 받으며 나를 치었습니다.

이 교통사고를 경험하고 나니 사람의 목숨은 참으로 하나님의 손에달려 있다는 것을 깨달았습니다. 운전을 하며 도로에 있을 때든, 다른 무엇을 할 때든, 하나님이 지켜 주셔야 내 생명이 유지된다는 것을 알 았습니다. 나는 하나님을 믿고 살았지만 직접적으로 죽을 뻔한 교통사 고를 당해 보니 더욱 실감이 났습니다.

사람이 말로만 죽음이 두렵지 않다고 하는 것과 실제로 교통사고를 당해 그 현장에서 긴박한 상황 속에서 예수님을 고백하는 것은 차이가 있습니다. 물론 믿음의 중심은 같습니다. 그러나 믿음의 성숙도에 있 어서는 직접 당한 사람이 더 있습니다. 이론과 철학이 아닌 직접적인 인격의 고백으로 하나님을 신뢰하기 때문입니다.

죄로 영혼이 죽은 사람은 그 양심이 압니다. 무엇을 알까요? 자신 이 얼마나 큰 죄인인지 압니다. 그리고 육신이 죽으면 영원한 멸망과 영원한 형벌을 받을 것을 알고 두려워하며 삽니다.

내가 그랬습니다. 한 때는 나의 죄 짐을 해결하고 싶어 말 못하는 우상 앞에 가서 절하기도 했습니다. 솔직히 그때의 심정은 어떻게든 죄책감을 해결하고 싶다는 마음뿐이었습니다.

그러나 그 말 못하는 우상은 내게 죄책감으로부터 자유를 주지 못 했습니다. 말 그대로 우상은 말도 못하고 듣지도 못하고 내게 아무것 도 해줄 수 없는 물건이었기 때문입니다.

"그들의 우상들은 은과 금이요 사람이 손으로 만든 것이라. 입이 있 어도 말하지 못하며 눈이 있어도 보지 못하며 귀가 있어도 듣지 못하 며 코가 있어도 냄새 맡지 못하며 손이 있어도 만지지 못하며 발이 있 어도 걷지 못하며 목구멍이 있어도 작은 소리조차 내지 못하느니라. 우상들을 만드는 자들과 그것을 의지하는 자들이 다 그와 같으리로 다."(시 115:4~8)

예수님은 말 못하는 우상에게서 죄를 해결 받고 죽음의 두려움에서 벗어나길 원하는 나를 긍휼히 여겨 주셨습니다. 내가 예수님을 믿자 거짓말처럼 내 안에 있던 죽음에 대한 두려움이 사라졌습니다.

나의 사랑하는 아내는 처음에 예수님을 믿을 때 우주선을 타고 구름 위를 날고 구름 위를 걷는 것 같은 기쁨이 충만했다고 합니다. 나의 경우는 정말 사슴이 사뿐사뿐 언덕 위를 걷는 모습이었습니다.

그리스도 밖에 있었을 때 나는 죄인이요 목마른 자요 병자요 가난한 자요 어리석은 자요 징계 받을 자요 영원한 죽음에 빠질 자였습니다. 그러나 예수님을 믿는 나는 바뀌었습니다. 어떻게 변화되었을까요? 새로운 피조물입니다. 나는 주님 안에서 새로운 피조물이 된 나를 자랑스럽게 선언합니다. 함께 선언해 보실까요?

"나는 그리스도 안에서 의인이 되었습니다."

"나는 그리스도 안에서 성령 충만한 사람이 되었습니다."

"나는 그리스도 안에서 건강하게 되었습니다."

"나는 그리스도 안에서 부요하게 되었습니다."

"나는 그리스도 안에서 지혜롭게 되었습니다."

"나는 그리스도 안에서 평화롭게 되었습니다."

"나는 그리스도 안에서 영생하게 되었습니다."

왜 우리가 모든 죽음에서 두려움 없이 살 수 있는지 아십니까?

예수님이 십자가를 짊어지고 부활하시므로 우리의 모든 죽음의 문제를 담당해 주셨기 때문입니다.

죽음에는 두 단계가 있습니다. 처음의 죽음은 육신의 죽음입니다.

사람은 원래 영원히 살도록 창조되었습니다. 그러나 인류의 조상이 하나님께 범죄를 하여 죽어야 하는 유한한 존재가 되었습니다. 아무리 장수를 한들 죽음을 피할 수 있는 존재는 세상에 없습니다. 요즘 아무리 "백세 시대"를 외쳐도 육신의 죽음에는 소용없습니다.

두 번째 죽음은 영혼의 영원한 죽음입니다. 사람이 죄를 해결하지 못한 채 죽으면 저 세상의 감옥인 영원한 불지옥으로 던져집니다. 천국으로 갈 수 있는 기회는 이 세상에서 육신의 삶이 있을 때까지입니다. 아시겠습니까? 부디 지금 예수님을 믿으십시오!

누가복음 16장에 보면 부자와 나사로와 아브라함이 나옵니다.

한 부자는 날마다 호화롭게 인생을 즐겼습니다. 그는 마음에 예수님이 없는 부자였습니다. 온갖 고급 옷을 입고 쾌락을 즐기기를 좋아했습니다. 성경을 보면 그가 재물로 인한 자만심에 빠져 있었음을 알 수 있습니다. 당신은 재물로 인해 마음이 둔해지지 않게 해야 합니다. 결국 그는 죽어 장사되어 지옥에서 고통을 받았습니다.

나사로는 거지였습니다. 심한 종기 같은 질병이 온 몸에 가득했습니다. 그는 그 부자의 상에서 떨어지는 것으로 배불리려는 삶을 살았습니다. 그 거지 나사로는 죽어 천사들에게 받들려 천국에 들어갔습니다. 그는 거지였으나 예수님을 믿음으로 천국에 들어갔습니다.

성경 말씀 곳곳에서는 아브라함이 믿음으로 하나님을 경외하며 살았음을 가르쳐 줍니다. 그는 하나님께서 베푸시는 은금과 육축과 노비가 많았습니다. 그는 대부호로 살았습니다. 우리는 누가복음 16장 19절에서 25절까지에서 세 사람의 모습을 볼 수 있습니다. 그리고 어떻게 하나님을 믿고 행복하게 살아야 할지 선택할 수 있습니다.

당신은 어떤 사람처럼 인생을 살기 원하십니까? 나는 아브라함처럼 하나님을 믿음으로 죽음에서 자유하기로 선택했습니다. 나는 아브라함처럼 하나님을 경외하며 대부호의 삶을 살기로 선택했습니다. 당신도 하나님을 믿되 마음과 생활이 부요하게 살기를 선택해야 합니다.

당신도 아브라함같이 하나님을 경외하며 대부호의 삶을 누리십시오. 주 예수 안에서 장수하며 사십시오. 당신의 영혼이 구원받고 재벌의 부요함을 누리며 행복하게 사는 것이 하나님의 뜻입니다.

어떻게 해야 죽음에서 자유하고 부요하게 살 수 있을까요?

첫째, 하나님의 부요한 사랑을 굳게 믿어야 합니다.

당신이 지금 그리스도 예수를 믿는다면 기뻐하십시오. 당신은 전능하신 하나님의 보호 안에서 살고 있는 것입니다. 그 보호는 마귀도 건드리지 못합니다. 다시는 영원한 죽음이 없습니다. 영원한 멸망이나 사망이 없는 것입니다. 그 대신 하나님의 영원한 생명을 가진 구원받은 아들로 사는 것입니다. 하나님 외에는 모든 것들이 다 피조물인데 그 어떤 피조물도 하나님 안에 보호받는 우리를 하나님의 사랑에서 끊을 수 없습니다. 부요하신 하나님은 우리의 영혼과 육신 그리고 실제 생활까지 관심이 많으시며 우리가 부요하게 살기 원하십니다.

"내가 확신하노니 사망이나 생명이나 천사들이나 권세자들이나 현재 일이나 장래 일이나 능력이나 높음이나 깊음이나 다른 어떤 피조물이라도 우리를 우리 주 그리스도 예수 안에 있는 하나님의 사랑에서 끊을 수 없으리라."(롬 8:38~39)

둘째, 우리의 영원한 본향을 늘 학수고대해야 합니다.

우리의 본향은 천국입니다. 천국은 거룩한 성입니다. 새 예루살렘입니다. 신부가 남편을 위해 단장한 것 같이 성스럽고 고귀하며 아름답고 영화로운 성입니다. 말로 표현할 수 없는 거룩한 곳입니다.

하나님이 그분의 백성과 함께 계시는 곳입니다. 하나님이 친히 함께하는 영원히 행복한 성입니다. 모든 눈물을 닦아 주시는 곳입니다. 다시는 형벌이나 사망이 없는 곳입니다. 애통하는 것이나 곡하는 것이

나 아픈 것이 없는 영광의 도성입니다.

지극히 귀한 보석 같고 벽옥과 수정같이 맑은 성입니다. 크고 높은 성곽이 있고 열두 문이 있고 문에 열두 천사가 있는 성입니다. 그 성곽은 벽옥으로 쌓았고 그 성은 맑은 정금 같은 성입니다. 성곽의 기초석은 각색 보석으로 꾸며진 빛과 사랑이 가득한 성입니다.

왜 사람이 죽음을 두려워하며 사는지 아십니까? 죄인은 죽음으로 영원한 흑암 속에 빠진다는 것을 그 양심이 알기 때문입니다. 죄인에게는 아무 희망이 없습니다. 희망은 예수 생명이 있는 의인에게만 있습니다. 의인은 강한 생명력을 가지고 희망찬 삶을 삽니다.

다윗도 죄 때문에 탄식했습니다.

"수많은 재앙이 나를 둘러싸고 나의 죄악이 나를 덮치므로 우러러볼 수도 없으며 죄가 나의 머리털보다 많으므로 내가 낙심하였음이니이다."(시 40:12)

죄의 종류는 크게 두 가지로 봅니다.

첫 번째 죄의 종류는, 원죄입니다.

원죄란 사람이 태어나면서부터 가지고 나오는 죄인의 신분과 상태를 말합니다. 나도 다윗처럼 똑같은 고백을 했습니다. 나는 죄인의 신분으로 이 땅에 태어났던 것입니다. 다윗의 고백을 들어보십시오.

"내가 죄악 중에서 출생하였음이여, 어머니가 죄 중에서 나를 잉태하였나이다."(시 51:5) 원죄를 해결하지 못한 죄인에게 영원한 형벌이 있기에 그의 양심이 그것을 알고 죽음 다음에 있을 지옥 형벌을 두려워하는 것입니다. 그러나 지금 예수님을 믿고 사는 사람에게는 평화가 있습니다. 천국의 영광과 소망 그리고 하나님의 사랑이 넘칩니다.

두 번째 종류의 죄는, 자범죄입니다.

자범죄란 사람이 살면서 짓는 죄를 말합니다. 종류가 많겠죠. 미워하는 것, 사기, 절도, 음행, 불법, 불효 등입니다.

예수님은 "여자를 보고 음욕을 품는 자마다 이미 간음하였다"고 말씀하셨습니다. 마음의 나쁜 동기와 움직임도 모두 범죄입니다. 미워하거나 시기하거나 악한 마음을 품는 것도 모두 죄입니다. 자범죄는 원죄의 결과로 삶에 드러나는 죄들입니다.

예수님을 믿으면 하나님의 자녀로 다시 태어납니다. 이는 신분적으로 하나님의 자녀가 된 것입니다. 하나님의 자녀는 다시 죄인의 신분이 되지 않는 의인입니다. 그는 결코 지옥에 가지 않습니다.

오직 예수님의 공로를 믿음으로 천국에 갑니다.

그런데 천국에 들어가기까지는 육신의 몸을 입고 사는 과정이 남아있습니다. 그 육신의 장막을 벗기까지는 연약하여 실수하게 되는데 그때 짓는 죄를 '자범죄'라고 합니다.

예수를 믿지 않으므로 죄인의 신분을 가진 사람은 육신이 죽은 후에 영원한 사망에 들어갑니다. 죄 값으로 영원히 지옥에서 그 대가를 치러야 합니다. 그러므로 모든 사람은 반드시 거듭나야 합니다.

예수님은 이 모든 죄를 해결해 주시려고 십자가를 짊어지셨습니다. 죄의 결과는 사망입니다. 육신의 사망과 지옥에 들어가는 영원한 사망입니다. 예수님이 십자가에서 당신과 나의 죄를 사하시려 모든 물과 피를 다 쏟으셨습니다. 예수님이 이루신 이 복음은 당신을 원죄와 자범죄에서 해방시키셨습니다. 당신은 자유의 사람인 것입니다.

지금 당신 안에 성령님이 계시다면 이렇게 찬송함이 기쁠 것입니다.

"내 영혼이 은총 입어 중한 죄 짐 벗고 보니 슬픔 많은 이 세상도 천국으로 화하도다. 할렐루야 찬양하세. 내 모든 죄 사함 받고 주 예수와 동행하니 그 어디나 하늘나라."

나와 함께 기도하실까요?

"하나님, 감사합니다. 평생 동안 죽음을 두려워하며 살아야 하는데 예수님을 믿고 평안함을 주셔서 감사드립니다. 영원한 생명을 주셔서 감사드립니다. 때때로 살면서 죽음의 파도가 밀려올 때도 나를 지켜 주소서. 내 마음과 생각을 지켜 주소서. 내 안에 크신 성령님만을 더욱 의지합니다. 내 생명의 주 하나님이시여! 하나님을 굳게 신뢰하고 복음을 위해 살겠습니다. 성령이여, 모든 길을 인도해 주소서! 예수님의 이름으로 기도합니다. 아멘."

스트레스의 두려움 없이 사는 법

당신은 스트레스로 인한 두려움이 없습니까?

나는 스트레스로 인한 두려움이 없습니다. 나는 지금 스트레스를 거의 받지 않고 삽니다. 하나님의 영광이 나를 감싸고 있기 때문입니다. 내가 믿음으로 하나님의 품 안에 푹 싸여 있기 때문입니다. 영광의 복음의 능력이 나를 지키고 있기 때문입니다.

플라톤(Platon, BC 427~347)은 "보통 스트레스는 우리 두뇌의 일부분만 사용할 때 증가한다. 그렇기 때문에 우리 두뇌의 다양한 부분을 사용할 수 있도록 항상 다양한 시도를 하는 것이 좋다"고 말했습니다. 복음의 말씀은 두뇌에 빛이 발하도록 합니다.

스트레스라는 말은 '몸에 적응하기 어려운 육체적이거나 정신적인 자극이 가해졌을 때 살아 있는 몸이 나타내는 반응'입니다.

나는 얼굴의 큰 점으로 인해 많은 스트레스를 받고 살았습니다.

사람들은 내 얼굴의 큰 점을 구경난 듯 쳐다봅니다. 마음에 스트레스가 쌓이니 건강도 나빠졌습니다. 몸도 말랐고 건강한 생활을 하지 못했습니다. 몸이 건장한 사람을 보면 부러웠습니다.

스트레스를 많이 받으면 마음도 병들게 됩니다. 마음의 병은 무엇입니까? 짜증을 잘 내는 것입니다. 미워하는 마음입니다. 시기하고 질투하는 마음입니다. 남을 인정하지 못하는 마음입니다. 남과 자신을 비교하는 마음입니다. 사랑하지 못하는 마음입니다.

이런 마음이니 속으로 얼마나 많이 죄를 범했겠습니까?

때로는 나도 모르게 욕이 튀어나올 때도 있습니다. 정말 인간이 미웠습니다. 그리고 스트레스로 인해 연약하게 반응하는 내가 정말 싫었습니다. "아, 약하게 반응하는 내가 싫다" 하고 후회했습니다.

예전에 스트레스로 고생하는 한 여성이 있었습니다. 그녀는 남편과 행복하게 살다가 어느 날 이혼을 당했습니다. 이유는 남편이 바람을 피운 것이었습니다. 결국 이혼하고 그녀는 벙어리 냉가슴을 앓듯 끙끙거리며 살았습니다. 날이 갈수록 마음에 있는 무거운 짐을 내려놓아야 하는데 그렇지 못했습니다. 점점 짐에 눌렸습니다.

남편이 다른 여자와 사는 것이 용서가 되지 않았습니다. 한두 잔 마시는 술이 습관이 되어 술 중독에 빠지게 되었습니다. 습관적으로 술을 먹고 와서 어린 자식들에게 화풀이를 했습니다. 가재도구를 부수기도 했습니다. 그녀의 몸도 마음도 가정도 점점 망가져 갔습니다.

스트레스는 무섭습니다. 스트레스를 풀지 않으면 그것이 씨앗이 되어 좋지 않은 열매를 맺게 됩니다. 마음에 병이 생깁니다. 화병이 생깁니다. 몸에 이상이 생깁니다. 신체의 리듬이 깨집니다. 건강에 적신호가 옵니다. 대인관계에 문제가 발생합니다. 평화보다는 싸움과 다툼이 일어납니다.

사람은 스트레스에서 해방되어야 행복하고 건강하게 삽니다.

나는 지금 정말 행복한 상태로 삽니다. 하나님 안에서 살기 때문입니다. 스트레스의 모든 근원은 죄로부터 발생이 됩니다.

사람은 죄에 대한 문제를 해결할 수 없습니다. 내 얼굴을 좋은 구경 거리처럼 쳐다보는 사람의 심보도 그것을 보고 못 참아 하는 나의 심보도 모두 죄의 성향에서 발생된 것입니다.

나는 특히 살면서 얼굴의 큰 점으로 인해 스트레스를 많이 받았습니다. 내가 어떻게 그런 스트레스에서 자유롭게 되었을까요? 그것은 바로 하나님의 은혜 때문입니다.

과거에 나는 얼굴의 큰 점으로 인해 나 자신이 얼마나 연약한 존재 인지 보통 사람보다 더 뼈저리게 느꼈습니다. 나는 얼굴의 큰 점으로 인해 나 자신이 얼마나 사악한 존재인지 깨달았습니다.

이런 고통 가운데 살던 내가 하나님의 말씀으로 나 자신을 조명 받 자 나는 거꾸러졌습니다. 내가 거룩하신 하나님 앞에 큰 죄인이었음을 깨달았던 것입니다. 그래서 괴로웠습니다. 이 사망의 몸에서 누가 나 를 살려 줄까요? 나는 형벌이 무서웠습니다.

그런 나에게 저 멀리서 하나의 빛이 다가왔습니다.

그 빛은 점점 커졌습니다. 그 빛은 내게 너무나도 따뜻하고 강렬한 영광의 빛이었습니다. 그 빛은 영광의 예수님이셨습니다. 예수님은 내 게 "화수야, 내가 너를 위해 죽었단다. 이제 너는 내 것이다"라고 말씀 하셨습니다. 나는 완전히 하나님의 것이 되었습니다.

예수님은 나의 죄, 목마름, 병, 가난, 어리석음, 징계, 죽음을 짊어 지시고 십자가에서 죽으셨습니다. 내가 스트레스를 받으며 고통 받아 야 하는 모든 스트레스를 그분이 대신 다 짊어지셨습니다. 예수님은 저주하는 자들로부터 모든 스트레스를 받으셨습니다. 침 뱉음과 조롱 과 욕지거리와 폭행을 당하셨습니다.

죄 값으로 내가 십자가에 못 박힐 정도로 영원한 형벌을 당해야 하는데 예수님은 내 대신 십자가에 양손과 양발에 "쾅쾅쾅, 쾅쾅쾅" 하는 소리를 들으며 대못으로 참혹하게 못 박히셨습니다.

예수님은 "다 이루었다" 하셨습니다. 십자가에서 모든 피와 눈물과 땀을 다 쏟으셨습니다. 나는 그 십자가 사랑이 믿어졌습니다.

내가 그 믿음을 갖자 죄에 대한 스트레스에서 해방되었습니다. 지금은 의의 아들이 되었기 때문에 하나님의 의로운 아들로 살아갑니다. 내게 스트레스를 주는 사람을 향해 정죄하지 않습니다. 욕하지 않습니다. 오히려 축복합니다. 가족과 이웃과 사회와 민족과 세계를 위해 축복 기도를 합니다. 당신도 그리스도 예수 복음을 믿고 모든 스트레스에서 해방되어 사십시오. 나처럼 큰 복을 받고 축복하며 사는 복된 인생이 되십시오.

내가 그 믿음을 갖자 내가 가졌던 인생의 모든 목마름에서 해방이 되었습니다. 외모, 학벌, 배경, 가문, 재력, 많은 친구 갖기 등에서 벗어날 수 있었습니다. 성령님과 함께하는 것보다 이런 외적인 것들을 추구하는 것은 오히려 더 큰 스트레스를 받아 목이 타게 한다는 것을 경험했습니다.

지금은 "성령님, 사랑합니다. 성령님이 나의 모든 것이십니다. 성령님을 모시고 성령님과 항상 함께 살겠습니다"라는 것이 나의 고백이 되었습니다. 이것은 내 안에 성령의 기름 부음이 가득하기 때문에 가능한 것입니다. 성령님은 내게 생수의 강들을 흘러 보내고 계십니다.

성령님의 기름 부음을 따라 나는 복음 전도자의 삶을 살고 있습니다. 성령님의 기름 부음을 따라 나의 천직인 책쓰기와 강연을 하고 있습니다. 기쁠 때나 슬플 때나 힘들 때나 힘이 덜 들 때나 항상 성령님을 모시고 나는 전도인의 직무를 다 하고 있습니다.

나는 앞으로 더 많은 책을 써내고 강연을 다니게 될 것입니다.

성령님께서 인도하시는 곳에 가서 예수 그리스도 온전한 복음을 대언할 것입니다. 성령님은 내게 "내가 너를 반드시 들어 쓰리라. 너는 내가 택한 나의 온전한 복음 전도자니라"고 말씀하셨습니다. 나는 나를 처음 부르셨을 때부터 지금까지 동일하게 말씀하시는 주 예수님을 믿습니다. 당신도 끝까지 하나님만 믿으십시오.

성령님은 내게 항상 기름을 부어 주시고 나는 믿음으로 그분의 기름 부음을 따라 삽니다. 이런 삶의 기쁨과 능력은 세상이 감히 주지 못하는 것입니다. 영생하도록 솟아나는 이 성령의 샘물은 천국의 영화로움과 아름다움과 능력과 지혜가 넘쳐 나게 했습니다.

당신도 예수님을 믿음으로 구원을 받듯이 믿음으로 성령 충만을 입어 산다는 것을 기억하십시오. 예수님은 "나를 믿는 자는 그 배에서 생수의 강이 흘러 나리라"고 말씀하셨습니다. 어떤 행위나 사람의 노력으로 성령 충만해지는 것이 아닙니다. 오직 그리스도 예수님의 십자가의 공로를 믿음으로 성령 충만함을 누리며 사는 것입니다.

당신은 요즘 어떤 스트레스를 받으며 삽니까?

친구에게 받습니까? 가정에서 받습니까? 돈에서 받습니까? 자신에게 받습니까? 스트레스를 받아들이지 마십시오. 강하고 담대하게 스트레스를 다스리십시오. 사람의 능력에는 한계가 있음을 알아야 합니다. 어둠의 것들은 당신을 정신적으로 교묘하게 유혹하여 죄를 짓도록 스트레스를 줄 수 있음을 알아야 합니다.

어떻게 해야 스트레스를 받지 않고 살 수 있을까요?

첫째, 당신의 마음을 굳게 지켜야 합니다.

지금 시대는 스트레스가 만연한 시대입니다. 수많은 종류의 암, 직장에서 살아남기 위한 스트레스, 과로사, 수많은 정보량, 스트레스성 질병 등으로 사망률이 높습니다. 이러한 때에 마음을 강하게 해야 합니다. 당신은 소중하기 때문입니다. 사람들은 스트레스를 받으면 음주, 흡연, 이혼, 자살, 폭력 등으로 자신의 스트레스를 회피하는 수단으로 삼습니다. 우리는 서로 스트레스를 주고받지 말아야 합니다.

또한 스트레스 원인으로 나라의 분단 상황, 높은 인구 밀도, 고속성장, 사교육비 급증, 퇴근 후 비즈니스 연장, 세대 간 가치 차이, 지도층에 대한 불신 등이 있습니다.

이런 여러 가지 원인으로 스트레스를 받으면 자기도 모르게 마음이 흔들립니다. 주위의 환경에 휩쓸려 그 물결에 떠내려갑니다. 이럴 때일수록 마음을 다부지게 꽉 잡아야 합니다. 잠언 18장 14절은 "사람의 심령이 강하면 능히 자신의 병도 이길 수 있다. 그런데 심령이 상해 버리면 아무도 그것을 일으키지 못한다"고 말씀합니다.

당신은 자신의 마음에 복음의 영광이 가득하게 해야 합니다.

복음은 믿는 자에게 능력을 줍니다. 당신 안에 의와 성령 충만과 건강함과 부요함과 지혜와 평화와 생명이 가득함을 굳게 믿으십시오.

그렇습니다. 당신은 지킬 만한 것 중에 당신의 마음을 잘 지켜야 합니다. 왜냐하면 생명의 근원이 당신의 마음에서 나오기 때문입니다. 마음이 건강해야 육체도 건강합니다. 당신의 마음에 그리스도의 평강이 가득하도록 성령님의 인도하심을 굳게 믿으십시오.

둘째, 하나님 앞에 마음을 토해야 합니다.

토한다는 것은 '마음에 있는 것을 성령님께 말하는 것'입니다. 기쁜 일도 슬픈 일도 스트레스다 싶은 모든 것을 다 성령님께 말하는 것입니다. 성령님은 신실하신 하나님이십니다. 친절하시고 큰 사랑을 가진 하나님이십니다. 그렇기 때문에 미주알고주알 이야기해도 다 들으십니다. 그리고 그 해결책을 가르쳐 주십니다. 성령님께 친구에게 하듯다 말하십시오. 성령님께서 당신의 꿈과 소원을 이루어 주심으로 당신의 마음이 시원해질 것입니다.

"백성들아 시시로 그를 의지하고 그의 앞에 마음을 토하라. 하나님은 우리의 피난처시로다."(시 62:8)

셋째, 몸이 건강하도록 적당한 운동을 해주어야 합니다.

나는 건강을 위해 산책을 합니다. 거의 매일 하고자 노력합니다. 산책을 하며 성령님과 대화를 하고 맑은 공기와 햇빛을 공급받습니다. 산책을 하고나면 몸은 상쾌해지고 복잡한 생각이 정리되는 것을 경험합니다. 당신도 아내와 함께 매일 산책하기 시작하십시오.

넷째, 스트레스를 주는 사건이나 사람에 대해 분석해 보고 대처해야 합니다. 똑같은 스트레스가 반복된다면 그것에 대해 생각해 보고 성령님께 아뢰고 원인과 대책을 찾아야 합니다. 성령님께 구하면 가르쳐 주십니다.

내가 책을 써내고자 할 때 많은 스트레스가 있었습니다. 재정과 조급함과 자존감 등이 있었습니다. 그러나 성령님께 아뢰었을 때 성령님은 한 걸음 한 걸음 인도하셨습니다. 당신도 성령님께 아뢰고 한 걸음 한 걸음 성령님의 인도와 지도를 받아 승리하십시오.

다섯째, 삶의 자세를 바꾸어야 합니다.

탈무드에 "승자의 주머니 속에는 꿈이 있고, 패자의 주머니 속에는 욕심이 있다"는 말이 있습니다. 꿈과 욕심은 다릅니다. 과도한 욕심으로 인한 스트레스는 몸과 마음을 병들게 합니다. 욕심을 버리면 마음이 평안해지고 육신이 건강하게 됩니다.

미국 미시건 대학교의 스테파니 브라운 박사는 인간의 욕심과 수명에 관해 연구를 했습니다. 연구 결과에 의하면 욕심이 많은 사람의 사망률이 욕심이 적은 사람의 사망률보다 거의 3배 더 많은 것으로 나타났습니다. 그는 "욕심이 적은 사람은 평안하게 있으니까 오장육부가 긴장하지 않는다. 그러나 욕심이 많은 사람은 스트레스로 오장육부가 눌려서 잠도 못자고 고통을 당하니까 빨리 죽는 것은 당연하지 않는가?"라고 말했습니다.

인류 역사상 록펠러만큼 큰 부자는 아직까지 없습니다. 록펠러는 53세가 되었을 때 특이한 소화 불량성 질병을 앓았습니다. 그로 인해 머리카락은 말할 것도 없고 눈썹과 속눈썹까지 다 빠져 버렸습니다. 그는 거울을 보며 "내가 왜 이렇게 되었지? 나는 세계 최고의 부자인데"라며 절망했습니다.

의사는 그에게 "당신의 병은 늘 극도의 긴장된 생활에서 비롯된 스트레스가 주 원인입니다. 앞으로 일 년을 넘기기 어렵습니다"라고 말했습니다. 그는 절망 가운데 하나님의 말씀을 통해 그동안 자신이 욕심으로 잘못 살아온 것을 깨달았습니다.

그래서 많은 욕심을 가지고 큰 부자가 되었지만 죽을병에 걸리자 욕심을 다 버리기로 작정했습니다. 그리고 온전한 십일조와 감사의 생활로 철저하게 하나님 중심의 삶을 살았습니다. 회심한 후 그는 교회를 무려 4,928개나 건축했습니다.

지금의 시카고 대학 등 종합대학과 단과대학을 각각 12개씩 지으며 사회에 기부하는 모범을 보였습니다. 그는 1년밖에 살지 못한다는 선언을 받았지만 욕심을 버리고 하나님께 헌신하여 98세까지 건강하게 살다가 천국에 갔습니다.

물고기도 스트레스를 받으면 일찍 죽습니다. 하물며 사람도 스트레스를 자주 받고 그것에 짓눌리면 빨리 죽습니다.

어떻게 하면 물고기에게 스트레스를 주지 않고 키울 수 있을까요?

첫째, 어항을 절대로 흔들지 말아야 합니다.

둘째, 어항 주변에서 뛰지 말아야 합니다.

셋째, 손가락을 넣는다든지 길쭉한 도구로 물을 저어 물고기를 괴롭히지 말아야 합니다.

넷째, 어항 속에 다른 이물질을 넣지 말아야 합니다.

만약 우리가 살면서 스트레스를 받았다면 어떻게 해야 할까요?

스트레스를 준 사람을 용서하는 것이 현명합니다. 용서는 나를 살리는 길입니다. 용서 못한 스트레스를 마음에 담고 사는 것은 시한폭탄을 안고 사는 것과 같습니다. 반드시 때가 되면 터집니다. 자신과 가족과 이웃이 그 파편에 맞아 중태에 빠집니다. 무서운 일입니다. 성령님을 의지하고 성경 말씀을 의지하여 재빨리 풀어야 합니다.

요셉은 꿈쟁이라고도 말합니다. 꿈으로 인해 역경을 겪었고 마침내 그 꿈대로 이루어진 놀라운 축복의 삶을 살았습니다.

하지만 그렇게 되기까지 그에게 남다른 고민이 있었을 것입니다. 형들이 자신을 죽이고자 구덩이에 쳐 박아 버린 사건이 요셉은 잊혀지지가 않았습니다. 죽음에 관계된 일인데 어찌 그 일을 쉽게 잊을 수 있겠습니까?

요셉 당시에 칠 년 풍년이 들었고 마침내 칠 년 흉년이 왔습니다. 온 세상에서 요셉에게 곡식을 구하러 왔습니다. 요셉이 지혜를 발휘하여 그들에게 돈과 가축을 받으며 곡식을 팔았습니다.

야곱이 살던 땅도 기근이 심해서 야곱이 아들들에게 말했습니다.

"우리가 여기서 굶어 죽을 수는 없지 않느냐? 너희는 당장 일어나 애굽에 가서 곡식을 구해 오너라."

그래서 형들이 애굽으로 갔고 드디어 요셉을 만났습니다.

당신이 요셉 같으면 어떻게 하겠습니까? 지울 수 없는 깊은 스트레스를 준 형들을 옥에 가두겠습니까? 나를 구덩이에 던졌고, 노예로 팔았습니다. 또 요셉은 누명을 써서 감옥에 갇혔습니다. 그렇게 고생한 것을 기억하며 부득부득 이를 갈며 형들을 죽여 버리겠습니까?

당신이라면 어떻게 하겠습니까? 원수를 가만 두겠습니까?

요셉은 자신들 앞에 있는 형들을 향해 놀라운 말을 했습니다.

"그런즉 나를 이리로 보낸 이는 당신들이 아니요 하나님이시라. 하나님이 나를 바로에게 아버지로 삼으시고 그 온 집의 주로 삼으시며 애굽 온 땅의 통치자로 삼으셨나이다."(창 45:8)

요셉은 형들을 용서했던 것입니다. 그것은 하나님의 절대적인 주권을 인정하기 때문에 가능한 것입니다. 당신도 아무리 생각해도 용서 못할 대상이 있을 수 있습니다. 그러나 요셉의 태도를 기억하고 용서해야 합니다. 그것이 서로 사는 길입니다.

예수님은 나를 용서해 주셨습니다. 나는 내가 하나님을 만나기 전에 얼마나 큰 죄인인지를 깨달았습니다. 그럼에도 예수님은 나를 용서해 주셨습니다. 크신 예수님은 나 같은 죄인도 용서하시고 의와 성령 충만과 건강과 부요함과 지혜와 평화와 영원한 생명의 복들을 주셨습니다. 아무 조건이 없었습니다. 단지 그리스도 예수를 내 마음에 구주로 믿었을 뿐입니다. 그 믿음도 하나님이 선물로 주신 믿음입니다.

그래서 나는 "나의 나 된 것은 하나님의 은혜입니다"라고 고백하며 살 수밖에 없습니다. 그래서 나는 살면서 주 예수 그리스도의 이름을 의지하고 내게 스트레스를 주었던 모든 사람을 다 용서할 수 있었습니다. 이제 그 어떠한 과거도 나의 발목을 붙잡지 못합니다. 어둠은 그런 과거를 가지고 역사합니다. 속으면 안 됩니다.

당신은 어떻습니까? 아직도 용서하지 못한 사람은 없습니까?

예수님이 당신을 용서하지 못했다면 당신은 어떻게 되었겠습니까? 당신이 용서하지 못한 사람이나 그 일이 당신의 발목을 붙들고 괴롭힌다는 사실을 알아야 합니다.

한시라도 빨리 발목을 잡는 미움의 마음을 보내 버려야 합니다. 자신의 힘으로 안 됩니다. 그러나 믿음의 주요 우리를 온전하게 하시는 이인 주 예수 그리스도를 바라보면 됩니다. 우리 안에 영원토록 살아 계신 성령님을 의지하면 됩니다.

부디 당신도 나처럼 주 예수 이름으로 다 용서하고 복음의 영광이 당신 안에서 더 빛나게 하십시오. 그러면 날마다 이런 고백과 영광과 능력이 넘쳐 날 것입니다.

지금 한번 나와 함께 선포해 보실까요?

"나는 주 안에서 의인이다!"

"나는 주 안에서 성령 충만하다!"

"나는 주 안에서 건강하다!"

"나는 주 안에서 부요하다!"

"나는 주 안에서 지혜롭다!"

"나는 주 안에서 평화롭다!"

"나는 주 안에서 영원한 생명을 가졌다!"

나와 함께 기도하실까요?

"하나님, 감사합니다. 하나님의 십자가 은혜로 나의 마음속에 있던 미움, 질투, 용서 못함 등을 해결하게 하심을 감사드립니다. 이제 연약한 사람을 보거나 의지하기보다는 복음의 능력을 더욱 믿겠습니다. 예수님께서 다 이루어 주신 축복을 믿어 날마다 의, 성령 충만, 건강, 부요, 지혜, 평화, 생명의 기쁨으로 살겠습니다. 성령이여, 용서하고자 할 때도 내 마음을 힘 있게 하옵소서. 예수님의 이름으로 기도합니다. 아멘."

염려와 근심 없이 사는 법

당신은 염려하며 살지 않습니까?

나는 염려하지 않고 삽니다. 나에게 든든한 방패가 있기 때문입니다. 나는 한계가 있는 나 자신을 믿지 않습니다. 전지전능하신 하나님을 믿고 삽니다. 그러기에 염려하지 않습니다. 염려가 틈타지 못합니다. 성령님이 강력한 능력으로 나를 지키고 계시기 때문입니다.

영국의 화학자요 생리학자인 존 메이오(John Mayow, 1640~1679)는 "염려는 혈액순환, 심장, 선, 온 신경계통에 영향을 준다. 특히 건강에는 더 큰 영향을 준다. 나는 과로로 죽은 사람은 한 사람도 알지 못하나 염려함으로 죽은 사람은 많이 알고 있다"고 말했습니다.

나의 삶을 돌아보니 일어나지도 않은 일에 대해 오랜 세월 동안 미리 염려하고 살았습니다. 염려는 버리고 믿음을 가져야 합니다.

"전쟁이 일어나면 어떻게 하지?"

"불시에 큰 사고를 당하면 어떻게 하지?"

"월세를 내야 하는데 돈이 채워지지 않으면 어떻게 하지?"

아이들이 나가서 들어와야 할 시간에 늦으면 "혹시, 사고 난 거 아냐? 더 일찍 들어오라고 할 걸" 하며 염려합니다.

한번은 아내가 운전하는 차가 곧 도착한다고 연락이 왔습니다. 나는 약속한 시간에 나가서 주차 표지판을 정리하고 기다렸습니다. 그런데 예상한 시간에 차가 도착하지 않았습니다.

"어? 차가 왜 안 오지?"

"올 때가 넘었는데. 잘 오고 있는 건가? 혹시 접촉 사고라도 났나?"

기다리다가 염려가 되고 은근히 짜증이 났습니다. 그런데 염려와는 달리 차는 잘 도착했고 주차를 안전하게 끝냈습니다. 그렇게 염려하는 마음이 남은 나는 일방적으로 아내에게 짜증을 부리곤 했습니다. 사실 조금만 여유롭게 생각하고 조급하지 않았으면 모든 일이 순조롭고 평화로운 상태를 유지할 수 있었을 텐데 말입니다.

이처럼 우리는 때때로 쓸데없는 염려로 자신의 마음이 상하고 상대편까지 힘들게 할 때가 있습니다. 지금 생각해보니 너무나 많은 시간을 염려하느라 허비한 것 같습니다. 당신은 염려하며 시간을 낭비하지 않습니까? 성경에 보면 세월을 아끼라고 하셨는데 염려하며 아무것도 안하고 있는 것도 인생을 낭비하는 것입니다.

염려를 많이 하면 어떻게 될까요? 마음에 근심이 쌓입니다.

좋은 것들과 유익한 것들이 마음에 쌓이게 해야 하는데 근심이 쌓이면 병이 생깁니다. 어떤 일에 대해 맹목적으로 애를 태우거나 불안해하지 말아야 합니다. 다 잘된다는 완전한 믿음을 가지십시오.

당신은 어떤 사람이 쉽게 염려하며 사는지 아십니까?

첫째, 기다리지 못하는 조급한 성격을 가진 사람입니다.

모든 일에는 시간이 필요합니다. 조급한 사람은 기다림에 약합니다. 시간이 지나면 자연스럽게 해결될 일도 기다리지 못함으로 일을 그르치게 합니다. 그러므로 우리는 조급해 하며 염려함으로 불이익을 당하지 말아야 합니다.

조급한 사람은 누군가 해결책을 제시해 줘도 분별력 있게 받아들이지 못합니다. 조급함이 그 사람의 눈을 가렸기 때문입니다. 자신이 조급하다고 생각하는 사람은 먼저 입술로 염려하는 말을 하지 말아야 합니다. 말에는 힘이 있어서 걱정하는 말대로 됩니다. 조금이라도 염려하는 모습은 버리고 반대로 긍정적이고 잘될 거라는 믿음의 말을 해야합니다. 믿음의 말이 성장과 발전을 줍니다.

둘째, '만약에'라는 가정을 하지 말아야 합니다.

자신의 머리로 상황을 판단하지 말아야 합니다. 만약에, 만약에 너무 집착하다 보면 말 그대로 염려가 산더미처럼 쌓이고 거기에 눌리게됩니다. 염려하고 걱정하는 마음 때문에 어둠의 영이 타고 들어옵니다. 염려하면 불안한 마음으로 무겁게 살게 됩니다.

염려를 많이 하는 사람치고 성공하는 사람을 못 봤습니다. 염려하며 걱정 근심이 가득한 얼굴에 무슨 복이 오겠습니까? 염려의 말을 하고 부정적인 말을 하는데 무슨 복이 붙어 있겠습니까? 일을 보러 거리에 다니다 보면 얼굴에 근심이 가득한 사람을 많이 보게 됩니다.

나의 모습도 그런 적이 많았습니다.

예수님 믿기 전의 내 사진들이 그 증거입니다. 나는 세계지도 같은얼굴의 큰 점으로 염려를 많이 하며 살았습니다. '친구가 놀리면 어떻게 하나. 지나가는 사람이 내 얼굴 보고 놀리면 어떻게 하나. 쪼그만애들이 약 올리면 어떻게 하나?' 하며 늘 근심했습니다.

주님을 만나기 전의 모습은 염려를 너무 많이 하여 사나운 얼굴 같았습니다. 예전에 나를 알던 사람이 최근에 나를 만난 일이 있었습니다. 그는 나에게 과거의 염려와 걱정에 찌든 얼굴에서 너무나 환한 얼굴로 변했다고 말해 주었습니다.

하나님은 염려와 근심으로 찌든 나를 사랑해 주셨습니다.

그 사랑은 내가 예수님을 믿도록 하신 것입니다. 예수님은 하나님의 아들이십니다. 하나님의 뜻에 순종하시어 나의 죄 때문에 십자가를 담당하셨습니다. 죄로 인해 평생 염려하며 살다가 영원히 멸망당해야 할 내 대신 십자가 형벌을 당하심으로 나를 구원해 주셨습니다.

예수님은 나를 위해 자신의 피와 물을 다 쏟으셨습니다. 주님은 고통 가운데 "다 이루었다" 하시며 구원을 이루어 주셨습니다. 나는 그 십자가 사랑이 믿어졌고 예수님을 나의 구주로 영접했습니다.

지금 예수님을 믿는 나에겐 죄와 목마름과 병과 가난과 어리석음과 징계와 죽음이 없습니다. 죄를 해결하지 못해 멸망당할까 염려가 사라졌습니다. 그 대신에 영원히 흥하기만 하는 의인이 되었습니다. 이처럼 의인은 하나님의 인도하심 가운데 잘되고 형통하는 사람입니다. 형통은 곧 성공을 말합니다. 의인은 성공을 누립니다.

나는 더 이상 인생에 목말라 하며 "오늘은 어디에 가서 무엇을 먹고 마셔야 갈증이 사라지나?" 하며 염려하지 않아도 됩니다. 내 배에서 아마존 강 같은 생수가 강물처럼 흘러나오기 때문입니다.

나에겐 질병으로 인한 염려가 없어졌고 건강하다는 믿음이 충만하며 실제로 지금 건강하게 삽니다. 나에겐 가난이라는 걱정 근심이 없어졌고 그 대신에 부요함의 축복이 넘칩니다. 나는 하나님이 주시는 영적 육적 복들을 곳간에 저장하고 있으며 때에 따라 전도와 필요한 일에 사용합니다.

나에겐 어리석은 사람이 하는 염려하는 습관이 사라졌고 사람을 살리는 지혜로움이 가득합니다. 나에겐 형벌을 받을 것이라는 염려의 생각은 없고 그 대신 하나님의 평강이 내 마음을 지키고 있습니다. 나에겐 육신의 죽음과 영원한 죽음에 대한 염려는 사라졌고 그 대신에 영원한 생명과 천국의 생명의 기쁨만이 가득합니다. 기쁨이 내 마음과 육신 그리고 내 삶 전체에 가득합니다.

당신도 주 예수 그리스도를 믿으십시오. 믿고 이 모든 것에 구원을 받으십시오. 하나님이 이루어 주신 놀라운 온전한 복음을 잘 깨닫고 누리십시오. 당신은 진정 염려 없이 평화롭고 풍요로운 삶을 누릴 것입니다. 하나님을 믿는 사람은 하나님의 복을 누립니다.

염려라는 말은 '앞일에 대해 여러 가지로 마음을 써서 걱정하는 것'을 말합니다. 일어나지도 않은 일을 미리 걱정하지 마십시오.

어떻게 해야 염려하지 않으며 살 수 있을까요?

첫째, 평강의 하나님을 신뢰해야 합니다.

하나님의 크신 손이 당신을 지키고 있음을 믿으십시오. 사람을 신뢰하는 것보다 하나님을 신뢰함이 훨씬 더 안전하고 낫습니다. 사람에게 피하는 것보다 여호와께 피하는 것이 훨씬 더 낫고 확실한 안전이 보장됩니다. 하나님만이 큰 피난처가 되십니다.

"여호와께 피하는 것이 사람을 신뢰하는 것보다 나으며."(시 118:8)

둘째, 하나님께 모든 것을 말하여 알리면 됩니다.

하나님은 전지하셔서 당신의 모든 생각과 중심을 아십니다. 그럴지라도 당신은 하나님께 말로 표현하여 알려야 합니다. 그것은 하나님과 교통하는 삶입니다. 하나님과 마음을 나누는 아름다운 삶입니다. 믿음으로 더 우정을 돈독히 하는 삶입니다.

당신은 "에이, 아무리 그래도 이것만은 해결하지 못하실 거야"라고 염려하며 기도하지 못하고 있는 것은 없습니까? 하나님은 당신이 가진 문제에 대해 아무 것도 염려하지 말고 당신이 겪고 있는 모든 일에 대해 그분께 말하여 알리라고 하십니다. 감사함으로 말하면 됩니다.

"아무 것도 염려하지 말고 다만 모든 일에 기도와 간구로 너희 구할 것을 감사함으로 하나님께 아뢰라."(빌 4:6)

셋째, 당신의 염려를 다 주께 맡기면 됩니다.

하나님께 다 맡겨 버리십시오. 당신이 머리를 쓰면 쓸수록 더 그것에 의해 오리무중에 빠지듯 낭패를 경험할 수 있습니다. 그러나 어린 아이 같이 순전한 믿음으로 하나님께 진심으로 맡겨 버린다면 어떻게 될까요? 당신은 하나님의 평강 속에 잠겨 당신이 힘들어 하던 일에서 자유롭게 될 것입니다. "너희 염려를 다 주께 맡기라. 이는 그가 너희를 돌보심이라"(벧전 5:7)고 했습니다.

성경에는 씨 뿌리는 비유가 나옵니다.

씨 뿌리는 자는 나가서 씨를 뿌렸습니다. 씨는 여러 곳에 뿌려졌습니다. 길가와 돌밭과 가시덤불과 좋은 땅입니다. 씨는 말씀입니다. 말씀이 길가에 뿌려졌다는 뜻은 무엇일까요? 말씀을 들었을 때에 사탄이 즉시 와서 그들에게 뿌려진 말씀을 빼앗은 것입니다.

말씀이 돌밭에 뿌려졌다는 것은 말씀을 들을 때에 즉시 기쁨으로 받지만 그 속에 뿌리가 없어 잠깐 견디다가 말씀으로 인하여 환난이나 박해가 일어나는 때에는 곧 넘어지는 사람입니다.

말씀이 가시 떨기에 뿌려졌다는 뜻은 무엇일까요? 말씀을 듣기는 듣되 세상의 염려와 재물의 유혹과 기타 욕심이 들어와서 말씀을 막아 열매를 맺지 못하는 사람입니다. 이처럼 세상의 염려라는 것은 우리의 삶의 열매와 중요한 관계가 있습니다. 무엇을 먹을까? 무엇을 마실까? 몸을 위하여 무엇을 입을까? 염려하지 마십시오.

세상에서 일어나는 사건과 사고 때문에 염려하지 마십시오. 당신 안에 있는 말씀에 신경을 쓰십시오. 당신 안에 말씀을 담고 담겨진 그 말씀에 의해 당신이 성장되도록 성령님께 도움을 요청하십시오.

말씀을 듣고 받아 삼십 배, 육십 배, 백 배의 열매를 맺는 좋은 땅이 되십시오. 성령님과 말씀의 인도를 받으면 됩니다.

당신은 어떻게 해야 안전하게 사는 지 아십니까?

나는 세상이 안전하지 않다는 것을 압니다. 내가 하나님 없이 살았을 때 세상은 내게 안식처가 되지 않았습니다. 나는 항구를 잃어버리고 표류하는 배와 같았습니다. 폭풍우 치는 날 등대를 발견하지 못하고 침몰해 가는 배와 같았습니다. 내게 있어 세상은 의지할 곳 없는 이의 안식처는 아니었습니다. 세상은 어떻게 해서든 상대편의 것을 빼앗으려는 동물의 왕국과 같았습니다.

부평초처럼 둥둥 떠다니며 염려와 한숨으로 살던 내가 안식을 얻은 곳은 하나님의 품이었습니다. "화수야, 내가 널 사랑한다. 변함없는 사랑으로 널 사랑해"라고 하신 아버지 하나님의 품이 제일 따뜻했습니다. "화수야, 내가 널 사랑해. 내가 너를 위해 내 피와 눈물과 땀을 쏟았다"고 말씀하신 주님의 품이 제일 소중했습니다. "화수야, 내가 널 사랑해. 이제 내가 너와 영원토록 함께 있어 너를 안전하게 해줄게"라고 하신 성령님의 품이 금보다 귀한 최고의 품이었습니다.

지금 나는 한없는 안전함과 평안함으로 삽니다. 성령님을 통해 주 예수의 보혈이 내 모든 혈관에 흐르고 보혈의 광채가 내 속에서 분출되어 온 누리에 강력하게 비추고 있기 때문입니다. 당신도 부디 하나님을 믿고 나처럼 염려 없는 평안한 삶이 되십시오.

"내가 평안히 눕고 자기도 하리니 나를 안전히 살게 하시는 이는 오

직 여호와이시니이다."(시 4:8)

함께 기도하실까요?

"하나님, 감사합니다. 끊임없이 밀려오는 염려와 근심도 주를 믿는 나에게는 안개와 같음을 알았습니다. 크신 하나님을 신뢰하기보다 염려를 더 크게 여긴 것을 돌이켜 주를 바라봅니다. 이제부터 크신 하나님을 의지하고 평안하며 행복한 삶을 살아가겠습니다. 내 안에 계신 크신 하나님만 의지하겠습니다. 모든 문제를 크신 하나님께 맡기고 살겠습니다. 항상 하나님의 돌보심을 맛보며 살고 이 복된 소식을 전하며 살도록 성령이여, 나를 도와주옵소서. 예수님의 이름으로 기도합니다. 아멘."

잘못한다는 두려움 없이 사는 법

당신은 잘못한다는 두려움 없이 삽니까?

나는 잘못한다는 두려움 없이 삽니다. 나는 잘하고 있습니다. 나는 잘살고 있습니다. 어떻게 이렇게 말할 수 있을까요? 크신 성령님을 믿는 믿음으로 행복하게 살기 때문입니다.

하나님은 내가 처음 예수님을 믿을 때부터 내게 "화수야, 오직 의인인 너는 믿음으로 말미암아 산다"고 말씀하셨습니다. "나는 오직 믿음으로 사는 사람이다!"라는 선포는 항상 새 힘이 넘치게 합니다.

그렇다고 내가 완벽하게 산다는 말은 아닙니다. 나 역시 힘들 때가 있습니다. 믿음으로 살아야 하는데 깜빡하고 내 생각과 판단으로 행동할 때가 있기 때문입니다.

전략학 전문가인 휴 화이트 교수(Australian National University, 호주국립대)는 "실수를 했을 때 그 일을 오랫동안 되돌아보지 마라. 그 이유를 마음속에 담아라. 그런 다음 앞을 바라보라. 실수는 지혜의 과목이다. 과거는 변할 수 없지만 미래는 아직도 그대의 손 안에 들어있다"고 말했습니다.

나는 주일 사역을 마친 후에 월요일이나 화요일쯤에 몸이 힘들 때가 있습니다. 뭐 매주 그렇지는 않습니다. 그럴 때는 습관적으로 하던 일도 잘 안 될 때가 있습니다. 집중이 안 될 때가 있습니다. 뭘 해야 될지 막연할 때가 있습니다. 그래도 나는 내 꿈을 위해 게으르고 싶지 않아서 책상에 앉아 내가 좋아하는 책을 읽고 책쓰기도 합니다.

얼마 전의 일입니다. 책과 성경책을 놓고 독서하면서 "성령님, 사랑합니다. 사랑합니다. 성령님" 하고 성령님을 불렀습니다. 그런데 성령님이 별 반응이 없었습니다. 무엇을 해도 집중이 되지 않았고 몸도 무거웠습니다.

'지금 내 컨디션이 그래서 그런가?'

그러나 나는 재빨리 믿음의 생각으로 무장했습니다.

'아니지, 내가 오직 여호와를 앙망하는 자는 새 힘을 얻는다는 말씀을 믿고 선포했는데 약해지면 안 되지'라고 생각했습니다. 나는 내 안에 크신 성령님을 믿음으로 힘을 냈습니다. 정말 내 안에 큰 힘이 역동했습니다. 새 힘이 솟아났습니다.

그런데 문득 이런 생각이 들었습니다.

'내가 지금 잘하고 있는 건가?'

'내가 지금 잘살고 있는 건가?'

이 말이 무슨 말이냐고요?

"내가 지금 하나님의 뜻대로 잘 살고 있는 것인가?"입니다.

"내가 성령님과 함께 꿈을 위해서 그리고 복음을 위해서 잘 살고 있는 건가?" 하는 것입니다.

그러자 이런 세미한 음성이 내 귀에 들렸습니다.

"화수야, 믿음으로 살아라. 믿음으로 살면 된다."

"아! 그렇지 믿음으로 살면 되지."

성령님은 이어서 음성을 들려 주셨습니다.

"복음이 담긴 책을 써내라. 그러면 내가 그 책을 사용하겠다."

나는 깜짝 놀랐습니다. "와, 성령님께서 복음에 대해 말씀하시는구나. 복음이 담긴 책을 말씀하시는 구나. 복음이 담긴 나의 책을 사용하신다고 말씀하시는구나."

나는 책을 보다가 나의 컴퓨터를 부팅시켜 놓았습니다. 그리고 읽으려고 했던 분량만큼 독서한 후에 책쓰기를 시작했습니다. 지금 당신이 읽는 이 내용을 쓰고 있는 것입니다. 자판 위에 손을 얹고 온전한 복음을 위한 책쓰기를 하자 나의 정신이 맑아졌습니다. 기쁨이 회복되어졌습니다. 나의 갈 길이 분명해졌습니다. 지금 신나게 탁탁, 탁탁 소리 내며 책쓰기를 합니다. 당신은 지금 어떻습니까?

일하려고 하다가 "내가 지금 잘하고 있는 건가?" 하고 고민하며 시간을 허비한 적은 없습니까? 하나님을 의심하고 자신을 의심한 적은 없습니까? 뭘 해도 집중이 안 되어 짜증이 난 적은 없습니까? 지금 일을 하고 있으면서도 당신이 잘하고 있는지 의심이 가지 않습니까? 그럴 때 의심하지 말고 다시 하나님을 믿으십시오.

수많은 사람들이 의심하고 걱정하지만 정작 믿음의 세계로 들어가지 않습니다. 기독교는 '예수 믿음의 신앙'이 최고입니다.

무엇을 믿어야 할까요? 하나님의 아들 예수님께서 십자가를 짊어지심으로 당신과 나의 죄와 목마름과 병과 가난과 어리석음과 징계와 죽음을 없애 주신 복음을 믿는 것입니다.

예수님이 십자가에서 큰 소리로 "다 이루었다"(요 19:30)고 선언하신 것을 믿어야 합니다. 그분이 내 안에 의와 성령 충만과 건강과 부요와 지혜로 살아 계심을 믿어야 합니다. 이 믿음으로 살 때 매사에 헛되게 살고 있지 않다는 자신감이 생깁니다. 나는 예수님이 다 이루어 주신 그 온전한 복음을 믿고 사는데, 얼마나 행복한지 모릅니다.

성령님을 믿지 않을 때 '나는 잘못하고 있어' 하며 정죄 의식에 속아서 삽니다. 시간을 낭비합니다. 성경에는 세월을 아낄 것을 말합니다. 자기 자신을 자학하며 미워하지 말아야 합니다. 당신은 소중한 사람입니다. 죄책감으로부터 자유하며 살 자격이 있습니다. 예수 복음을 믿을 때 "나는 하나님이 선택한 의인이야. 나는 모든 면에서 잘되고 있어"라며 자신감이 넘치는 삶을 살게 됩니다.

의인은 무엇을 해도 자유롭습니다. 때로 넘어질 수도 있습니다. 그러나 결국은 그가 하는 모든 일이 돋는 햇살처럼 발전되어 갑니다. 하나님이 모든 것을 합력하여 선을 이루어 주시기 때문입니다.

그 복음을 믿지 않을 때 "나는 잘할 수 없어. 나는 잘살 수 없을 거야"라고 좌절감에 빠져 삽니다. 그러나 복음을 믿을 때 "나에겐 성령님이 아마존 강 같은 생수를 부어 주고 계셔, 그러므로 나는 잘되고 있어"라며 당당한 삶을 살게 됩니다.

믿지 않을 때 "나는 병 때문에 아무것도 할 수 없어"라고 포기하며 삽니다. 모든 일에 자신감이 없고 조그만 병에도 꼼짝 못하고 삽니다. 그러나 예수 복음을 믿을 때 "나는 건강해, 이깟 감기도 금방 떨어져 나갈 거야"라며 건강한 마인드와 건강한 몸으로 살게 됩니다.

믿지 않을 때 "나의 부요한 꿈을 위해 무엇을 어떻게 해야 하지? 거지 나사로처럼 가난 속에서 신앙생활을 항상 해야 하나? 나는 아브라함처럼 하나님을 믿고 대부호로 살 수 없을 거야"라고 낙심합니다. 그러나 예수 복음을 믿을 때 "나의 하나님 아버지는 온 우주 재벌의 총수이셔. 나는 그분의 황태자야. 내가 잉태한 꿈은 반드시 출산될 거야. 이미 출산한 것을 믿음. 그렇게 되었음" 하고 억만장자의 마인드로 살게 됩니다.

크신 성령님을 믿지 않을 때 "나는 그 일을 못할 거야. 나는 할 수 있는 지혜가 없어. 나는 둔재야"라며 삽니다. 그러나 믿을 때 "나는 책쓰기를 할 수 있어. 나의 책쓰기 꿈 100권 프로젝트는 이미 이루어졌어! 부지런히 복음이 담긴 지혜의 강연을 하고 있어. 천재작가 이화수의 책쓰기와 강연 학교를 했어. 나는 영적 천재야"라고 말하며 천재성을 발휘하며 천재로 살게 됩니다. 실제로 나는 크신 성령님을 굳게 믿음으로 탁월하고 풍요로운 인생을 누리고 있습니다.

어떻게 해야 잘하고 있다는 생각으로 살 수 있을까요?

첫째, 성령님을 의지하므로 모든 일을 해야 합니다.

믿음으로 하지 않는 모든 것이 죄라고 했습니다. 믿음으로 하지 않으면 죄의 말을 합니다. 부정적인 말을 합니다. 할 수 있는데도 조금만 힘든 일이 생겨도 할 수 없다고 말합니다. 우리는 믿음의 생각을 하고 믿음의 말만 하며 믿음으로 행동해야 합니다.

오직 믿음의 생각을 해야 합니다. 믿음으로 생각하지 않으면 하나님의 사랑을 의심합니다. 성령님과 함께하는 자신을 의심합니다. 성령님과 동업을 하면서 의기소침해 합니다.

당신은 믿음으로 자신의 일을 해야 합니다. 믿음으로 책쓰기를 해야 합니다. 믿음으로 강연을 해야 합니다. 믿음으로 사업을 해야 합니다. 믿음으로 목회를 해야 합니다. 믿음으로 복음을 전해야 합니다. 믿음으로 자녀를 키워야 합니다. 믿음으로 산책해야 합니다.

성령님은 "내가 지금 잘하고 있는 건가?"라고 의심이 들 때마다 분명히 말씀하셨습니다. 나는 그분의 음성을 정확히 기억합니다.

"나를 믿음으로 하는 것이 잘하고 있는 것이다."

"나를 믿음으로 사는 자가 가장 잘살고 있는 것이다."

나는 이 음성을 듣고 정신이 번쩍 들었습니다.

"그렇구나! 맞다. 믿음이다! 믿음! 오직 믿음!!"

당신도 세 번 함께 따라 해 보실까요?

"오직 믿음! 오직 믿음! 오직 믿음이다!!"

성령 하나님을 믿는 믿음으로 사는 당신은 세상에서 가장 안전하고 행복하게 사는 사람임을 알아야 합니다.

마귀의 유혹은 끈질기고 교묘합니다. 당신이 깨어 있지 못하면 금방 당신의 믿음의 성을 공격합니다. 마치 불화살을 쏘아 대며 위협하는 적군처럼 당신을 향해 의심의 불화살을 마구 쏘아 댑니다. 그럴 때일수록 더욱더 믿음의 방패를 굳건히 해야 합니다.

크신 성령님이 당신 안에 영광과 권능으로 임재 해 계심을 믿고 신뢰해야 합니다. 성령님은 당신과 영원토록 함께하십니다.

성령님의 변함없는 사랑을 믿고 믿음을 굳게 하여 맡은 바 복음에 충성하십시오. 잘못한다는 두려움에 흔들리지 마십시오. 아무것도 염려하지 말고 성령님과 의논하십시오. 반드시 성령님은 당신을 생명의 길과 행복 가득한 길로 인도하실 것입니다.

마귀는 사악한 거짓말쟁이입니다. 온갖 거짓말로 우리를 미혹합니다. 유혹합니다. 성령님을 믿지 못하게 합니다. 십자가 복음의 능력을 축소시켜 믿게 합니다. 그리스도 예수 우리 주님의 위대한 피의 공로를 믿지 못하도록 유혹합니다. 오늘도 수많은 영혼들이 마귀의 거짓말 수렁에 빠져 비명을 지르고 있습니다. 속지 말아야 합니다.

교회에 다니는 사람, 예수님을 믿는다고 고백하는 사람에게도 거짓

말을 합니다. "예수 이름 외에 다른 것을 추가해야 한다. 추가해야 구원받는다. 많은 행위를 추가해야 성령 충만해지고 건강해지고 부요해진다"고 거짓말로 미혹합니다. 절대 속지 말아야 합니다.

예수님이 십자가를 짊어지셨습니다. 모든 물과 피와 땀과 눈물을 다 쏟으셨습니다. 그러기에 우리가 흘려야 할 그 무엇도 없습니다. 단지 우리는 예수님께서 요한복음 19장 30절에 선언하신 "다 이루었다"는 놀라운 복음을 믿기만 하면 됩니다.

그 온전한 복음을 믿기만 하면 절대 망하지 않는 의인으로 삽니다. 살다가 아브라함처럼 실수가 있고 이삭처럼 실수가 있고 야곱처럼 실수가 있어도 절대 망하지 않고 흥하는 의인으로 삽니다. 믿기만 하면 죽음 구덩이에서, 노예 구덩이에서, 감옥 구덩이에서도 목마르지 않았던 요셉처럼 내면에 생수의 강이 흐르는 성령의 사람으로 삽니다.

예수님을 믿는 사람은 하나님이 받으신 의인입니다. 의인은 바로 하나님의 것입니다. 그러므로 잘못한다는 두려움과 좌절감에 빠져 살 것이 아닙니다. 한없이 강하고 담대하게 복음 전파를 위해 살아가야 합니다. 자신이 해야 할 일을 충실히 해 나가면 됩니다.

하나님을 믿고 예수님을 믿고 성령님을 믿으십시오. 하나님께서 이루어 주신 놀라운 온전한 복음을 믿으십시오. 우리는 단지 이루어 주신 복음을 믿을 때 창조주 하나님의 능력과 복을 받아 누리게 됩니다.

지금 자신 때문에 넘어져 있지는 않습니까? 자신을 보고 주위를 보고 실망하여 주저앉아 있지는 않습니까? 가정환경과 염려와 걱정으로 빈 지갑을 보고 낙망하고 있지는 않습니까? 다시 일어나십시오.

지금 당신이 하나님을 믿고 있다면 당신은 절대 실패의 길을 가고 있는 것이 아닙니다. 지금 당신이 자신 안에 임하신 성령님을 믿고 있다면 당신은 멸망의 길로 가는 것이 아닙니다. 지금 당신이 예수님의 보혈의 능력을 믿는다면 당신은 죄와 목마름과 질병과 가난에 있지 않습니다. 당신은 의로움과 성령 충만함과 그리고 건강함과 부요함과 천재적인 지혜 속에 있는 것입니다.

예수님의 이름과 예수님이 이루어 주신 십자가 복음을 다시 보십시오. 다시 상고하십시오. 다시 사랑하십시오. 다시 "내게는 십자가 복음만이 참된 능력이다"라고 세상을 향해 선포하십시오. 하박국 선지자처럼 "주 여호와는 나의 힘이시다"라고 크게 선포하십시오.

우리를 사랑하시고 우리가 사랑하는 예수님께서 지금도 성령님을 통해 우리 안에 하나님의 전신 갑주 같은 보혈로 가득히 덮고 있음을 믿으십시오. 다시 자신감과 생명과 희망이 솟구쳐 나올 것입니다.

바라건대 오직 주 하나님만 믿으십시오.

함께 기도하실까요?

"하나님 아버지, 감사드립니다. 나를 바라보고 실수투성이였던 내가 다시 주를 보게 하심을 감사합니다. 이제 나의 연약함보다도 위대한 복음의 능력을 믿으며 살겠습니다. 나의 실수보다도 위대하신 주님을 믿으며 복음을 위해 살겠습니다. 실수할지라도 변함없이 나를 바라보시며 도우시며 깨우쳐주시는 성령님을 믿으며 살겠습니다. 성령이여, 이렇게 고백하는 나를 평생 도와주옵소서. 예수님의 이름으로 기도합니다. 아멘."

천국에 못 간다는 두려움 없이 사는 법

당신은 혹시 천국에 못 간다는 두려움이 없습니까?

나는 천국에 못 간다는 두려움이 없습니다. 이미 내 마음에 예수님을 믿음으로 천국을 선물로 받아 소유하고 있기 때문입니다. 이미 나는 믿음으로 그리스도와 함께 천국에 앉아 있기 때문입니다. 나는 지금도 성령님과 사랑의 교제를 나누며 삽니다. 나는 항상 구주 예수님을 사랑합니다. 나는 언제나 아버지 하나님을 경외합니다. 그래서 날마다 믿음으로 천국같이 살다가 천국으로 갑니다.

구세군의 창설자인 윌리엄 부스(William Booth, 1829~1912)는 "천국은 오직 경험한 자만 알 수 있는 더할 나위 없는 행복한 황홀함으로 가득하다. 그 어떤 인간의 눈도 그렇게 완벽하고 아름다운 것을 보지 못했다. 그 어떤 귀도 그런 음악을 듣지 못한다. 그 어떤 인간의 마음도 그런 황홀함을 경험하지 못한다. 천국을 보고 듣고 느끼는 것은 나의 특권이었다"라고 말했습니다.

나는 예수님을 믿지 않았을 때는 사후 세계에 대해 몰랐습니다.

"아니 사람이 죽으면 그냥 끝이 아닌가? 천국이 어디 있어?"

사후 세계가 있을 것이라는 생각이 들면 "그럼 나는 어디로 가는 거지? 천국과 지옥이 있다는데……"

나는 죽음에 대한 두려움에 휩싸였습니다. 죽은 후에 천국에 못 간다는 생각에 사로잡히면 우울해지고 생활하는데 많이 힘들었습니다.

지금은 온전한 복음을 믿으니 천국에 못 간다는 두려움이 사라졌습니다. 하나님께 대한 경외심과 구주 예수님을 더욱 의지하게 되었습니다. 나는 완전한 예수 복음을 듣게 되었습니다.

예수님이 천국에 들어갈 자격이 없는 나에게 천국을 주기 위해 십자가를 짊어지신 것이 믿어졌습니다.

"그가 찔림은 우리의 허물 때문이요 그가 상함은 우리의 죄악 때문이라. 그가 징계를 받으므로 우리는 평화를 누리고 그가 채찍에 맞으므로 우리는 나음을 받았도다."(사 53:5)

나는 예수님이 나의 죄 때문에 찔리시고 상하셨으며 형벌 받으신 성경 말씀이 믿어졌습니다. 나는 그 사랑이 고마워 눈물을 흘리며 예수님을 나의 구주로 모셨습니다. 나의 마음에 두려움은 사라졌고 천국의 영광이 임했습니다. 예수님이 "다 이루었다"고 하신 말씀을 믿자 두려움을 주는 어둠이 사라졌습니다. 예수님이 쏟으신 피는 천국에 못 간다는 두려움을 일으키는 나의 죄를 깨끗하게 씻어 주었습니다.

골고다 언덕에서 십자가에 매달리신 나의 주님 예수님의 피가 지금도 성령으로 내 마음에 흐릅니다. 나는 믿음으로 하나님의 구원받은 아들이 되었습니다. 천국에 들어간 의인이 되었습니다. 다시는 천국에 못 갈 것이라는 염려와 걱정과 의심을 주는 두려움이 사라졌습니다. 하나님과 복음을 더욱 믿게 되었습니다.

왜 많은 사람이 천국에 못 갈까요?

첫째, 죄의 늪에서 구출 받지 못했기 때문입니다.

늪에 빠진 코끼리는 자기 힘으로 빠져나오지 못합니다. 예전에 텔레비전에서 동물의 왕국이란 프로그램을 봤습니다. 거기 보면 코끼리가 길을 가다가 그만 늪인 줄 모르고 빠져 버렸습니다. 점점 발이 들어가고 위급함을 느껴 발버둥 치지만 결국 빠져 들어가 죽었습니다.

사람의 현재 모습이 그렇습니다. 죄의 늪에 빠져 있습니다. 이 죄의 늪에서 스스로 빠져 나올 자는 아무도 없습니다.

둘째, 자신의 노력으로 구원이 가능하다고 착각하기 때문입니다.

사람은 생각보다 할 수 없는 일이 많다는 것을 알아야 합니다.

그래야 겸손해집니다. 한 예로 사람이 아무리 노력해도 스스로 이 세상에 태어난 사람은 없습니다. 나도 어느 날 인식한 결과 '어? 내가 사람이구나. 부모로부터 태어나서 살고 있구나. 내 이름이 이화수구나. 와! 태어나는 것도 사람의 힘으로 되는 것이 아니 구나' 하고 인정할 수밖에 없었습니다. 당신도 그렇지 않은가요? 누구나 이 세상에 자기 의지로 태어나는 이는 없는 것입니다.

사람들은 천국에 가려고 여러 가지 노력을 합니다. 어떤 이는 깊은 산 속에 가서 수행을 합니다. 어떤 이는 수백 개의 계단을 피를 흘리며 무릎이 다 까지도록 기어 올라갑니다. 어떤 이는 착한 일을 합니다. 많이 해야 좋다고 하니 일부러 많이 합니다. 그러나 우리는 알아야 합니다. 사람의 힘으로는 천국에 갈 수 없습니다. 하나님이 이루어 놓으신 구원의 길인 예수님을 믿어야만 천국에 갈 수 있습니다.

어떻게 해야 천국에 못 간다는 두려움이 없이 살 수 있을까요?

첫째, 구원을 받는 것은 하나님의 은혜로 된 것임을 알아야 합니다.

죄에서 구출 받는 것은 오직 하나님의 은혜로만 가능합니다. 은혜는 값없이 믿음으로 받는 선물입니다. 이 선물은 전적인 하나님의 은혜입니다. 하나님이 죄인을 불쌍히 여기셔서 죄의 늪에서 건져주시는 것입니다. 사람의 공로는 0.0001퍼센트도 없음을 알아야 합니다. 그래서 구원받은 사람은 하나님 앞에서 자랑할 것이 하나도 없습니다.

오직 하나님의 구원하심에 감사해서 찬양을 드립니다.

혹자는 "그래도 하나님께 미안해서 어떻게 해요? 내가 봉사를 많이 해야죠"라고 말하며 공덕주의자 같은 마음으로 천국에 가려고 합니다. 미안하지만 이런 사람은 절대 천국에 가지 못합니다. 천국은 오직 예수 그리스도의 공로를 그대로 믿는 사람만이 갑니다.

어떤 이는 "아휴, 제가 염치가 있지 어떻게 구원을 공짜로 받아요. 제 것을 무엇이라도 갖다 바쳐야 되지요"라고 합니다. 그리고 선물인 구원에다 자기 것을 갖다 붙입니다. 그러나 구원도 성령 충만하게 사는 것도 오직 믿음으로입니다. 은혜로입니다. 건강하고 부요하게 사는 것도 오직 믿음으로입니다. 오직 은혜로입니다.

한번 잘 생각해 보십시오. 사람이 구원을 어떻게 받습니까?

일해서 받습니까? 자기 노력을 엄청 해서 받습니까? 교회 행사하는 데 재물을 많이 내서 받습니까? 성경은 오직 복음을 믿는 자가 구원을 받는다고 가르쳐 줍니다. 일한 것이 없어도 복음을 믿으면 됩니다.

"일한 것이 없이 하나님께 의로 여기심을 받는 사람의 복에 대하여 다윗이 말한바 불법이 사함을 받고 죄가 가리어짐을 받는 사람들은 복이 있고 주께서 그 죄를 인정하지 아니하실 사람은 복이 있도다 함과 같으니라."(롬 4:6~8)

자기 공로를 추가해서 구원을 생각하는 사람은 불안하기 짝이 없습니다. 하나님 쪽에서 이루어 주신 고귀한 십자가 사랑을 깨닫지 못하고 율법주의자처럼 자꾸 행위로 하나님께 나아가려고 합니다. 이런 사람은 믿음이 있다고 하면서도 뭔가 두렵습니다.

"내가 천국에나 갈 수 있나?" 하고 의심합니다. 하나님과 온전한 복음을 의심합니다. 그리스도 예수의 완전한 속죄의 피의 능력을 모르고 오해합니다. 복음의 능력의 크기를 제대로 알지도 못하고 믿지도 못하니 불안하게 삽니다. 하나님을 믿는 자기 자신을 의심합니다. 마귀는 이런 의심하는 자에게 자꾸 의혹을 불러일으키고 순수한 마음으로 복음 그 자체를 믿지 못하게 합니다.

당신은 그러면 안 됩니다. 어린아이처럼 복음을 그대로 믿어야 합니다. 하나님은 어린아이처럼 자신을 믿는 그 사람을 기뻐하십니다. 하나님을 기쁘시게 하는 삶은 하나님을 믿는 믿음으로 사는 삶입니다.

예수님의 제자 중에 도마라는 사람이 있었습니다. 그는 의심 많은 사람입니다. 예수님께서 죽으시고 부활하셔서 여러 제자들을 만나셨을 때의 일입니다. 부활하신 예수님을 만난 제자들이 말했습니다.

"도마! 우리가 주를 보았어"라고 말하자 그는 "나는 못 믿겠네. 내가 그의 손의 못 자국을 보며 내 손가락을 그 못 자국에 넣으며 내 손을 그 옆구리에 넣어 보지 않고는 믿지 않겠네"라고 말했습니다.

여러 날이 지나서 집안에 도마와 제자들이 있었습니다. 문들도 닫혀 있었습니다. 그럼에도 불구하고 예수님께서 그들에게 오셨습니다.

주님은 "너희에게 평강이 있을지어다"라고 말씀하셨습니다. 그리고 도마에게 책망의 말이 아닌 "네 손가락을 이리 내밀어 내 손을 보고 네 손을 내 밀어 내 옆구리에 넣어 보라. 그리하여 믿음 없는 자가 되지 말고 믿는 자가 되라"고 하셨습니다. 그제야 도마는 예수님을 "나의 주님이시요 나의 하나님이십니다"라고 고백했습니다.

당신도 "다 이루었다" 하시며 믿는 자에게 이루어 주신 예수님의 복음을 그대로 믿으십시오. 그대로 믿으면 의와 성령 충만과 건강과 부요와 지혜와 평화와 영원한 생명의 큰 축복들을 누리게 됩니다.

사람의 생각과 행위를 믿음 위에 더 얹어 놓지 마십시오.

빼지도 마십시오. 그냥 그대로 살아 계신 하나님께서 이루어 주신 십자가 복음을 믿으면 됩니다. 모든 활동은 그 십자가 복음을 믿는 믿음이 있으면 자동으로 하게 됩니다. 그렇지 않고 인위적으로 "헌금을 해야 구원받는다, 봉사를 해야 구원 받는다, 훈련을 받아야 구원 받는다"고 말하는 것은 예수님의 십자가의 공로를 대적하는 행위 곧 율법주의가 되는 것입니다. 우리는 복음적인 생각을 해야 합니다.

성령 충만의 삶도 우리 안에 계신 크신 성령님을 믿기만 하면 됩니다. 우리 안에 가득한 기름 부음을 믿음으로 성령 충만하게 사는 것입니다. 10시간 씩 기도하면 우리 안의 성령님이 점점 커지고 시간 채우기 기도를 안 하면 점점 작아지고 하는 그런 분이 아닙니다. 성령님은 크신 하나님이시요 창조주이십니다. 예수님은 "나를 믿는 자는 그 배에서 생수의 강이 흘러 날 것이다"(요 7:38)라고 말씀하셨습니다. 예수님을 믿는 자는 그의 배에서 생수의 강 곧 성령님의 아마존 강 같은 기름 부음을 따라 충만한 인생을 누리며 살게 되는 것입니다.

당신은 한번 곰곰이 생각해 보십시오. 당신 안에 계신 성령님이 얼만큼 크게 오셨다고 생각하십니까? 한 컵입니까? 한 그릇입니까? 한 동이입니까? 성령님은 크고 광대하신 하나님이십니다. 그분은 우리가 측량할 수 없이 크신 하나님으로 우리 안에 임재 해 계십니다.

아마존 강 같이 넘치는 생수의 강으로 임재 해 계시는 것입니다.

그분은 때때로 나이아가라 폭포수와 같이 엄청난 기름 부음으로 강력하게 역사하십니다. 그때 그 기름 부음의 역사는 오직 크신 성령님을 신뢰하는 사람을 통해 나타납니다. 우리는 믿음으로 말미암아 성령님의 통로가 됩니다. 고마우신 성령님의 기름 부음을 믿고 사는 자는 그 충만한 기름 부음을 따라 살아갑니다. 그 삶은 힘이 들지 않는 평화로우며 지혜로우며 부요하며 건강한 삶인 것입니다.

우리 안에 계신 성령님은 그리스도의 영이십니다. 영으로 자녀들의 마음에 오셔서 주님이 함께하십니다. 아들이 있는 자에게는 영원한 생명이 있습니다. 영원히 살아갈 천국이 있습니다. 길과 진리와 생명 되신 예수 그리스도를 믿는 자는 영생을 얻었고 반드시 천국으로 갑니다. 멸망당하지도 않고 악한 자가 손도 대지 못합니다.

영으로 오신 예수님 곧 성령님께서 그분의 자녀를 지켜 주고 계십니다. 서로 믿음으로 교제하며 살아갑니다. 성령님은 그분의 자녀를 하나님의 빛 안의 길로 인도하십니다. 보호하십니다. 복이 쏟아지고 복이 흐르는 길로 인도합니다. 성령님의 사람은 넘어지는 것 같으나 아주 넘어지지 않고 다시 일어나게 됩니다. 아무 것도 가진 것이 없는 것 같으나 실상은 모든 것을 가진 자입니다. 이름 없는 자 같으나 실상은 유명한 사람들입니다. 어리석은 자 같이 보이나 실상은 매우 지혜로운 사람들입니다. 천재적인 지혜를 발휘하며 삽니다.

우리에게 큰 축복을 주는 성령님은 어떤 분입니까?

그분은 여호와의 영이십니다. 지혜의 영이십니다. 총명의 영이십니다. 모략의 영이십니다. 재능의 영이십니다. 지식의 영이십니다. 여호와를 경외하는 영이십니다. 창조주 하나님이십니다. 위로의 영이십니다. "여호와의 영 곧 지혜와 총명의 영이요 모략과 재능의 영이요 지식과 여호와를 경외하는 영이 강림하시리니."(사 11:2)

우리 안에 이토록 크시며 위대하신 성령님이 함께 숨 쉬고 계심을 믿으십시오. 범사에 성령님과 숨을 쉬며 그분과 함께 행복하게 사십시오. 매사에 성령님을 존중하며 모시고 사십시오. 그리하면 당신의 길은 형통할 것입니다. 이 땅에서 성령님께서 당신을 지키시고 인도하십니다. 마침내 천국으로 성령님이 인도하실 것입니다. 하나님을 믿는다면 안심하십시오. 당신은 이미 천국에 주 예수 그리스도와 함께 앉아 있습니다. 할렐루야!

함께 기도하실까요?

"와! 하나님, 감사합니다. 내 안에 계신 성령님이 얼마나 크신 구원의 하나님인지를 알게 하심을 감사드립니다. 그동안 성령님을 존중히 여기지 못한 것을 회개합니다. 앞으로 성령님을 존중히 여기며 매사에 함께하도록 하겠습니다. 내 힘이나 내 생각보다 먼저 성령님께 의논하고 일을 하겠습니다. 조그만 일도 성령님과 마음을 나누며 믿음으로 살도록 애쓰겠습니다. 나의 영원한 본향을 허락하시고 약속하신 하나님 아버지께 감사드립니다. 생활 속에서 하나님을 찬양하며 하나님을 나타내며 살겠습니다. 성령이여, 항상 나를 도와주옵소서. 예수님의 이름으로 기도합니다. 아멘."

하나님께 거절당한다는 두려움 없이 사는 법

당신은 하나님께 완전히 받아들여졌습니까?

나는 하나님께 완전히 받아들여졌습니다. 나는 신앙생활을 하다가 문득 질문을 던져 보았습니다. "나는 정말 구원을 받았는가? 나는 하나님이 완전히 받으신 사람인가? 그분께 완전히 받아들여졌는가?"

나의 정직한 고백은 "나는 확신한다"입니다. 나는 나의 잘난 모습을 의지하지 않습니다. 나의 공로는 티끌만큼도 의지하지 않습니다.

오직 주 예수 그리스도의 공로만 의지할 뿐입니다.

남아공화국 전 대통령 넬슨 만델라(Nelson Mandela, 1918~2013)는 "가장 위대한 무기는 평화다. 인생의 가장 큰 영광은 결코 넘어지지 않는데 있는 것이 아니라 넘어질 때마다 일어서는데 있다. 나는 대단한 인간이 아니라, 단지 노력하는 노인일 뿐이다. 용기 있는 사람은 두려움을 느끼지 않는 사람이 아니라 두려움을 정복하고 압도하며 뛰어넘는 사람이다"라고 말했습니다.

하나님께 받아들여졌다는 믿음이 있는 사람, 복음의 정신을 갖고 있는 사람은 모든 두려움을 극복할 수 있습니다. 하나님이 받으신 사람은 두려움을 정복하고 극복하는 용기 있는 삶을 삽니다.

나는 하나님의 약속을 되새기며 확신에 사로잡혔습니다. "예수님을 믿으면 하나님의 자녀가 되는 권세를 주신다. 이 사실은 혈통으로나 육정으로나 사람의 뜻으로 된 것이 아니다!"라는 사실을 굳게 믿었습니다. 당신은 어느 가문의 족보에 머물러 살고 있지는 않습니까? 하나님의 가문에 들어오길 바랍니다. 믿음이 있다면 우주 재벌의 총수이신 하나님 아버지의 가족의 일원이 되었음을 확신하십시오.

그리스도 밖에 있는 사람은 하나님께 완전히 받아들여지지 않은 상태입니다. 그들은 죄인의 상태요 영적인 고아의 상태입니다. 자기 인생의 종착역이 어딘지도 모르고 삽니다. 이들 중에는 하나님이란 이름만 들어도 두려워하는 사람이 있습니다. 강퍅한 사람은 하나님이 어디 있냐고 소리치며 하나님의 이름을 망령되이 일컫습니다.

교회에 다니는 사람 중에 하나님의 사랑을 오해하고 무서워합니다.

왜 그럴까요? 자신이 하나님께 완전히 받아들여지지 않았다고 생각하기 때문입니다. 온전한 복음을 자기 생각대로 믿으면 안 됩니다.

내가 처음에 믿음생활을 할 때는 의심이 많았습니다. 은혜가 충만한 날에는 천국이 따로 없었습니다. "온 세상이 천국이구나" 하며 기쁘게 살았습니다. 그런데 믿음이 떨어지면 지옥같이 우울했습니다.

무엇보다 나를 괴롭혔던 것은 정죄 의식이었습니다.

"야, 이화수! 넌 안 돼. 하나님이 너 같은 거, 사랑 안 하셔."

"하나님은 널 싫어하셔. 하나님이 너 같은 거는 버렸어. 하하하."

"그래 맞아, 나 같은 거 하나님이 뭐 예쁘다고 계속 사랑해 주시겠나. 맨날 실수투성이인데. 나라도 나 같은 거, 용서 안 하겠다" 하고 하나님의 사랑을 의심하고 무서움에 사로잡혀 살았습니다.

하나님을 아예 모르는 사람은 "무식하면 용감하다"는 말처럼 자신의 인생 종착역이 어딘지 모르면서도 용감하게 삽니다. 마음에 불안함과 무서움을 안고서도 그때, 그때마다 부딪히며 될 대로 되라는 식으로 삽니다. 그런데 교회에 다니며 신앙생활을 하는 사람도 하나님을 제대로 모르면 큰 두려움에 사로잡혀 곤란에 빠질 수 있습니다.

아브라함처럼 하나님을 믿고 경외하므로 안식을 누리는 것과 하나님의 사랑을 모르고 막연히 두려워하는 것은 완전히 다릅니다. 나는 지금 아브라함을 본받아 하나님을 경외합니다. 그러기에 믿음으로 하나님이 나를 받으셨음을 굳게 믿고 삽니다. 당신도 하나님을 믿는다면 하나님이 당신을 완전히 받으셨음을 굳게 믿으십시오.

"곧 예수 그리스도를 믿음으로 말미암아 모든 믿는 자에게 미치는 하나님의 의니 차별이 없느니라."(롬 3:22)

어떤 사람도 자신의 노력이나 행위로 하나님께 받아들여지지 못합니다. 그런 사람은 인간 스스로의 어떤 노력과 행위로 의로워질 수 없다는 것을 모르는 사람입니다. 영광의 하나님이 얼마나 거룩하신 분인지 모르는 사람입니다.

하나님은 사람의 힘으로 하나님께로 올 수 있는 자가 없음을 보시고 한 길을 예비하셨습니다. 그 길은 바로 예수 그리스도입니다.

하나님은 하나님의 품으로 오지 못하는 인간들을 받으시고자 그 사랑을 나타내신 것입니다. 그 사랑은 예수 그리스도를 보내심으로 나타났습니다. 누구든지 주의 이름을 부르는 자는 하나님께 완전히 받아들여지도록 믿음의 법을 세우셨습니다. 왜 주의 이름을 부릅니까? 십자가에서 "다 이루었다"고 하시며 우리가 하나님께 받아들여지도록 하나님이 길을 여셨기 때문입니다.

나는 믿음으로 주님의 이름을 불렀습니다.

"주 예수여, 이 죄인을 용서하옵소서. 나를 주의 피로 씻어 주시고 받아 주옵소서." 하나님은 예수 그리스도를 믿는 믿음을 보시고 나를 받아 주셨습니다. 하나님이 받아 주시자 나를 그토록 떨며 두려워하며 살게 한 죄와 목마름과 병과 가난과 어리석음이 떠나갔습니다.

이제 나는 두려움 가운데 살게 하는 죄가 없습니다.

하나님의 영광과 천국의 기쁨을 누리며 하나님의 품에서 행복하게 의인으로 삽니다. 이제 나는 날마다 갈증에 고통스러워하며 "이 마음의 갈증을 어떻게 해결하지?"라며 헤매지 않습니다. 하나님이 날 받으셨고 성령으로 내 마음에 계셔서 한없는 기름 부음을 주시기 때문입니다. 두려움이 전혀 없는 성령님의 사랑과 기쁨과 화평과 오래 참음과 친절과 선함과 충성과 온유와 절제의 힘이 나를 감싸고 있습니다.

이제 나는 "병으로 죽으면 어떻게 하지? 병으로 고통당하면 어떻게 하지?" 하고 병으로 인해 두려워하지 않습니다. 예수님께서 채찍에 맞으실 때 나의 질병을 가져가셨고 내게 건강의 축복을 주신 줄 믿기 때문입니다. 나는 성령님과 행복하게 살며, 복음을 위하여 성령님과 동업하며 천국같이 살다가 천국으로 갈 것입니다.

이제 나는 가난이 두렵지 않습니다. 나의 하나님이 온 우주 만물의 주인이신 우주 재벌의 총수이심을 알았기 때문입니다. 그분이 나의 아버지이심을 알았기 때문입니다. 나는 하나님의 은혜로 가난에도 부에도 자유롭습니다. 오직 내 영혼의 참된 만족과 안식은 소유의 많고 적음에 있지 않고 내 하나님께 있기 때문입니다.

하나님은 내가 억만장자 마인드를 갖도록 마음을 넓혀 주셨습니다. 꿈을 주셨습니다. 지혜를 갖게 하셨습니다. 나는 억만장자 마인드로 삽니다. 지금도 하나님은 내 영혼과 곳간에 풍성히 쓸 것을 채워 주고 계십니다. 하나님은 신실하셔서 내가 하는 일에 복에 복을 넘치게 주고 계십니다. 부요하신 하나님을 믿고 억만장자 마인드로 사십시오. 당신의 삶에 궁색함과 거지 의식을 몰아내십시오.

하나님은 내게 날마다 새로운 깨달음을 주십니다.

"배부른 돼지보다 배고픈 소크라테스가 되라"는 말을 생각해보았습니다. 나는 그 말이 아무 생각 없이 사는 하루하루가 아니라 날마다 성령님의 도움으로 성경을 통한 그리스도의 지혜를 배워 가며 성장하라는 말로 이해되어집니다.

당신의 영혼은 그리스도 예수를 아는 지식에서 자라고 있습니까?

아니면 멈추어 있습니까? 혹시 매너리즘에 빠지지 않았습니까?

하나님께서 주신 지혜를 발휘하여 책도 써내고 강연도 하십시오. 나는 하나님께 지혜를 구하여 책도 써내고 강연도 합니다. 저술과 강연을 통해 사람들에게 희망을 주고 깨달음을 전합니다. 나의 이런 삶을 하나님이 기뻐하십니다. 당신도 하나님이 주신 천재적인 지혜로 당신이 하는 일에 날개를 다십시오.

이런 축복의 삶은 모두가 그리스도 예수님을 통해 주신 하나님의 은혜입니다. 그런데 주의할 사항이 있습니다. 처음 신앙생활을 할 때는 하나님께 자신이 받아들여졌다는 믿음이 충만합니다. 기뻐서 찬양하고 복음을 전합니다. 그런데 신앙생활이 어느 정도 시간이 지나면 그 믿음 위에 자꾸 자기 행위를 더하려고 합니다. 믿음에 행위를 더해 하나님께 나아가려고 하는데 이는 하나님의 은혜를 짓밟는 것입니다.

어떻게 해야 하나님께 완전히 받아들여지지 않았다는 두려움 없이 완전한 믿음으로 살 수 있을까요?

첫째, 복음의 능력을 분명하게 알아야 합니다.

우리가 믿는 복음은 우리가 하나님께 완전히 받아들여졌다는 승리의 복음입니다. 예수님이 흘리신 피는 당신의 죄와 목마름과 병과 가난과 어리석음과 징계와 죽음을 멸하셨습니다. 그 대신 의와 성령 충만과 건강과 부요와 지혜와 평화와 생명을 주셨습니다.

예수님이 흘리신 피는 우리에게 하나님의 의가 되었고 당신은 영원한 하나님의 자녀가 되었습니다. 예수님을 영접하는 사람, 그 이름을 믿는 사람에게는 하나님의 자녀가 되는 권세를 주셨습니다. 이 말씀을 굳게 믿으십시오. "영접하는 자 곧 그 이름을 믿는 자들에게는 하나님의 자녀가 되는 권세를 주셨으니."(요 1:12)

하나님께 완전히 받아들여졌다는 확고한 믿음의 사람은 모든 면에서 자유롭습니다. 그렇지 않은 사람과 몇 배 내지 백 배 이상 삶의 질이 차이가 납니다. 비교할 수 없을 만큼 큰 행복을 누립니다.

하나님께서 당신의 팔에 있는 죄 사슬만 풀어 주셨다고 생각하십니까? 절대로 그렇지 않습니다. 당신이 예수 그리스도의 공로를 의지하는 사람이라면 당신의 팔과 다리에 있던 모든 죄 사슬이 풀려진 것입니다. 당신은 자유입니다. 맘껏 소리쳐도 좋습니다.

"나는 자유의 사람이다!"

당신이 예수님을 믿는다면 당신은 예수 안에 있는 사람입니다. 다시는 당신을 향해 누구도 "너는 죄인이다"라고 말 못합니다. 왜냐하면 의롭다 하신 분이 하나님이시기 때문입니다. 하나님이 죄와 사망의 법에서 당신을 해방시키셨기 때문입니다.

"그러므로 이제 그리스도 예수 안에 있는 자에게는 결코 정죄함이 없나니 이는 그리스도 예수 안에 있는 생명의 성령의 법이 죄와 사망의 법에서 너를 해방하였음이라."(롬 8:1~2)

아브라함을 생각해 보십시오. 그는 율법이 생기기 전에 하나님께 의롭다 함을 받은 사람입니다. 즉 하나님께 완전히 받아들여졌다는 말입니다. 다시 한번 명심하십시오. 당신이 교회에 다니면서 봉사를 더 많이 한다고 해서 하나님이 더 기뻐하신다는 착각은 버려야 합니다.

오히려 하나님이 기뻐하시는 것은 하나님이 피눈물을 뿌리며 이루어 주신 십자가 복음을 믿는 믿음입니다. 자신의 사랑하는 아들을 죽이기까지 이루어 주신 복음입니다. 그 복음을 믿는 믿음 위에 자원하는 마음으로 하는 모든 일을 하나님은 기뻐하십니다.

성경이 말함과 같이 우리 조상 아브라함이 하나님께 완전히 받아들여진 것은 행위가 아닙니다. 아브라함이 하나님을 믿었기 때문에 그것이 그에게 의가 된 것입니다. 완전히 하나님께 받아들여진 바가 되었다는 뜻입니다. 그러므로 믿는 자는 하나님께 오직 믿음으로 나아가야 합니다. 믿음이 없이는 하나님을 기쁘시게 하지 못한다는 사실을 기억하십시오. 믿음으로 하나님을 기쁘시게 하며 사십시오.

하나님은 온전한 복음을 믿는 믿음을 기뻐하십니다. 그 믿음의 산 제사를 기뻐하십니다. 그 믿음으로 전도하는 것. 믿음으로 봉사하는 것. 그 믿음으로 반주하며 예배하는 것. 그 믿음으로 주방 일을 하며 섬기는 것. 그 믿음으로 청소하며 봉사하는 것. 그 믿음으로 십일조 헌금을 하는 것. 그 믿음으로 성미 내는 것. 그 믿음으로 책을 쓰는 것. 그 믿음으로 강연하는 것 등을 기뻐하신다는 사실을 기억하십시오. 하나님을 믿는 것, 그것이 최고입니다.

우리는 성경이 말하는 것을 기억해야 합니다. 로마서 4장 3절을 보십시오. "성경이 무엇을 말하느냐 아브라함이 하나님을 믿으매 그것이 그에게 의로 여겨진바 되었느니라"(롬 4:3)고 했습니다.

아브라함은 하나님 앞에 완벽한 사람이 아니었습니다. 그는 자신의 사랑하는 아내를 누이라고 두 번이나 거짓말을 했습니다. 행위로는 하나님 앞에 설 수 없는 사람이었습니다. 그러나 그가 하나님을 완전히 믿었기에 하나님은 믿음으로 자신을 신뢰한 아브라함을 기뻐하셨고 후손에 대한 꿈과 비전을 주셨고 대부호의 풍요로운 삶을 누리게 하셨습니다. 순전히 하나님을 믿는 믿음으로입니다.

"그에게 의로 여겨진바 되었다"는 뜻은 하나님께서 인정하는 사람으로 완전히 받아들여졌다는 의미입니다.

다윗은 아무것도 일한 것이 없어도 예수님의 복음을 믿는 자의 복에 대해 노래했습니다. 그는 일한 것이 없어도 경건하지 않은 자가 하나님께 의로 여기심을 받는 자는 복이 있다고 했습니다.

다윗은 목동으로 있을 때나 왕으로 있을 때나 소유가 많았거나 적었거나 자신을 의롭다 하신 하나님으로 만족하며 살았습니다. 하나님은 하나님으로 인해 만족하는 믿음의 사람에게 축복하십니다.

당신도 하나님께 완전히 받아들여졌음을 믿으십시오. 자신의 감정이나 인간의 간사한 말에 속지 말고 오직 성경의 '온전한 예수 복음'을 믿으십시오. 그러면 하나님의 영광이 당신의 모든 삶에 가득할 것입니다. 이것이 믿음으로 말미암은 행복입니다.

"일한 것이 없이 하나님께 의로 여기심을 받는 사람의 복에 대하여 다윗이 말한바 불법이 사함을 받고 죄가 가리어짐을 받는 사람들은 복이 있고 주께서 그 죄를 인정하지 아니하실 사람은 복이 있도다 함과 같으니라."(롬 4:6~8)

나와 함께 기도하실까요?

"하나님, 감사합니다. 세상을 보며 한숨지으며 사는 우리에게 믿음을 주셔서 감사합니다. 인류 최고의 복된 소식인 복음을 듣게 하시고 예수님이 "다 이루었다"고 하신 예수 복음을 굳게 믿게 하시니 감사합니다. 항상 나의 감정이나 생각으로 복음의 능력을 깎지 않겠습니다. 하나님이 이루어 주신 온전한 복음을 굳게 믿습니다. 성령님, 이제 이 행복의 복음을 삶으로 전하며 살겠습니다. 성령이여, 두려움이 없는 행복의 삶 속으로 늘 인도해 주옵소서. 예수님의 이름으로 기도합니다. 아멘."

말실수에 두려움 없이 사는 법

당신은 말실수를 자주하는 편입니까?

나는 말실수를 자주하지 않는 편입니다. 요즘 나는 거의 말실수를 하지 않습니다. 믿음의 생각과 말을 하길 힘씁니다. 하지만 솔직히 여전히 내 말을 다스리는 것은 쉽지 않음을 고백합니다. 그러나 분명한 것은 확실히 과거보다는 오늘날 나의 말과 표현에 있어 엄청난 성숙함이 있다는 것입니다. 눈에 보이게 믿음의 생각과 말을 합니다.

요즘 나는 믿음의 생각을 하고자 노력합니다. 믿음의 말을 하고자 노력합니다. 믿음의 행동을 하고자 노력합니다. 하나님께 늘 믿음에 믿음을 더해 주시길 기도합니다. 나는 믿음으로 사는 의인입니다.

〈대학〉이란 책에 보면 "군자는 혼자 있을 때 즉 남이 보고 있지 않을 때나 듣고 있지 않을 때도 언행을 삼가고 자기 스스로를 속이지 않는다"고 씌어 있습니다. 나는 그렇습니다. 당신은 어떻습니까?

한번은 주일학교 어린이가 심한 욕설을 했습니다.

초등학교 2학년인데 정말 심하게 욕을 했습니다. 완전히 습관적이었습니다. 이 아이가 교회에 오면 교회 분위기가 확 바뀌었습니다. 사나운 분위기가 형성되었습니다. 그 애는 자기보다 형인 사람에게도 욕하고 자기 맘대로 조금이라도 안 되면 대상이 누구인지 간에 화를 내며 욕을 했습니다. 나한테도 막무가내였습니다. 내가 자신이 요구하는 것을 안 된다고 하자 머리로 큰 유리에 있는 방충망을 들이받아 움푹하게 들어가서 그물망이 찢어졌습니다.

사실 그 아이만 그런 게 아니라 요즘 아이들이 대부분 욕을 많이 하는 편입니다. 욕이 없으면 대화가 안 된다고 합니다.

나는 성령님께 "성령님, 우리가 사랑하는 아이들이 너무 심하네요. 얼마나 심한지 내 마음도 욕을 하고 싶을 정도예요. 성령님, 어떻게 하면 좋을까요?"라고 여쭈었습니다. 성령님은 내게 말씀 암송에 대해 감동하셨습니다. 나는 순종의 마음으로 즉시 말씀을 가르쳤습니다.

나는 적당한 때에 아이들에게 말실수로 인한 손해와 피해에 대해 가르쳐 주었습니다. 그리고 "무릇 더러운 말은 너희 입 밖에도 내지 말고 오직 덕을 세우는데 소용되는 대로 선한 말을 하여 듣는 자들에게 은혜를 끼치게 하라."(엡 4:29) 이 말씀을 암송하게 했습니다.

놀랍게도 아이들은 이 말씀을 통해 정화되어져 갔습니다.

확실히 이 말씀을 암송하기 전보다 말에 있어 욕을 하거나 실수하는 일이 줄어들었습니다. 지금은 자기들 스스로 같이 있다가 누군가 욕하면 "목사님, 아무개가 욕했대요. 목사님, 아무개가 욕의 첫 글자를 했어요. 목사님, 아무개가 심한 말을 했어요"라고 합니다.

그러면 나는 자동으로 "무릇" 하면 걸린 아이는 웃으면서 "무릇 더러운 말은 너희 입 밖에도 내지 말고 오직 덕을 세우는데 소용되는 대로 선한 말을 하여 듣는 자들에게 은혜를 끼치게 하라. 에베소서 4장 29절 말씀 아멘!" 합니다. 그래도 자주하는 아이에게는 5번 10번을 시킵니다. 이렇게 하니 정말 현격히 말을 조심하는 생활로 변화되었습니다. 할렐루야! 놀라운 능력의 말씀을 주신 하나님을 찬양합니다.

당신도 자신이 혹시 말실수를 자주하시는 편은 아닙니까?

당신의 자녀들의 말 습관이 변해야 된다고 생각하십니까? 성경 말씀을 암송하십시오. 상황에 맞는 성경 구절을 찾아 그 말씀을 자주 암송해 보십시오. 말씀이 당신과 가정을 순화시켜 줄 것입니다. 당신의 영혼은 하나님께 지혜로워지며 세상을 향해 지혜로워질 것입니다. 하나님의 말씀은 능력과 지혜가 넘치기 때문입니다.

"여호와의 교훈은 정직하여 마음을 기쁘게 하고 여호와의 계명은 순결하여 눈을 밝게 하시도다."(시 19:8)

나도 욕을 한 경험이 있습니다. 얼굴에 있는 세계지도 같은 왕 점으로 인해 피해 의식을 심하게 느낄 때마다 욕을 했습니다. 친구들과 어울리며 심한 욕도 해 보았습니다. 그러나 우리가 알다시피 사람은 자기가 뿌린 것을 도로 먹습니다. 나는 그런 것을 경험해 보았습니다.

그것은 마치 미련한 곰이 길을 가다가 나무에 매달린 벌통을 보고 건드린 것과 같습니다. 매달린 벌통에 부딪혀 화가 난다고 그 벌통을 곰이 머리로 쳐 받습니다. 그러자 벌통에 있던 무서운 벌들이 그 곰을 끝까지 쫓아가 쏘아 버립니다. 생각해 보십시오. 엄청난 벌들에게 쏘여 퉁퉁 부어 "으어, 으어" 하며 괴로워 소리 지르는 미련한 곰을.

내가 그 곰같이 살았습니다. 그런데 신기하게도 더럽고 사나운 내 혀와 입술과 말이 변했습니다. 예수님 때문입니다. 예수님이 십자가에 달리신 그 모습을 보니 나는 험한 말을 할 수가 없었습니다.

주님은 고통을 당하며 괴로울 때에도 그의 입을 열지 않으셨습니다. 마치 도살장으로 끌려가는 어린 양과 같이 털 깎는 자 앞에서 잠잠한 양 같이 그의 입을 열지 않으셨습니다. 그런 주님을 보자 나의 마음에 변화가 일어났습니다. 예수님을 믿고 좋지 않은 말, 상대에게 상처를 주는 말, 서로 간에 다툼을 일으키는 말을 해서는 안 될 것 같았습니다. 나의 말실수는 점점 더 줄어들었습니다.

주님이 흘리신 보혈은 나의 말의 습관을 바꾸어 주었습니다. 예수님은 "다 이루었다" 하시며 그분을 믿는 나의 죄와 목마름과 병과 가난과 어리석음을 해결해 주셨습니다.

예수님을 믿는 나는 죄인이 쓰는 욕설과 파괴적인 말과 시기 질투의 말을 하지 않습니다. 나는 의인답게 믿음의 말을 하며 축복하는 말을 합니다. 영혼을 살리는 말, 희망적인 말, 칭찬하는 말을 합니다.

내 마음에서 생수가 터져 나오자 내게서 "목이 마릅니다. 물을 더 주세요"라는 말이 사라졌습니다. 내 안에 성령님이 가득히 계심을 믿자 나는 더 이상 양동이로 물을 길듯 성령님을 구하는 기도를 하지 않게 되었습니다. 성령 충만을 누리는 것은 오직 믿음으로 됩니다.

예수님을 믿는 나는 병자가 즐겨 쓰는 "아파요. 괴로워요. 내가 병으로 죽어 가요. 내 병은 낫지 않을 거예요" 하는 불신의 말을 하지 않습니다. 그 대신 "나는 건강합니다. 주께서 채찍에 맞으실 때 내 모든 질병을 가져가셨습니다. 나는 건강합니다. 나는 건강하다!"라는 믿음의 말을 합니다. 나는 지금 정말 건강하게 살아갑니다.

예수님을 믿는 나는 어리석은 자가 말하는 "나는 바보에요. 나는 머리가 나빠요. 나는 그 시험을 통과할 수 없어요. 나는 그 일을 풀 수 없어요. 나는 그렇게 예쁘게 말할 수 없어요"라는 어리석은 말을 하지 않습니다. "나는 지혜로워, 예수님의 보혈이 나를 덮고 있어. 내 몸의 모든 세포는 건강하고 내 두뇌의 150억 개의 뇌세포는 활발히 움직여. 나는 천재야"라는 말을 하며 천재성을 발휘하며 삽니다.

어떻게 해야 말실수를 하지 않고 살 수 있을까요?

첫째, 하나님의 말씀을 찾아 기쁘게 암송하십시오.

에베소서 4장 29절을 외우십시오. 자녀들에게도 이 말씀을 암송하게 하십시오. "무릇 더러운 말은 너희 입 밖에도 내지 말고 오직 덕을 세우는데 소용되는 대로 선한 말을 하여 듣는 자들에게 은혜를 끼치게 하라." 그러면 하나님 앞에서 더욱 말조심하며 살 것입니다.

때에 따라 힘과 지혜가 되는 성구를 찾아 묵상하십시오.

복 있는 사람은 어떻게 행동할까요? 악인들의 꾀를 따르지 않는 사람입니다. 죄인들의 길에 서지 않는 사람입니다. 오만한 자들의 자리에 앉지 않는 사람입니다. 그럼 누가 복 있는 사람입니까? 그 사람은 오직 하나님의 성경 말씀을 즐거워하여 그의 말씀을 주야로 소리 내어 암송하는 사람입니다.

"복 있는 사람은 악인들의 꾀를 따르지 아니하며 죄인들의 길에 서지 아니하며 오만한 자들의 자리에 앉지 아니하고 오직 여호와의 율법을 즐거워하여 그의 율법을 주야로 묵상하는도다."(시 1:1~2)

"그의 율법을 주야로 묵상하는도다"에서 묵상은 중얼거리며 소리 내어 성구를 암송하는 것을 말합니다. 하나님의 말씀과 함께 소리를 내십시오. 주의 말씀이 당신을 새롭게 하고 굳세게 하실 것입니다.

나는 가정에서도 말에 대해 엄격하게 가르칩니다.

"부정적인 말을 하면 있던 복도 떨어진다."

한번은 아이들과 아내가 부정적인 말을 자꾸 하는 것이었습니다.

"여보! 믿음의 말을 자꾸 해야 합니다. 얘들아! 너희도 없다. 못한다. 나쁘다. 그런 말을 사용하지 마라. 그래야 복에 복이 넘친단다."

그러다 보니 가정에서 우리는 서로 말을 조심하는 습관을 갖게 되었습니다. 오직 믿음에 관계된 말만 합니다.

성경은 악인들이 저주하기를 좋아한다고 합니다.

악인은 남이 잘되는 것을 좋아하지 않습니다. 악인은 의인이 잘되는 것을 배 아파 합니다. 선한 감정으로 말하지 않습니다. 진심으로 잘되기를 축복하는 말을 하지 않습니다. 그러나 분명히 알아야 합니다. 저주하기를 좋아하는 자는 자기가 뱉은 말이 자기에게 임한다는 것입니다. 부정적인 말을 타인에게 한 사람은 부정적인 열매가 그 사람에게 임합니다. 타인을 비방하고 욕을 한 사람에게 그것의 열매가 임합니다. 반대로 좋은 열매, 풍성한 열매가 임하도록 말해야 합니다.

악인은 특히 복음을 믿고 온전한 축복을 누리며 사는 하나님의 자녀를 시기합니다. 그리고 자꾸 행위를 추가시키라고 합니다. 마치 복음에 할례를 추가해야 한다고 주장하던 유대인들처럼 말합니다. 그렇게 말하는 행위주의자들을 조심해야 합니다.

"하나님께 받아지려면 노력을 해야 돼, 일을 많이 해야 돼. 헌금을 많이 해야 돼"라고 말합니다. 물론 믿음으로 하나님께로부터 받는 복들에 감사해서, 자원해서 하는 일들은 소중하고 아름다운 것입니다.

그러나 하나님께 받아들여지고 하나님이 예비하신 복을 누리는 것은 '온전한 복음을 믿는 믿음'이라는 것을 명심해야 합니다.

사도 바울이 "보라, 나 바울은 너희에게 말하노니 너희가 만일 할례를 받으면 그리스도께서 너희에게 아무 유익이 없으리라"(갈 5:2)고 말한 것을 기억해야 합니다. 바울 당시 유대인들은 인간의 노력과 땀과 착한 일을 추가하라고 강요했습니다. 사람이 구원을 받고 성령 충만하게 사는 복은 절대로 사람의 행위가 더해서 되는 것이 아님을 알아야 합니다. 오직 믿음으로 되는 것입니다.

만일 오직 믿음으로가 아니라고 말한다면 우리 주 예수 그리스도께서 십자가에서 죽으신 그 죽음과 부활하심으로 우리를 구원하시고 베푸신 큰 복들이 곧 복음의 능력이 부족하다는 말입니까? 그렇지 않습니다. 예수님께서 십자가에서 "다 이루었다"(요 19:30)고 하신 그 선언은 당신의 모든 죄 값과 저주의 값을 다 지불했다는 놀라운 선포인 것입니다. 그러니 순수한 마음으로 복음을 믿으면 됩니다. 그러면 복음이 주는 의와 성령 충만과 건강과 부요함과 지혜의 축복을 받아 누리게 됩니다. 그러나 복음에 자신의 땀과 노력과 행위를 추가해서 복을 누리려 한다면 그 사람은 율법에 매여 고통스럽게 살게 됩니다.

행위를 더하고 더해야 하니 신앙생활이 힘듭니다. 짜증이 납니다. '이런 것이 기독교인가?' 하고 회의가 들기도 합니다. 그런 사람은 빨리 율법적인 믿음생활에서 벗어나야 합니다. 빨리 완전하신 주님을 믿는 온전한 복음 안으로 들어가야 합니다.

그렇습니다. 복음을 믿고 제발 부정적인 말을 삼가 하십시오. 오직 믿음의 말을 하십시오. 하나님은 당신을 사랑하십니다. 하나님은 당신이 영적으로 육적으로 풍요로운 삶을 누리기를 원하십니다.

스스로 함정을 파듯 스스로 복을 떨쳐 버리지 마십시오.

저주하기를 좋아하는 사람은 건강도 좋지 않습니다. 저주가 그의 몸속으로 들어가며 기름 같이 그의 뼈 속으로 들어가기 때문입니다. 말은 그 사람의 속에서부터 나오는 것인데 욕하고 저주하고 부정적으로만 투덜거린다면 어찌 그 사람의 속과 몸이 건강하겠습니까?

가정과 이웃에게 희망을 주고 용기를 주는 알맞은 말은 은쟁반에 담긴 금 사과와 같음을 기억하십시오. 다음의 말씀을 암송해 보십시오. 당신에게 복에 복을 더해 줄 것입니다.

"그가 저주하기를 좋아하더니 그것이 자기에게 임하고 축복하기를 기뻐하지 아니하더니 복이 그를 멀리 떠났으며 또 저주하기를 옷 입듯 하더니 저주가 물 같이 그의 몸속으로 들어가며 기름 같이 그의 뼈 속으로 들어갔나이다."(시 109:17~18)

나와 함께 기도하실까요?

"하나님 아버지, 감사합니다. 그동안 얼마나 잘못된 말을 하며 살았는지 이 시간 회개합니다. 그 말들로 복음의 영광을 가리고 주신 복도 차 버리고 산 것을 회개합니다. 이 시간부터 예수님이 이루어 주신 복음을 굳게 믿고 하나님을 자랑하며 살겠습니다. 성령님을 마음에 모신 사람은 이렇게 축복의 말을 하며 산다는 것을 보여주며 살겠습니다. 성령이여, 생명을 사랑하고 살리는 말을 하게 하옵소서. 성령이여, 희망의 복음을 전하는 말을 하게 하옵소서. 예수님의 이름으로 기도합니다. 아멘."

자녀의 미래에 대해 두려움 없이 사는 법

당신은 자녀의 미래에 대해 두려움이 있습니까?

나는 자녀의 미래에 대해 두려움이 없습니다. 전능하신 하나님께서 자녀를 보호하고 인도하시기 때문입니다. 믿음으로 영혼의 아버지인 하나님께 자녀를 완전히 맡겼기 때문입니다. 하나님이 당신의 자녀를 돌보신다고 약속하셨습니다.

토마스 드라이어(Thomas Dreier)는 "자주 칭찬을 받는 어린이는 자주 책망을 받는 어린이 보다 지능이 더 잘 발달된다. 칭찬에는 창조적인 요소가 있음에 틀림없다"고 말했습니다.

얼마 전에 산책을 다녀오는데 성령님이 내게 말씀하셨습니다.

그날은 매우 추운 날이고 한파주의보가 내려진 날이었습니다.

"아우, 귀가 떨어지는 것 같네. 엄청 춥다."

그날 얼마나 추운지 나도 모르게 순간적으로 이렇게 중얼거렸습니다. 나는 산책을 나가기 전에 밥도 안 먹고 친구들하고 논다고 말한 둘째가 걱정되어 전화했습니다.

"아빠, 끊어요. 제가 알아서 할게요."

둘째 유겸이는 신이 나서 자기가 할 말을 다하고 끊었습니다. 나는 아비의 마음으로 걱정했습니다. "이 녀석이 놀아도 밥을 먹고 놀아야지. 그리고 날도 추운데 집으로 그냥 올 것이지. 어휴."

나의 마음이 무거웠습니다. 산책을 하며 워낙 추운 날씨라 두 아들을 걱정했습니다. 나도 모르게 산책하는 내내 아이들 걱정을 했습니다. 이런 나를 성령님이 걱정하셨나 봅니다.

나의 산책 코스를 따라 조그만 길을 건너서 인도로 올라가자마자 세미한 음성이 또렷이 내게 들려 왔습니다.

"너무 걱정하지 마라. 마음에 염려 근심을 버려라. 내가 너의 자녀들을 키우고 있다."

"네?"

"너는 염려하지 말고 나에게 더 집중해라."

그리고 "네 할 일에 집중해서 하라"고 말씀하셨습니다.

나는 길을 걸어가며 감사가 넘치는 기도를 했습니다.

"성령님, 성령님께서 아들들의 미래를 향한 나의 마음을 아시고 이렇게 말씀해 주시니 감사합니다."

나는 문득 지금까지 아들들이 자라도록 도우신 성령님이 생각났습니다. 파노라마 영상처럼 나의 뇌리에서 스쳐 지나갔습니다.

큰 아들이 어렸을 때였습니다. 다섯 살 된 큰 아들 선겸이가 껌을 먹다가 목에 걸려 죽을 뻔했습니다. 나는 서재에 있다가 쏜살 같이 달려가서 "주여! 주여!" 하며 부르짖었습니다.

그때 번쩍이는 지혜가 떠올랐습니다. 나는 숨이 막혀 얼굴이 검붉어진 아이를 붙들고 거꾸로 들었습니다. 왼손으로 발목을 부여잡고 "주여! 주여!" 하며 주를 찾았습니다. 나도 모르게 아이의 등과 목덜미 쪽을 두들겼습니다. 아이의 입이 커지는 듯 하더니 걸렸던 껌이 톡 튀어나왔습니다.

아내도 옆에서 놀랐고 우린 주님을 찾으며 아이를 껴안고 안전하다는 것을 확인하고 엉엉 소리 내어 울었습니다.

나중에 안정이 되고 가만히 생각해 보니 내가 서재에서 안방 쪽으로 간 것은 알 수 없는 감동과 힘이 나를 이끌었음을 깨달았습니다.

정말 내가 일부러 그런 것도 아니고 너무나 생생한 성령님의 역사였습니다. 지금 이 책을 쓰는 순간도 십여 년 전 그 일이 진한 감동으로 떠오릅니다. 성령님은 살아 계십니다. 그래서 우리의 위급한 상황에도 성령님은 함께하시고 도우십니다.

나는 아들이 질식사 위기 때 도우신 성령님이 너무나도 고마웠습니다. 나는 고마우신 성령님께 감사를 드렸습니다.

"성령님, 알겠습니다. 제가 성령님께 자녀의 장래를 맡깁니다."

"믿음으로 맡깁니다"라고 고백하니 내 마음에 무거운 걱정 근심이 싹 사라지고 내 마음이 깃털처럼 가벼워졌습니다.

나는 하나님이 너무 너무 좋습니다.

나를 구원해 주셨고 사랑하는 아들들까지 구원해 주셨기 때문입니다. 물론 사랑하는 아내도 그렇습니다. 거기다가 아들의 미래도 하나님이 책임져 주신다고 하시니 얼마나 감사한지 모릅니다. 하나님은 당신과 당신의 자녀들을 모두 책임져 주십니다.

나는 이렇게 좋으신 예수님을 잘 믿도록 아이들을 키웁니다. 우리 인생의 죄와 목마름과 병과 가난을 종결시켜 버리시고 우리에게 의와 성령 충만과 건강과 부요를 주신 하나님을 굳게 믿도록 합니다.

예수님은 인간의 모든 죄 짐을 다 짊어지셨습니다. 상상할 수 없는 조롱을 당하시고 십자가에 "쾅쾅, 쾅쾅쾅" 못 박히셨습니다. 자신의 피와 물과 눈물을 다 쏟으셨습니다. 예수님이 "다 이루었다"고 하시자 나를 사로잡았던 죄와 목마름과 병과 가난이 도망갔습니다. 내가 예수님을 믿는다고 고백하자 하나님 나라의 의와 성령 충만과 건강과 부요의 복들이 밀려들어 왔습니다.

어떻게 해야 자녀의 미래를 두려워하지 않고 키울 수 있을까요?

첫째, 복음이신 그리스도 예수님을 부모와 자녀가 함께 믿어야 합니다. 당신의 자녀가 예수님을 믿습니까? 그렇다면 자녀의 미래에 대해 걱정하지 마십시오. 당신의 자녀는 의인입니다. 죄 때문에 멸망당하지 않습니다. 죄 값으로 인해 형벌을 받지 않습니다. 하나님이 완전히 받아 주신 의인이기 때문입니다.

당신의 자녀가 목마른 인생이 될까 봐 두렵습니까?

당신이 올바르게 온전한 복음을 심어 준다면 염려할 것 없습니다.

성령님께서 그 자녀를 지키시고 끊임없이 돌보시고 인도하시기 때문에 큰 나무로 자라서 이웃에게 좋은 영향을 주는 풍성한 삶을 누릴 것입니다. 복음의 자녀는 시냇가에 심겨진 나무와 같습니다.

"너의 마음에 성령님이 생수의 강으로 계신다. 너는 크신 성령님을 믿고 살아라. 그러면 너는 목마르지 않고 능력 있고 윤택하며 풍성한 인생을 누릴 것이다." 이렇게 온전한 복음을 자녀에게 깨우쳐 주십시오. 복음의 능력이 당신의 자녀를 지켜줄 것입니다.

당신의 자녀가 질병에 허덕일까 봐 두렵습니까?

성령님께 맡기십시오. 그리고 예수 이름으로 질병을 쫓아내도록 예수 이름을 사용하도록 가르쳐 놓으십시오.

"예수 이름으로 명하노니 더러운 질병은 떠나가라."

"통증은 사라져라."

"잡생각, 더러운 생각은 사라져라" 하며 예수 이름의 권세를 사용하도록 양육하십시오. 예수 이름은 우리에게 큰 선물입니다.

당신의 자녀가 가난하게 살까 봐 두렵습니까?

하나님을 경외하는 마음을 심어 주십시오. 그리고 하나님께 받은 시간과 건강과 재물을 저축하며 살도록 가르치십시오. 자신의 마음과 몸과 그리고 맡은 일과 재산을 관리할 수 있도록 양육하십시오. 그렇게 하면 의인의 자녀는 걸식하는 법이 없고 가난하게 살지 않습니다.

둘째, 하나님의 뜻을 알고 믿어야 합니다.

우리가 자칫 실수하기 쉬운 것이 내가 자식을 키운다고 생각하는 것입니다. 하나님은 자녀들에 대한 생각이 있으신데 우리가 너무 앞질러 가서 문제를 일으킵니다. 많은 부모들이 자신이 못 이룬 꿈을 자녀를 통해 이루기 위해 자녀에게 암암리에 강요하기도 합니다.

이렇게 성장한 자녀들은 나중에 대학교에 가서 또 사람들이 좋다고 하는 직장에 가서 이내 후회합니다. 자신의 적성과 맞지 않아서 벌써 편입할 생각을 하고 직장을 옮길 생각을 합니다. 이는 가정적으로도 회사 입장에서도 국가적으로도 손해가 아니겠습니까?

하나님의 뜻을 믿어야 합니다. 하나님의 뜻은 자녀가 아브라함처럼 하나님을 믿고 부요한 삶을 누리는 것입니다. 그래서 하나님의 사람으로 세워야 합니다. 사랑하는 자녀들이 하나님을 경외하는 가운데 하나님과 함께 살아가도록 도와주어야 합니다. 하나님의 지혜로 세상을 살도록 도와주어야 합니다. 하나님은 분명히 당신이나 자녀들을 향해서도 희망적인 비전을 가지고 계십니다.

자식은 하나님의 기업입니다. 나의 자녀이기 이전에 창조주 하나님의 기업입니다. 기업은 하나님의 소유를 말합니다. 부모는 자녀를 키울 때 먼저 그 자녀가 하나님의 자녀라는 사실을 기억해야 합니다.

당신이 하나님 중심으로 사고하며 자녀를 양육할 때 거기에 하나님의 영광이 임하고 당신의 자녀가 하나님을 경외하게 됩니다.

자녀를 양육할 때 무엇보다 온전한 복음으로 양육하십시오.

그리스도 예수께서 모진 고통을 당하시고 피와 물과 눈물을 쏟으시어 이루신 영광의 복음을 바르게 믿도록 가르쳐야 합니다. 하나님은 하나님의 사랑의 결정체인 복음을 믿기를 원하십니다. 자녀에게 행복한 복음 생활을 누리도록 해야 하며 율법의 멍에를 씌워 기독교를 지겨운 종교생활로 오해하지 않도록 잘 지도해 주어야 합니다.

자녀가 온전한 복음을 깨닫게 되면 하나님의 그 사랑에 감복되어 복음의 능력으로 멋진 인생을 살게 될 것입니다. 요셉처럼 강인하고 책임감이 있고 관용이 있는 멋진 사람으로 살 것입니다.

당신의 자녀가 온전한 복음 안에서 성장한다면 시냇가에 심겨진 나무처럼 강하고 생명력이 있고 좋은 열매를 맺는 삶이 됩니다.

자녀의 미래에 대해 두려워하지 마십시오. 하나님께 맡기십시오. 그리고 하나님의 지혜로서 자녀를 세워 가십시오. 그렇게 하면 전능하신 하나님께서 그들을 키워 가실 것입니다. 하나님을 경외하는 당신의 자녀들이 당신에게 더 큰 기쁨과 만족과 감사를 줄 것입니다.

자. 함께 기도하실까요?

"하나님, 감사합니다. 자녀들의 미래에 대해 어떻게 해야 할지 알게 하시니 감사합니다. 이제 두려워하지 않고 하나님께 맡깁니다. 조급한 마음으로 키우지 않겠습니다. 부모의 기준과 틀에 따라 키우지 않겠습니다. 욕심을 내려놓겠습니다. 하나님의 자녀라는 사실을 기억하고 하나님을 경외하는 사람으로 세워 가겠습니다. 십자가 복음의 행복한 사람으로 세워 가겠사오니 성령이여, 우리의 자녀들을 도와주옵소서.
예수님의 이름으로 기도합니다. 아멘."

가정에 대한 두려움 없이 사는 법

당신의 가정은 견고하며 형통하십니까?

나는 하나님의 은혜로 형통하고 견고한 가정을 세워 가고 있습니다. 나의 가정은 온전한 복음을 믿고 그 복음 중심으로 살아갑니다. 예수님이 피와 땀과 눈물로 이루어 주신 의와 성령 충만과 건강과 부요함의 축복을 믿고 삽니다. 그러기에 날마다 꿈이 있고 비전이 있고 감사와 생활의 기쁨이 있습니다.

독일의 위대한 작가이자 철학자인 괴테(Johann Wolfgang von Goethe, 1749~1832)는 "왕이건 농부이건 자신의 가정에서 평화를 찾아낼 수 있는 자가 가장 행복한 인간이다"라고 말했습니다.

나는 견고하고 형통한 가정을 세울 자격이 없는 사람이었습니다.

나약하고 소심했습니다. 얼굴에 큰 점이 있습니다. 빨간 색의 이 큰 점은 늘 나를 소극적이고 연약하게 만들었습니다. 마음이 굳세지 못하고 열등감에 빠지게 했습니다.

지금도 온전한 복음 안에 있지 아니하면 나의 연약한 것 때문에 아주 잠깐씩 낙심하기도 합니다. 그러나 감사한 것은 나의 연약함으로 인해 오히려 날마다 시시각각 예수님을 더 의지한다는 것입니다. 성령님을 믿으며 온전한 복음의 능력을 맛보며 삽니다.

전에는 가정은커녕 나 자신도 잘 추스르지 못했습니다.

그런 나에게 변화가 일어났습니다. 하나님의 믿음이 생긴 것입니다. 이 믿음은 성 삼위 하나님을 믿는 믿음입니다. 하나님은 내게 하나님을 경외하는 가정이 어떻게 형통하는지를 내 눈으로 똑똑히 보게 하셨습니다. 예전의 나는 가정에 대해 매우 비관적이었습니다.

"내가 결혼이나 할 수 있을까?"

"나도 저렇게 견고한 가정을 세울 수 있을까?"

"빨갛고 큰 점이 있는 나한테 시집올 자매가 있겠나?"

"가지고 있는 재산도 없는데 어떻게 하지?"

"가난한 신학생을 누가 좋다고 할까?"

나는 환경을 보고 가정을 세우지 못할 거라고 생각했습니다.

하나님은 내게 감사에 대해 가르쳐 주셨습니다. 그래서 나는 내가 가진 약점도 감사하게 되었습니다. 앞으로 견고한 가정을 세우도록 마음에 드는 믿음의 아내를 주실 것을 하나님께 요청했습니다. 하나님은 내게 응답하셨습니다. 나는 믿음의 아내를 만나 믿음의 가정을 세웠습니다. 하나님을 경외하는 건강한 마인드로 두 아들을 잘 키우며 행복하게 살고 있습니다. 나의 가정은 지금 무척 행복합니다.

예수님은 약한 가정을 견고한 가정으로 세우시는 분이십니다.

나에게 하늘과 연결된 견고한 가정을 세우는 축복을 주셨습니다. 나는 나의 연약함으로 인해 가정을 세울 수 없었습니다. 그럴 자격도 신분도 아니었고 하나님의 축복을 받을 자격이 없는 사람이었습니다.

그런데 하나님의 값없는 은총으로 나를 받아 주셨습니다. 예수님은 내 대신 십자가에 손과 발에 못 박히시고 고통당하셨습니다. 고통 가운데 모든 물과 피를 다 쏟으셨습니다. "다 이루었다" 하시며 죽으셨고 삼일 만에 부활하셨습니다. 그분은 지금 하나님 보좌 우편에 앉아 계시며 나를 위해 간구하고 계십니다.

예수님은 나에게 견고한 가정을 주시려고 약한 가정이 되셨습니다. 생각해 보십시오. 예수님이 십자가의 길을 가실 때 그분의 가정은 얼마나 낙담이 되었겠습니까? 가정에 온통 슬픔과 절망뿐이었을 것입니다. 예수님은 묵묵히 십자가의 길을 가셨고 마침내 승리하셨습니다.

예수님의 승리는 "화수야, 내가 너의 모든 약함을 다 담당하였단다. 너는 나를 믿고 견고하고 형통한 가정으로 세워 가라"는 뜻으로 내게 다가왔습니다. 당신도 예수님이 당신의 가정의 모든 약함을 담당하셨음을 믿으십시오. 예수님을 믿으면 세상 풍파에 요동치 않는 견고한 가정이 됩니다. 당신은 지금 어떤 일로 가정에 불화가 생겼습니까?

다시 하나님을 믿으십시오. 다시 주님을 바라보십시오. 다시 성령님께 도움을 요청하십시오. 모든 것이 다 회복될 것입니다. 가정에 웃음과 감사와 능력이 솟구칠 것입니다.

가정에 죄의 약함을 짊어지고 승리하신 주를 믿으니 견고한 의인의 가정이 되었습니다. 다시는 죄로 인해 망하지 않는 가정으로 삽니다. 가정에 목마름을 짊어지시고 승리하신 주를 믿으니 항상 생수를 먹으며 사는 성령님의 윤기가 흐르는 가정으로 삽니다.

가정에 병의 약함을 짊어지시고 승리하신 주를 믿으니 가정에 건강한 기운이 충만합니다. 병마가 끼어들지 못합니다. 가정에 생명력이 넘칩니다. 활력이 넘칩니다. 가정에 가난의 약함을 짊어지시고 승리하신 주를 믿으니 가정에 부요함이 가득합니다. 바울처럼 빈곤에도 풍부에도 항상 하나님을 경외하는 일체의 비결을 알고 삽니다.

우리는 생활할 때 절대로 현상이나 환경을 보고 낙심하면 안 됩니다. 현상보다 큰 믿음을 가져야 합니다. 믿음은 바라는 것들의 실상입니다. 환경보다 크신 성령님을 바라보아야 합니다. 현상보다 크신 성령님을 믿어야 합니다. 가정의 작은 일에서부터 큰일까지 성령님과 함께 하며 살아야 합니다. 성령님을 마음과 가정의 중심에 모시고 살면 성령님께서 가정에 꿈과 비전이 태어나게 하십니다.

당신의 가정에 꿈이 있습니까? 성령님과 함께 가진 꿈이 진정으로 복된 꿈입니다. 복음을 위해 잉태한 꿈이 하나님의 복이 함께하는 꿈입니다. 성령님이 배제된 꿈을 따라 가지 마십시오.

나는 가정에서 일어나는 현상과 환경을 보지 않습니다.

내 안에 계신 성령님이 내 꿈이 이루어지도록 인도하심을 바라봅니다. 그리스도는 세상에 있는 이보다 훨씬 더 크신 하나님이십니다. 그분이 지금 내 안에 살아 계심을 나는 믿습니다. 당신도 당신 안에 계신 크신 하나님을 믿으십시오. 크고 큰 권능을 가지고 임재하신 성령님을 믿고 행복한 가정을 행복하게 가꾸십시오.

어떻게 해야 견고하며 형통한 가문을 세울 수 있을까요?

첫째, 하나님을 굳게 신뢰해야 합니다.

신뢰한다는 말은 '굳게 믿고 의지하는 것'을 말합니다. 당신은 하나님을 굳게 믿어야 합니다. 예수님이 당신을 위해 십자가에서 피를 흘리셨으므로 당신이 가진 모든 문제를 해결해 주신 것을 믿으십시오.

당신 안에 계신 성령님께 상의하고 하나씩 성령님과 함께 풀어 가십시오. 하나님을 신뢰하는 길은 무엇일까요? 그 길은 예배하는 것입니다. 교회에 모여서 예배하는 것과 삶의 예배를 존중하십시오. "너희는 너희 하나님 여호와를 신뢰하라. 그리하면 견고히 서리라. 그 선지

자를 신뢰하라. 그리하면 형통하리라."(대하 20:20)

둘째, 하나님의 종을 존중해야 합니다.

당신이 지금 만나고 있고 함께 믿음생활하는 곳의 지도자를 존중하십시오. 그에게 예의를 갖추고 대우를 잘하십시오. 하나님은 하나님의 종을 통해 당신을 양육하십니다.

다윗은 하나님을 늘 목자로 믿으며 살았습니다. 목동으로 양을 칠 때도 하나님을 굳게 믿었습니다. 맹수가 나타나 양들을 해칠 때 하나님을 의지하여 맹수를 물리치고 양들을 보호했습니다. 왕이 되어서도 하나님만 경외했습니다. 자신이 가진 군사나 재물을 의지하지 않고 만군의 하나님만 의지했습니다.

다윗이 하나님만 의지하였을 때 그의 가문은 더욱더 견고해졌습니다. 그러나 다윗이 하나님께 범죄를 하고 말았습니다. 그때 그의 가문이 형편없이 무너져 버렸습니다.

우리는 항상 하나님을 바라봐야 합니다. 하나님은 먼 곳에 계시지 않습니다. 저 멀리 우주에만 계신 것이 아닙니다. 바로 지금 당신 안에 계심을 확신하십시오. 지금은 예수님이 믿는 자의 마음에 성령으로 와 계십니다.

나는 예전에 하늘에 계신 하나님을 생각할 때가 많았습니다. 그래서 내가 한 시간, 세 시간, 일곱 시간, 그렇게 기도 시간을 채우면 하나님이 하늘에서 내 안으로 더 많이 오는 줄 알았습니다. 그러니 믿음생활이 쉽지 않았습니다. 힘들었던 적이 많았습니다.

"아니, 내가 하나님을 믿고 사는데 왜 이렇게 힘들지?"

"믿지 않는 사람보다 더 힘들고 괴로운 것 같아."

이렇게 말한 적이 많았습니다. 마치 비포장도로를 '덜커덩 덜커덩'

거리며 달려가는 자동차 같았습니다.

왜 그럴까요?

하나님의 의를 믿지 않고 나의 공로를 믿었기 때문입니다.

지금에야 더 큰 십자가의 의를 알고자 애씁니다. 나의 노력과 공로를 내려놓기를 힘씁니다. 마치 유도 선수가 상대편의 힘을 이용해 싸우듯 나는 십자가의 능력으로 견고하게 살길 힘씁니다.

당신은 어떻습니까?

가문이 믿음으로 든든히 세워져 가고 있습니까? 삶이 행복하십니까? 아니면 무거운 멍에를 진 것처럼 힘드십니까?

당신 안에서 항상 생수가 강처럼 흐르게 하시는 성령 하나님이 함께 계심을 신뢰하십시오. 그러면 당신과 가문은 견고하며 형통하게 될 것입니다. 하나님을 신뢰하는 사람은 점점 더 강성해져 가는 삶을 살게 됩니다. "만군의 하나님 여호와께서 함께 계시니 다윗이 점점 강성하여 가니라"(삼하 5:10)고 했습니다.

여기서 "강성하여 가니라"는 말은 날마다 나무가 자라 커다란 종려나무나 백향목이 되듯이 성장한다는 말입니다. 하나님이 받으셨고 하나님이 인정하시는 거목으로 자란다는 말입니다. 이런 사람의 삶은 풍성합니다. 영육 간에 곳간이 차고 넘쳐 베푸는 인생을 삽니다.

지금 나의 가문이 그렇게 견고하며 형통합니다. 하나님이 보호하고 계시기 때문입니다. 지금 나의 가정은 하나님의 은총으로 견고합니다. 해가 떠올라 원만한 광명에 이르듯이 나날이 나의 가정은 견고히 세워져 가고 있습니다. 날마다 강성해져 가고 있습니다.

아브라함은 믿음의 가문을 세웠습니다. 그런 아브라함이 가나안 땅에 기근이 들어 애굽으로 곡식을 구하려고 내려갔습니다. 자신의 아내

사라가 너무 예뻐서 자신의 목숨이 위태로울 것을 알고 "당신은 내 누이라 하시오"라고 말했습니다. 애굽 사람들이 말했습니다.

"아브라함의 누이를 봤어요? 굉장히 예쁩니다."

"그래요? 우리도 보러 갑시다!"

그 소문이 전해져서 바로 왕의 귀에 들렸습니다. 그는 그녀를 아내로 삼았습니다. 그때 아브라함과 일행은 얼마나 긴장했을까요? 그런 불안 속에서도 아브라함은 하나님을 믿었을 것입니다.

전능하신 아브라함의 하나님은 바로의 가정에 재앙을 내렸습니다.

바로는 "네가 어찌하여 내게 너의 아내를 누이라 속였느냐? 너 때문에 이런 일이 일어나지 않았느냐!"고 말하며 아브라함 일행을 내보냈습니다. 이처럼 믿음의 가정은 하나님이 보호하십니다. 설사 그가 약하고 비겁할지라도 변함없이 사랑해 주십니다.

성령님은 말씀을 통해 내게 하나님을 믿는 법을 가르쳐 주셨습니다.

"너의 하나님 여호와를 경외하라."

나는 믿음의 조상 아브라함을 참 좋아합니다. 믿음의 조상이기 때문입니다. 아브라함이 바랄 수 없는 중에 하나님을 바라보고 믿었다는 말씀은 정말 내게 큰 힘이 됩니다.

순수한 마음으로 하나님을 의지하게 된다면 당신의 가문은 하나님이 책임져 주십니다. 성경에 많은 약속의 축복들이 당신의 것이 됩니다. 하나님을 신뢰하고 하나님 중심의 사람이 되십시오. 하나님 중심의 가문으로 세워 가십시오. 세상 사람은 이렇게 말합니다.

"당신이 안 되는 것은 당신의 가문에 저주가 있어서 그렇다."

많은 사람들이 마귀의 속임수에 속고 삽니다.

"예수님을 믿어도 여전히 가계의 저주가 흐르고 있어서 우리 가정은 안 될 거야."

"예수님을 믿어도 우리 힘과 노력으로 무언가를 해야 가정의 실패가 사라질 거야."

어떻게 해야 가문에 흐르는 저주가 사라질까요?

사람의 노력이나 미신의 힘을 빌려서 해도 해결이 안 됩니다. 그러나 가정이 예수님을 믿으면 예수님의 보혈의 능력이 그 모든 문제를 해결해 줍니다. 성경은 우리가 헛된 행실에서 구속된 것은 은이나 금 같이 없어질 것으로 된 것이 아니라고 가르쳐 줍니다.

저주란 '재앙, 불행, 실패'를 말합니다. 내가 예수님을 믿기 전에는 실패와 불행과 재앙의 연속이었습니다. 그러나 예수님을 믿고 하나님을 믿는 순간 나의 가정이 믿음의 가정으로 세워졌습니다. 전에 괴롭히던 죄와 목마름과 병과 가난과 어리석음과 징계와 죽음이 다 떠나갔습니다. 그리스도의 피는 우리 가정에 의와 성령 충만과 건강과 부요와 지혜와 평화와 영원한 생명을 가져다주었습니다.

대대로 하나님을 믿지 않던 가정도 당대에 예수님을 믿으면 가계의 모든 저주, 실패, 재앙, 불행이 떠난 줄 믿어야 합니다. 그만큼 그리스도의 피는 능력이 있습니다. 그리스도의 피는 모든 사망 권세, 불행과 저주의 권세를 깨뜨려 버립니다.

"너희가 알거니와 너희 조상이 물려 준 헛된 행실에서 대속함을 받은 것은 은이나 금 같이 없어질 것으로 된 것이 아니요 오직 흠 없고 점 없는 어린 양 같은 그리스도의 보배로운 피로 된 것이니라."(벧전 1:18~19)

지금도 죄와 목마름과 병과 가난과 어리석음에서 신음하는 영혼들이 그리스도 예수의 피를 믿고 천국의 풍성함을 누리며 삽니다. 그리스도의 피는 지금도 능력이 있어 믿는 자에게 의와 성령 충만과 건강과 부요와 지혜를 값없이 베풀고 있습니다.

교회를 다니고 있는데도 저주 가운데 있는 것 같이 느껴진다고요? 염려하지 마십시오. 절대 현상을 보고 환경에 속지 마십시오. 믿음의 눈으로 성령님만 신뢰하십시오. 그리스도의 피가 당신의 가정의 문설주에 발라져 있음을 믿으십시오. 강하고 담대하게 믿음으로 모든 일을 대처해 가십시오. 얼마 안가 당신의 가정이 안고 있는 문제들이 다 해결될 것입니다. 가정의 모든 문제를 해결해 주신 그리스도 예수께서 "다 이루었다"고 말씀하신 온전한 복음을 믿으십시오.

아브라함이 바랄 수 없는 중에 바라보았던 그 하나님을 바라보십시오. 바랄 수 없는 중에 하나님을 찾았던 아브라함의 믿음을 본받으십시오. 보이지 않는 성령님이 항상 당신과 함께 계시며 당신 안에 실재로 살아 계심을 굳게 믿으십시오. 보이지 않는 하나님을 바라보며 믿고 살았던 아브라함처럼, 다윗처럼 당신도 보이지 않는 하나님을 믿음으로 보면서 사십시오.

"내가 항상 내 앞에 계신 주를 뵈었음이여."(행 2:25)

하나님은 자신을 믿는 가정을 기뻐하십니다. 하나님을 믿음으로 예배하며 복음을 위해 사는 가정을 기뻐하십니다. 당신의 가정이 하나님을 믿음으로 더욱 풍성하고 견고한 가정으로 세워지길 바랍니다.

나와 함께 기도하실까요?

"하나님, 감사합니다. 하나님을 중심에 모신 가정으로 살게 하심을 감사드립니다. 예수님으로 인해 조상에게 받은 헛된 행실에서 자유하게 하시니 감사드립니다. 우리의 가정을 의인의 가정으로 세워 주심을 감사드립니다. 아브라함처럼 실수도 있지만 아브라함처럼 하나님만 절대적으로 믿습니다. 가정도 직장도 나라도 모두 하나님께 맡깁니다. 성령이여, 두려움이 몰려와도 그 속에서 크신 성령님과 모든 것을 다스려 가게 하옵소서. 예수님의 이름으로 기도합니다. 아멘."

사람을 두려워하지 않고 사는 법

당신은 사람을 두려워하지 않습니까?

나는 사람을 두려워하지 않습니다. 나는 오직 하나님만 두려워합니다. 하나님은 살아 계신 분이며 실제로 나와 인격적으로 교제하는 분이십니다. 하나님은 온 우주를 창조하신 분이십니다. 모든 만물을 지으셨고 나를 창조하신 창조주이시기에 나는 그분을 경외합니다. 경외한다는 말은 두려워하며 존중한다는 의미입니다.

세계적으로 유명한 자동차 왕 헨리 포드(Henry Ford, 1863~1947)는 "무슨 직업을 택하든 건전한 대인관계를 유지하고, 자신의 생각을 똑똑히 전하고, 타인의 이야기를 신중히 듣고, 자신의 일과 타인의 일을 계획하며 준비하고, 열심히 일하고 또 열심히 일하기를 즐기고, 자신의 일에 중요한 사람의 얼굴과 이름 및 그 밖의 사항을 기억하는 방법을 안다면 성공할 것이다. 이러한 능력과 솜씨를 지닌 일반교육을 받은 사람은 거의 모든 직책을 훌륭하게 수행할 준비가 되어 있는 것이다"라고 말했습니다. 내가 바로 그런 사람입니다.

나는 사람을 두려워하지 않고 모든 영혼을 주님께로 인도할 대상으로 불쌍히 여깁니다. 그 사람들이 주님을 만날 수 있다면 끝까지 모든 것을 참고 도와줍니다. 나처럼 예수님을 구주로 믿고 행복하게 살 수 있도록 돕고자 하는 간절한 마음 때문입니다. 가만히 보면 그 사람이 두렵다기보다는 하나님을 필요로 하는 영혼으로 불쌍하게 보입니다. 이런 나의 마음이 신기하기도 합니다. 그리스도의 마음이 내게 있기 때문입니다. 모두가 내 안에 가득한 성령님의 기름 부음 때문입니다.

당신도 "성령님이 지금 내 안에 가득히 계신다"고 믿으십시오.

내가 사람을 두려워하지 않는다는 것은 그 사람을 무시한다는 말이 아닙니다. 하나님의 열심을 갖고 그 사람에게 도울 일이 있으면 돕는다는 말입니다. 성령님과 함께 복음이 필요한 사람에게는 복음을 전해주고 위로가 필요한 사람에게는 위로를 해줍니다.

사람은 두려워해야 할 대상이 아닙니다.

당신은 사람에게 두려움을 느껴 본 적이 있습니까?

나는 전도할 때 가끔 느껴 보았습니다. 전도는 역시 사람에게 직접 하는 것이라 무척 긴장됩니다. "저 사람이 내 전도를 거절하면 어떻게 하지?"라는 두려움이죠. 그럴 땐 "주여, 나를 도우소서. 저 사람의 마음을 녹여 주소서. 복음을 받아들이고 믿게 하소서"라고 마음으로 기도하며 전도합니다. 그러면 성령님이 강하게 역사하십니다.

나는 무엇인가 요청할 때도 두려움을 느껴 보았습니다. 은행에 가서 통장을 여러 개 만들 때 나는 두려웠습니다.

"이렇게 여러 개를 한꺼번에 신청해도 될까?"

까다롭게 구는 곳도 있었는데 다행히 그 은행 직원은 친절했습니다.

"물론이죠. 여러 개가 필요하신가 봐요?"

"몇 개가 필요하시죠? 제가 만들어 드릴 테니까. 서류를 작성해 주세요" 하고 친절하게 대하며 만들어 주자, 나의 두려움은 순식간에 온

데간데없이 사라졌고 큰 기쁨 가운데 내가 필요한 통장을 다 만들었습니다. 무엇이든 일단 부딪히면 길이 열리고 두려움은 사라집니다.

"아, 내가 여러 개의 통장이 왜 필요한지 정확하게 알고 요청하니까 두려움 없이 일이 잘 진행되는구나."

또한 나는 직장에 근무하며 대인 기피증의 두려움을 느껴 보았습니다. 사람이 살다 보면 천적 같은 사람을 만납니다. 정말 만나기 싫은 사람이 있습니다. 내가 살면서 경험한 재미난 현상 중의 하나는 어디를 가든 꼭 천적 같은 사람이 있다는 것입니다.

예전에 직장 생활을 할 때 상사가 그랬습니다. 그 사람은 다혈질이었습니다. 솔직히 그 사람과 함께 일하는 것이 두려웠습니다. 할 수만 있다면 그 사람을 피하고 싶었습니다. 직장 상사이고 나보다 나이도 많고 키도 훨씬 컸습니다.

"화수 씨, 오늘 퇴근은 늦게 하도록 하고 이 일을 좀 더 합시다."

그는 내게 더 많은 일을 하도록 강요했습니다.

"오늘 약속이 있는데요? 내일 하면 되지 않을까요?"

굳이 야근까지 안 해도 되는 일인데 남아서 하게 되는 일이 종종 일어났습니다. 직장 상사로서 예우하는 것까지는 좋은데 그 사람은 내게 회사에서 정한 것 이상의 지나친 근무를 요구했습니다.

나는 그게 싫다고 소신껏 나의 생각을 표현했습니다. 그러자 그 사람은 화를 버럭 내며 상식 이하의 행동과 말을 했습니다. 하지만 그다음부터는 자신의 마음이 찔리는지 그런 요구를 하지 않았습니다.

살다 보면 천적 같은 사람을 만날 때가 있습니다. 정말 무례하고 몰상식하고 거칠고 두려움을 푹푹 풍기는 사람이 있습니다. 당신은 그런 사람을 만나 두려워한 적이 없습니까? 그런 것이 쌓여 대인 기피증에 시달리지 않았습니까? 이 책을 통해 자유를 얻으십시오. 어떻게요?

먼저 당신의 마음에 하나님의 영광이 가득하다는 사실을 믿으십시오. 그러면 대인 기피증이 사라지고 모든 사람을 대할 때 담대해질 것입니다. 마음이 담대하면 사회생활에 성공하게 됩니다.

사람은 태어나면서부터 죄인의 신분으로 태어납니다. 자신의 의지와 상관없이 죄인의 후손이기에 죄인으로 태어납니다. 죄인의 마음에는 하나님이 없기에 항상 불안하고 허전하고 두려움이 가득합니다. 그래서 대인관계에서 평화보다는 긴장감이 맴돕니다.

하나님의 영광이 없기 때문에 적대감을 느끼고 사랑하기보다는 이기적인 마음으로 사람들을 대하게 됩니다. 그들은 하나님의 영광이 없기에 쉽게 마귀에게 종노릇하며 마귀가 넣어 주는 두려운 생각과 불신적인 생각, 부정적인 생각 가운데 불안에 떨며 살아갑니다.

인간관계에 있어 성공적이지 못하고 대인 기피증에 빠진 이들은 여러 가지 치료 방법을 찾아 헤맵니다. 어떤 사람은 최면술사에게 가서 해결하고 어떤 사람은 정신과 병원에 갑니다. 어떤 사람은 스피치나 대인 관계법을 배워 해결하고자 합니다. 그러나 가장 중요한 한 가지를 알아야 합니다. 그것은 하나님 안에서 자신을 보는 것입니다. 창조주 하나님의 시야로 자신을 볼 때 모든 문제가 자동으로 해결됩니다.

두려움이 가득했던 나의 마음은 예수님을 만나 능력과 사랑과 절제하는 마음으로 가득하게 되었습니다. 하나님의 사랑이 내 마음에 부은 바 되었습니다. 모두가 하나님의 은혜입니다. 지금 예수의 피가 성령으로 말미암아 내 마음에 흐르고 있습니다. 예수의 피는 십자가에서 주님이 "다 이루었다"(요 19:30)고 하시며 나의 죄와 저주에 대한 값을 다 지불하고 흘리신 보혈입니다.

이 복음을 믿자 내 인생에 큰 변화가 찾아왔습니다.

첫째, 죄로 인해 사람을 향해 가지고 있던 적대감과 두려움이 모두 사라졌습니다. 그리고 사람들을 불쌍히 여기는 마음을 가진 의인이 되었습니다. 내 마음이 무척 담대하고 행복합니다.

둘째, 은혜의 복음을 믿자 고통스런 대인관계로 인해 가지고 있었던 목마름과 두려움이 다 사라졌습니다. 그리고 사람들을 향해 성령님의 사랑을 흘러 보내는 성령 충만한 사람이 되었습니다.

셋째, 이 복음을 믿자 병으로 인한 대인 기피증이 사라졌고 건강한 대인관계를 할 줄 아는 온전한 사람이 되었습니다. 나는 건강합니다.

넷째, 이 복음을 믿자 가난으로 인한 비교 의식과 경쟁의식이 사라졌고 모든 사람을 향해 떳떳하고 자신감이 넘치는 부요한 사람이 되었습니다. 내 마음에 부요 의식이 강물처럼 흐르고 있습니다.

다섯째, 이 복음을 믿자 어리석음으로 인해 사람을 향해 가지고 있었던 각종 오해와 두려움이 사라졌고 그들을 하나님의 지혜로 대하는 성공적인 인생을 살게 되었습니다. 나는 천재입니다.

그렇습니다. 예수님을 믿으면 그리스도 안에서 당신의 신분이 변합니다. 놀라운 천국의 축복들을 받습니다. 당신이 예수님을 믿노라 하면서도 이런 축복들을 누리지 못하고 있다면 다시 예수님이 다 이루신 복음의 능력을 믿어야 합니다. "내가 복음을 부끄러워하지 아니하노니 이 복음은 모든 믿는 자에게 구원을 주시는 하나님의 능력이 됨이라" (롬 1:16)고 했습니다. 복음은 당신의 삶 전체를 구원합니다.

당신도 예수님을 믿으십시오. 예수님이 이루어 놓으신 십자가 대속의 은혜의 복음을 신뢰하십시오. 그러면 평안이 넘치게 됩니다. 성령 충만한 삶을 살게 됩니다. 천국같이 살다가 천국으로 가게 됩니다.

사람을 두려워하면 그 사람의 말에 붙잡힙니다. 그 사람이 하자는 대로 해야 합니다. 그 사람의 노예가 됩니다. 자기의 중심은 없고 그 사람의 하수인 노릇을 해야 합니다. 빨리 그런 두려움에서 벗어나야 합니다. 오직 하나님만 두려워하는 하나님의 종으로 살아야 합니다.

나는 지금 사람들을 대할 때 편안하게 대합니다. 분별 있는 마음과 영혼을 사랑하는 마음을 가지고 대합니다. 내 안에 성령님이 계시므로 그리스도의 마음이 가득하니 모든 사람이 두려워할 대상이 아닌 하나님께로 인도해야 할 불쌍한 영혼으로 보입니다.

어떻게 해야 사람을 두려워하지 않고 담대할 수 있을까요?

첫째, 나를 두렵게 하는 그 대상을 정확히 파악해야 합니다.

'왜 그 사람을 만나면 두려움을 느낄까? 왜 그럴까?'

두렵게 느끼는 그 대상을 정확하게 파악하고 그에 맞는 대처를 해야 합니다. 무엇이 당신을 두렵게 합니까? 그 사람의 말입니까? 실력입니까? 외모입니까? 체구입니까? 정신적인 것입니까? 백배로 크게 생각하면 아무것도 아닙니다. 모든 것을 티끌처럼 작게 여기고 당신 안에 가득한 하나님의 영광을 가장 크게 여기십시오.

어떤 경우에도 사람을 두려워하지 마십시오. 사람을 두려워하면 덫에 걸린 동물처럼 어려운 상황에 빠질 수 있습니다. 사람보다 하나님을 더 두려워하십시오. 하나님을 믿으십시오. "사람을 두려워하면 덫에 걸리게 되거니와 여호와를 의지하는 자는 안전하리라."(잠 29:25)

영적인 일과 육적인 일은 모두 하나님의 손 안에 있습니다. "지피지기면 백전백승"(知彼知己 百戰百勝)이라는 말이 있습니다. 작은 적을 알고 큰 나를 알면 이깁니다. 두려움에서 벗어나 자유로운 삶을 누릴 수 있습니다. 하나님의 말씀에 근거해 지혜롭게 잘 대처하십시오.

기억하십시오. 믿는 당신의 마음에 의와 성령 충만과 건강과 부요와 지혜가 가득합니다. 성령님은 크신 하나님이십니다. 당신 안에 한 컵 분량밖에 안 계신 분이 아닙니다. 성령님은 거대한 우주 만물을 만드신 창조주 하나님이십니다. 그분은 인간이 측량하지 못할 정도로 크고 위대하십니다. 그렇게 크신 분이 당신을 돌보시며 당신의 행복에 필요한 모든 것을 주셨고 그것을 누리도록 인도하고 계십니다.

나를 따라 이렇게 한번 고백해 보실까요?

"내 안에 하나님의 의가 가득하다. 내 안에 성령님이 충만히 계신다. 나는 건강하다. 나는 부요하다. 나는 지혜롭다. 하나님은 내게 두려운 마음은 절대로 주지 않으신다."

다음의 말씀을 꼭 기억하십시오.

"하나님이 우리에게 주신 것은 두려워하는 마음이 아니요 오직 능력과 사랑과 절제하는 마음이니……"(딤후 1:7)

둘째, 하나님을 의지해야 합니다.

하나님을 의지하는 사람은 벌써 도움을 받은 것입니다. 그는 두려움의 순간이 올 때 이미 승리한 것입니다. 하나님을 믿으면 하나님께서 빛보다 빠른 속도로 도와주십니다. 그러면 모든 일에 하나님의 지혜와 능력을 발휘하게 됩니다. 담대하게 두려움을 제압하게 됩니다.

목회하면서 만난 한 애기 엄마가 있습니다. 그는 어린 두 아들을 키우고 있었는데 하루는 집에서 잠을 자던 중 큰 소리가 들렸습니다.

"팔을 치워라! 팔을 치워라!"

엄마는 깜짝 놀라 깼습니다. 깨어나 고개를 들어 옆을 보니 자신의 큰 팔이 어린 둘째 아들의 목에 올려 있었고 아들은 엄마 팔에 숨이 막혀 얼굴이 새파랗게 질려 있습니다. 급하게 팔을 치우니 아들이 "휴

우" 하고 숨 쉬며 살아났습니다. 하나님이 깨우신 것입니다.

이처럼 살아 계신 하나님이 불꽃같은 눈으로 당신을 지키고 보호하고 계십니다. 하나님을 신뢰하십시오. 하나님을 찾으십시오.

셋째, 정말 두려워해야 할 대상을 알아야 합니다.

예수님은 당신과 내가 오직 하나님만 경외해야 할 이유를 가르쳐 주십니다. "몸은 죽여도 영혼은 능히 죽이지 못하는 자들을 두려워하지 말고 오직 몸과 영혼을 능히 지옥에 멸하실 수 있는 이를 두려워하라."(마 10:28)

잠시 있다가 없어질 권력과 힘과 재물을 가지고 협박하는 사람을 두려워하지 말아야 합니다. 그보다 오직 몸과 영혼을 능히 지옥에 멸하실 수 있는 주 하나님만 경외해야 합니다. 당신이 전심으로 하나님을 경외하는 마음을 가지고 산다면 바로 앞에 선 모세처럼 모든 일에 담대할 것입니다.

성령님은 변함이 없으시고 믿음직한 하나님이십니다. 우리 인생이 한없이 기대고 믿고 의지할 수 있는 분은 오직 성령님밖에 없습니다. 성령님은 우리를 사랑하십니다. 우리를 싫어하여 버리는 분이 아니십니다. 감정과 마음의 상태와 기복이 심한 우리를 늘 붙들어 주십니다.

세상의 난리 속에서, 사회에서, 가정에서, 친구에게서, 사람으로 인한 두려움이 있을 때에도 여전히 성령님은 우리를 지켜 주십니다.

그분이 당신에게 지금 말씀하십니다.

"사랑하는 내 딸아, 내 아들아, 너는 두려워하지 마라. 나 여호와가 너와 함께하고 있단다. 내 사랑하는 아들아, 딸아 놀라지 마라. 나는 너의 하나님이다. 내가 너를 굳세도록 도와줄 것이다. 내가 참으로 너의 심약한 마음을 도와줄 것이다. 나의 의로운 오른손으로 너를 꽉 붙잡아줄 것이다. 그러니 너는 강하고 담대하라. 복음을 위해 강하고 담대하라."

야곱은 형 에서를 매우 두려워했습니다.

사람이 사람을 두려워하게 되면 가슴이 답답해지고 심한 두려움에 사로잡히게 됩니다. 나는 어린 시절에 친구들의 꼬임에 빠져 신문을 돌린 적이 있습니다. 안 해도 되었는데 친구들이 자꾸 하자고 해서 했습니다. 그런데 그 신문사 소장이란 사람은 아이들에게 매우 신경질적이고 큰 두려움을 느끼게 하는 사람이었습니다. 나는 신문을 돌리면서 그 소장에게서 사람에 대한 두려움을 톡톡히 경험했습니다.

야곱은 그의 형 에서의 축복을 가로챈 사람입니다. 형을 속였고 아버지 이삭도 속여 장자의 권리와 아버지 이삭의 에서를 향한 모든 축복기도를 가로챘습니다. 그리고 화가 많이 난 형을 피해 외삼촌 라반의 집에 가서 살았습니다. 세월이 지나 야곱은 하나님의 말씀을 따라 고향으로 돌아왔습니다.

그런데 문제가 생겼습니다. 형 에서와의 대면 문제입니다. 형을 속였기 때문에 야곱은 형을 만날 자신이 없었습니다. 만나면 큰 화를 입을 수도 있습니다. 사랑하는 자신의 많은 아들과 아내와 종과 육축을 다 잃을 수도 있습니다. 그가 얼마나 두려웠을까요?

"우와, 답답하다. 정말 무섭다."

"에서 형이 아직도 화가 안 풀렸을 거야."

"이제 날 만나면 죽이려고 할 텐데……"

"내 자식들은 어떻게 하지? 아내들은 어떻게 해? 큰일 났다. 아, 가슴이 답답하구나. 내가 왜 형을 속였던고……" 하며 후회했을 겁니다.

이때 야곱은 하나님께 기도했습니다. 하나님께서 자신에게 해주신 약속을 부여잡고 기도했습니다. "나의 여호와 하나님이시여, 내 말을 들어 보십시오. 내가 지금 심히 답답하고 두려운 상황에 빠졌습니다. 고향으로 돌아가 거기서 형을 만나야 하는데 나와 가족들이 죽을지도 모르는 큰 위기에 빠졌습니다. 오! 나의 하나님 여호와여! 여호와께서 내게 반드시 은혜를 베풀어 내 씨로 바다의 셀 수 없는 모래와 같이 많게 하리라 하지 않으셨습니까? 그러니 나를 구원해 주소서."

야곱은 두 아내와 두 여종과 열한 아들을 인도하여 먼저 시내를 건너게 하고 또 기도했습니다. 홀로 남아서 에서가 심히 두려우니 이 문제를 해결해 달라고 간구했습니다.

결국 하나님은 야곱의 기도를 들으시고 그의 이름을 야곱에서 이스라엘로 고쳐 주셨습니다. 야곱은 하나님께 문제를 해결해 달라고 요청했고 결국 이스라엘이라는 영예스러운 축복의 이름을 받았습니다. 그 이름을 받은 후 야곱은 형 에서를 만나 화해하게 되었습니다.

우리는 여기서 야곱의 기도가 목숨을 건 울부짖는 절대 절명의 기도였고 아주 간절한 믿음의 기도였음을 알아야 합니다. 그런데 이 기도는 사람의 힘으로 한 것이 아닙니다. 축복의 응답을 받은 것도 사람의 힘으로 된 것이 아닙니다. 오직 성령님의 도움이었습니다.

이와 같이 이 땅에 사는 동안에 성령님은 당신을 지키고 인도하십니다. 때로 무엇을 기도해야 할지 모를 때 성령님은 가르쳐 주십니다. 성도가 힘이 다 빠져 기도할 수 없을 때 성령님은 강하게 역사하여 기도하도록 도와주십니다.

당신은 성령님이 당신 안에 실제로 살아 계시며 언제 어디서 무슨 일을 만나도 그분이 돕고 계심을 믿어야 합니다. 당신의 현재 삶에서 사람으로 인한 문제가 있습니까? 직장에서, 가정에서, 애인 간에, 부모 자식 간에, 친구 간에, 형제간에 사람으로 인해 두려워 떨지 않습니까? 지금 하나님을 찾으십시오. 다시 당신 안에 살아 계신 성령님을 의지하십시오. 당신의 속사정을 다 아시는 성령님이 말할 수 없는 탄식으로 당신과 더불어 기도해 주시며 문제를 해결해 주실 것입니다.

당신도 야곱처럼 성령님을 의지하여 하나님께 기도하고 사람을 두려워하지 않는 멋진 인생이 되십시오.

"이와 같이 성령도 우리의 연약함을 도우시나니 우리는 마땅히 기도할 바를 알지 못하나 오직 성령이 말할 수 없는 탄식으로 우리를 위하여 친히 간구하시느니라."(롬 8:26)

나와 함께 기도하실까요?

"하나님, 감사합니다. 내가 연약한 사람인 것을 깨닫게 하시니 감사드립니다. 내가 의지해야 할 분이 오직 성령님이심을 알게 하신 것도 감사합니다. 내게 주신 마음이 결코 두려워하는 마음이 아닌 오직 능력과 사랑과 나를 관리할 줄 아는 마음임을 알았습니다. 이 말씀을 믿음으로 내 안에 계신 크신 성령님을 믿고 다시 복음을 위해 힘차게 살아가겠습니다. 성령이여, 순간마다 나를 도와주옵소서! 예수님의 이름으로 기도합니다. 아멘."

부정적인 말의 두려움 없이 사는 법

당신은 부정적인 말을 자주 하십니까?

나는 부정적인 말을 자주 하지 않습니다. 나는 하나님께 받은 축복을 말하며 삽니다. 하나님께 받은 모든 축복에 긍정적인 말을 하며 삽니다. 나는 조금이라도 부정적인 말들이 오가면 즉시 떨쳐 버립니다.

약간이라도 부정적인 생각이 들면 즉시 떨쳐 버립니다. 어떤 부정적인 말은 내게 오기도 전에 사라져 버립니다. 내가 내 마음과 생각과 말에 "오직 하나님만 믿음! 오직 예수 믿음!"이라는 말로 무장하고 있기 때문입니다. 믿음의 긍정적인 생각은 중요합니다.

세계적인 시인 하이네(Heinrich Heine, 1797~1856)는 "언어, 그것으로 죽은 사람을 무덤에서 불러내고 산 사람을 땅 속에 매장한다"고 말했습니다. 말의 힘이란 그만큼 영향력이 큽니다.

당신은 사람이 자기 입의 열매를 먹고 산다는 사실을 아십니까?

나는 내 입술의 열매로 배가 고팠던 적이 있습니다.

예전에 아내와 말다툼을 한 적이 있었는데 다투고 난 후에 "알았어. 나, 밥 안 먹을 거야"라고 말했습니다. 아내가 나를 화나게 했으니 아내가 해주는 밥을 먹을 필요가 없다고 단정해 버린 것입니다.

"그랬더니 결과가 어떻게 되었을까요?"

"어머. 여보, 미안해요. 내가 잘못했어요"라는 사과를 받았을까요? 아닙니다. 결과적으로 나만 배고팠습니다. 나는 후회했습니다.

"아, 밥은 먹을 걸. 배고프니까 나만 손해다. 씨~" 하면서 씩씩댔습니다. 하하, 당신도 그런 적이 없었습니까?

나는 처음에 교회를 개척하면서 부정적으로 말한 적이 있습니다.

"우리 지역에 예배당도 많고 교회에 이미 다니는 사람도 많으니 내 교회는 부흥할 수 없을 거야. 주일이면 우리 교회를 중심으로 주변 동네를 세 번씩이나 전도할 수 있을 정도니까. 이 전도지를 사람들이 보기나 할까? 이런 상황이면 어떤 교회도 부흥할 수 없어."

부정적인 말은 자신에게 부정적인 에너지를 일으킴을 알아야 합니다. 부정적인 말을 하니 마음이 답답했습니다. 목회가 짜증이 났습니다. "꼭 상자 안에 갇힌 것 같다. 이대로 이렇게 조그만 지역에서 전전긍긍하다가 목회 생활을 마감하고 천국으로 가는 건가?" 하고 낙심이 되기도 했습니다. 그렇게 부정적인 말은 자신감을 잃게 만듭니다. 하나님이 주신 생명 에너지가 죽음 에너지로 바뀌어 버립니다.

진실한 믿음의 말은 자신과 이웃에게 유익을 줍니다. 사람은 자기 입술의 열매를 먹고 삽니다. 자기가 한 말의 영향으로 가난하게 살기도 하고 부요하게 살기도 합니다. 병에 져서 아프게 살고 병을 이겨 건강하게 살기도 합니다. 인생은 마음가짐에 따라 좌우됩니다.

"나는 바보야. 멍청이야. 나는 할 수 없어"라고 부정적으로 말하는 사람은 정말 어리석게 삽니다. 반대로 "나는 천재야. 솔로몬에게 지혜를 주셨던 크신 성령님이 내게 임재 해 계셔. 나는 성령님이 지혜를 지금도 계속 부어 주고 계심을 믿어"라고 말하며 천재처럼 말하고 사는 사람은 천재의 지혜를 발휘하며 삽니다.

당신은 하나님이 주신 풍성한 은혜와 진리를 묵상하고 마음에 깊이 간직하고 살아야 합니다. 그러기에 나는 믿음의 말만합니다.

나는 목숨을 다하여 믿음의 말만 하고자 노력합니다.

믿음의 말을 하며 살 때 하나님은 그 믿음을 기뻐하십니다. 당신도 풍성한 축복을 누리며 행복하게 살려면 믿음의 말만 해야 합니다.

왜 그럴까요? 당신의 입술의 말은 열매를 가져다주기 때문입니다.

부정적인 말은 당신에게 가난한 삶을 주고 믿음의 말은 받은 복을 기억하게 해줍니다. 믿음의 말은 더 풍성한 축복을 누리게 합니다. 그러기에 당신은 믿음의 말만해야 합니다. 말을 바꾸십시오.

나는 매너리즘에 빠질 때 현실에 안주하면서 "뭐, 그냥 밥은 먹고 굶지 않은 것만 해도 감사해. 아, 나는 가난하구나. 원래 이런 거 아니야? 주의 종의 길은 가난하게 살아야 하고 고통을 감내하는 길이야. 어떻게 주의 종이 부요하게 살아? 암 안 되고말고"라고 말했습니다. 그 결과로 나는 날마다 가난 의식에 사로잡혔고 실제로 가난하게 살았습니다. 그런데 지금은 부요 마인드로 바뀌어졌습니다. 지금의 나는 한없이 부요합니다. 부요하신 예수님을 믿기 때문입니다.

"우리 주 예수 그리스도의 은혜를 너희가 알거니와 부요하신 이로서 너희를 위하여 가난하게 되심은 그의 가난함으로 말미암아 너희를 부요하게 하려 하심이라."(고후 8:9)

부요하신 예수님이 내 대신 가난하게 되셨습니다. 예수님은 내 대신 십자가를 짊어지시고 "다 이루었다"고 말씀하셨습니다. 그 십자가의 은혜로 나에게 모든 부요함을 주셨습니다. 예수님은 송두리째 나를 부요 의식으로 바꾸어 주셨습니다. 나는 이제 믿음의 말만 하며 삽니다. 나는 정신을 차렸습니다.

"나의 하나님은 부요하신 분이지."

"그래서 그분의 자녀인 나도 부요해."

내 마음에 성령님이 큰 꿈을 갖게 하셨습니다. 그 꿈은 저술과 강연과 사업을 통해 수억 명의 영혼들에게 희망의 복음을 전하는 것입니다. 이 땅에서 천년 동안 내 책을 통해 수많은 영혼들에게 복음을 전하는 것입니다. 나는 큰 꿈을 갖고 믿음으로 하나님께 구했습니다.

하나님은 내게 응답하셨습니다. 큰 꿈을 이룰 수 있는 길을 활짝 열어 주셨습니다. 내 통장에 돈이 쌓이기 시작했습니다. 복음을 전할 재정과 나의 미래를 위한 재정이 쌓이기 시작했습니다. 나는 천 원짜리 하나도 성령님께 여쭙고 헛된 데에 사용하지 않습니다. 그러니 매사에 자신감이 생겼습니다.

"와, 이렇게 나의 하나님을 믿고 믿음의 말만하며 살면 되겠구나."

"와! 하루하루가 기대된다."

하나님은 내게 억대 수입을 올리는 천재작가의 길로 인도해 주셨습니다. 내게 저술 활동을 하고 강연 활동을 할 수 있도록 필요한 은사들을 주셨습니다. 나는 아브라함처럼 대부호의 삶을 누리고 있습니다. 당신도 부정적인 말은 다 버리고 나처럼 긍정적인 믿음의 말을 하며 사십시오. 와, 성령님으로 인해 나는 백만 번이나 행복합니다.

당신도 믿음의 말만 하십시오. 부정적인 말을 버리십시오. 부정적인 사람과 어울리지 마십시오. 부정적인 것이 전염됩니다. 오직 믿음의 말만 하고 믿음의 말만 듣기를 힘쓰십시오. 그러면 당신의 통장에 돈이 쌓이고 그 돈으로 필요한 것을 사며 마음껏 누리게 될 것입니다.

성경은 나의 영혼을 일깨워 주었습니다.

"사람은 자기 입에서 나오는 말의 열매로 말미암아 배부르게 된다. 곧 그의 입술에서 나는 것으로 말미암아 만족하게 된다."(잠 18:20)

예수님은 부정적인 열매를 먹고 사는 나를 더 이상 놓아두지 않으셨습니다. 예전에 나는 "왜 이래? 왜 내 얼굴은 빨개. 점은 왜 이렇게 커. 야! 점박아! 불쌍하다. 너는 가난해. 넌 할 수 있는 게 없어. 네가 제대로 하는 게 뭐 있니?"라며 죄 가운에서 부정적인 말을 하며 부정적인 열매인 범죄와 목마름과 병과 가난과 어리석음 안에서 살았습니다. 이 삶은 끝도 없는 어두운 터널을 지나는 삶이었습니다.

그런 내가 바뀌었습니다. 지금 나는 하나님의 은혜로 그리스도 예수만 바라보고 있습니다. 예수님은 내 대신 온갖 부정적인 말과 조롱과 형벌을 받으셨습니다. 내가 부정적인 말로 사람을 저주한 열매도 예수님이 대신 다 받으셨습니다. 마침내 예수님은 십자가에서 고통 가운데 큰 소리로 "내가 다 이루었다"고 하시며 운명하셨고 죽은 지 삼일 만에 부활하셨습니다.

나는 손에 못 자국이 있는 부활하신 예수님을 믿었습니다.

내 안에 부활하신 영광의 예수님이 성령님으로 가득히 들어오셨습니다. 믿음을 가져다주신 고마우신 성령님으로 인해 나는 믿음의 말을 시작하게 되었습니다.

"주는 나의 그리스도시요 살아 계신 하나님의 아들이십니다!"

"주님이 흘리신 피로 부정적인 열매를 주는 죄와 목마름과 병과 가난과 어리석음이 내게서 다 씻겨 졌습니다. 대신 의와 성령 충만과 건강과 부요와 지혜로 새롭게 되었습니다!"

다음의 말을 함께 입으로 고백해 보실까요?

"나는 이제부터 죄인처럼 어둠의 부정적인 말을 하는 자가 아니라 빛과 사랑 그리고 명랑함과 긍정적인 말을 하는 의인이다."

"나는 이제부터 갈증에 죽어 가는 사람처럼 부정적인 말을 하는 자가 아니라 생수 같은 말을 하는 성령 충만한 사람이다."

"나는 이제부터 병으로 인해 우울하고 허약하다는 부정적인 말을 하는 자가 아니라 생명의 말을 하는 건강한 사람이다."

"나는 이제부터 가난을 선택하고 가난의 저주에 신음하는 부정적인 말을 하는 자가 아니라 풍요로움과 행복한 부요를 말하는 부요한 사람이다. 나는 부요하다. 나는 하늘의 억만장자이다."

"나는 이제부터 어리석어서 부정적인 말을 하는 자가 아니라 온전한 복음을 높이고 생명을 살리고 하나님을 기쁘시게 하는 지혜의 말을 하는 사람이다. 나는 하늘의 천재다."

어떻습니까? 믿음으로 말하자 당신의 마음에 하나님의 긍정 언어인 의, 성령 충만, 건강, 부요, 지혜, 평화, 생명의 언어들이 분수처럼 솟구치지 않습니까?"

어떻게 해야 부정적인 말의 두려움 없이 살 수 있을까요?

첫째, 성경 말씀을 읽을 때 긍정적인 반응을 해야 합니다.

다시 말하면 예수님의 진리의 말씀이 옳다는 것을 믿어야 합니다.

억지로 믿으라는 것이 아닙니다. 예수님을 진심으로 구세주로 영접한 사람은 성령을 받아 성경 66권의 말씀을 하나님의 말씀으로 믿어집니다. 이렇게 믿음으로 말씀을 긍정하라는 말입니다.

무엇보다 복음을 긍정해야 합니다. 교회에 다니는 사람 중에도 복음을 긍정하지 못하여 여전히 율법적으로 신앙생활을 함으로 영적으로 육적으로 무거운 짐을 지고 사는 사람이 많습니다. 왜 그럴까요? 예수님의 복음이 무언가 부족하다고 부정적으로 생각하기 때문입니다. 예수님이 이루신 복음은 온전한 복음인 것입니다.

잠언 18장 20절을 꼭 기억하십시오.

"사람은 입에서 나오는 열매로 말미암아 배부르게 되나니 곧 그의 입술에서 나는 것으로 말미암아 만족하게 되느니라."

당신은 복음을 부정적으로 말합니까? 긍정적으로 말합니까?

분명히 예수님은 믿는 자에게 의로움과 성령 충만과 건강과 부요를 주셨습니다. 이 진리를 믿고 말하며 살면 그 풍성한 삶을 누리게 됩니다. 그런데 예수님을 믿는 사람조차도 때때로 "예수님을 믿지만 하나님께 더 쓰임 받으려면 내가 행위로 무엇인가 더 많이 해야 되지 않을까?"라고 말하며 행위를 더 보탭니다.

그러니 교회 밖에 있는 사람은 둘째 치고 교회를 다니는 사람조차도 "예수님 믿는 게 힘들어요. 왜 이렇게 힘든지 모르겠어요"라며 자기도 힘든 삶을 살 뿐만 아니라 타인도 힘든 고통의 길로 인도합니다.

"하나님은 나를 힘들게 하는 분이야. 더 많은 노력과 행위를 요구하셔"라며 온전한 복음을 깨닫고 자원하는 마음으로 하지 않고 힘들게 봉사합니다. 온전한 복음의 행복한 삶을 풍성하게 누리지 못하고 부정적인 말을 하므로 자신이 그 열매를 먹고 있는 것입니다.

성경에서 말하는 복음은 온전한 복음입니다.

예수님을 믿는 사람은 더 이상 죄와 목마름과 병과 가난과 어리석음과 징계와 죽음을 없애려고 자신이 노력하는 것을 멈추어야 합니다. 예수님이 흘리신 피를 믿으면 그 모든 저주에서 구원받아 의와 성령 충만과 건강과 부요와 지혜와 평화와 영생의 큰 복들 가운데 거한다는 복음을 믿어야 합니다.

십자가에서 죽으시고 부활하심으로 다 이루어 주신 예수님을 믿어야 합니다. 크고 부요하시며 온 우주 재벌의 총수이신 예수님을 믿으면 됩니다. 믿는 사람이 누립니다.

복음을 믿는 긍정적인 말을 하는 그 사람은 자신의 입술에서 나오는 말로 말미암아 마음이 더 행복해집니다. 당신이 그런 사람이 되십시오. 온전한 복음을 깨닫고 긍정적인 믿음의 고백을 하는 사람은 하는 일마다 잘 되고 그 마음이 백배로 행복해집니다. 왜 그럴까요? 진리가 자유롭게 하는 큰 은혜를 먼저 맛보았기 때문입니다.

복음의 맛을 본 사람이 감사한 마음으로 십일조를 넘어 십이조를 합니다. 십오조를 합니다. 풍성한 감사 제목을 가지고 더 많은 헌금을 합니다. 더 교회를 위합니다. 더 많은 봉사를 합니다. 온 천하에 다니며 만민에게 복음을 전합니다.

어떻게 해야 믿음으로 긍정적인 말을 하며 살 수 있을까요?

첫째, 복음 중심적인 믿음의 말씀을 들어야 합니다.

믿음은 들음에서 납니다. 자신의 환경을 쾌락과 정욕에 노출되지 않도록 환경을 조정해야 합니다. 수시로 믿음의 말씀을 들을 수 있도록 만들어야 합니다. 수시로 성경 구절 하나라도 생활 중에서 읽을 수 있도록 준비해야 합니다.

나는 오늘 일이 있어서 전철을 타고 갔다 왔습니다. 심장이 있는 내 왼쪽 주머니에 둔 명함 뒤편에 성구를 적어서 외우면서 갔다 왔습니다. 세 개의 구절을 외웠습니다. 그 중 하나는 "네 하나님 여호와를 기억하라. 그가 네게 재물 얻을 능을 주셨음이라"(신 8:18)입니다.

내가 이렇게 말씀을 보고 암송하고 묵상할 때 성령님은 그 말씀을 통해 놀라운 힘과 지혜를 주십니다. 당신도 성경을 암송하십시오.

둘째, 믿음의 사람과 교제해야 합니다.

우리가 살면서 자신과 영적인 코드가 맞는 믿음의 사람과 원만한 교제를 나누며 사는 것은 귀한 복들 중 하나입니다. 나는 그런 믿음의 동역자들이 있습니다. 당신은 있습니까? 하나님께서 분명히 당신을 위해 예비하신 믿음의 사람들이 있습니다. 잘 분별하여 교제를 통해서 믿음을 증진시키십시오. 십자가 온전한 복음의 빛이 환하게 비추이는 경건 서적들도 좋은 친구가 될 수 있습니다.

셋째, 믿음으로 긍정적인 말을 자주해야 합니다.

나는 나의 내면의 세계가 성령님의 은혜로 업그레이드되었습니다.

그래서 나의 언행 심사는 믿음의 중심, 믿음의 생각, 믿음의 말, 믿음의 감정, 믿음의 의지, 믿음의 감각을 가지고 성령님과 함께 삽니다. 성령님을 알고 성령님을 사랑하고 성령님을 범사에 존중히 여기면 자연스럽게 믿음이 견고한 긍정적인 말을 하며 살게 됩니다.

성령님은 하나님의 자녀들을 영원토록 보호하시고 그들과 함께 거하십니다. 예수님의 의를 입은 의인들은 약속대로 놀랍고도 풍성한 은총들을 받아 누립니다. 성경에 보면 "노아가 여호와께 은혜를 입었더라"고 말씀합니다. 오늘날로 말하면 "예수님을 믿는 우리가 하나님 아버지로부터 예수 그리스도의 의의 옷을 받아 입었다"고 이해할 수 있습니다. 우리가 가진 '하나님의 의' 안에는 큰 복들이 있습니다.

당신은 하나님께 받은 '의'를 아십니까?

하나님은 사람을 선택하시고 믿음을 선물로 주십니다. 믿음을 통해 하나님의 의이신 예수님을 선물로 주십니다. 의란 죄인인 인간이 거룩하신 하나님의 자녀가 될 수 있는 기준을 말합니다.

이 기준은 바로 예수님이십니다. 예수님을 믿으면 죄인이 의인이 됩니다. 그러므로 당신이 예수님을 믿는 사람이라면 "나는 죄인입니다"라고 말하지 말아야 합니다. 이것은 불신적인 표현입니다. 자신의 신분을 모르고 하는 말입니다. 당신이 믿음의 의인이라면 "나는 하나님의 의인입니다"라고 자신 있게 말하며 살아야 합니다. 이렇게 믿음으로 하는 자신감의 표현은 하나님을 기쁘시게 하는 것입니다.

믿음이 없으면 하나님을 기쁘시게 하지 못합니다. 하나님을 믿고 의인답게 말하며 사는 것이 하나님께 효도하는 길입니다. 물론 의인도 자범죄를 지을 수 있습니다. 옛 습관에 따른 것이지요. 그렇다고 "이 죄인이 또 죄를 지었습니다" 하는 것은 불신앙의 표현임을 알아야 합니다. "의인인 제가 실수로 죄를 지었습니다. 아버지의 자녀로 제가 거룩하게 살아야 하는데……"

이런 믿음의 말로 죄를 고백해야 합니다.

"하나님이 죄를 알지도 못하신 이를 우리를 대신하여 죄로 삼으신 것은 우리로 하여금 그 안에서 하나님의 의가 되게 하려 하심이라." (고후 5:21) 자신을 구원해 주신 하나님을 믿고 하는 믿음의 말이야말로 하나님이 기뻐하시는 것입니다. 같이 한번 해볼까요?

"나는 의인이다! 나는 의인이다! 나는 의인이다!"

어떠십니까? 마음에 성령 하나님이 기뻐하고 계심이 느껴지지 않습니까? 강한 확신에 사로잡히지 않습니까? 믿음이 있는 당신과 나는 하나님께 많은 복들을 받았습니다. 우리는 또한 의인이 받는 복의 목록을 알고 풍성하게 받아 누려야 합니다.

어떻게 해야 의인이 받는 복들을 알고 누릴 수 있을까요?

첫째, 의인의 길은 하나님께서 인정하시는 길임을 알아야 합니다.

하나님께서 인정하시는 길은 '하나님이 의인의 길을 다 안다'는 뜻입니다. 의인이 살아갈 때 하나님이 친구처럼 알아주시며 필요에 응답해 주신다는 말씀이지요.

둘째, 의인은 하나님의 보호를 받는다는 사실을 알아야 합니다.

하나님은 방패로 몸을 보호하는 것 같이 의인을 보호하십니다. 하나님은 구덩이에 빠져 죽음의 위험에 놓인 요셉을 보호하셨습니다. 나는 교통사고를 당한 적이 있습니다. 아내는 내가 탔던 찌그러진 작은 차를 보고 내가 죽었다고 생각했습니다. 하지만 나의 하나님께서 나를 죽음의 위험에서 건지셨습니다. 그러므로 나는 항상 내 구원의 하나님을 자랑하며 삽니다. 하나님은 당신도 사랑하십니다. 당신을 모든 위험에서 건지십니다. 전적으로 하나님만 믿으십시오.

셋째, 의인은 버림당하지 않음을 알아야 합니다.

하나님은 그리스도 예수를 통해 자녀로 삼은 의인을 절대로 떠나거나 버리지 않으십니다. 하나님은 전지전능하신 분이십니다. 강한 손으로 당신을 붙들고 계심을 확신하십시오. "내가 결코 너희를 버리지 아니하고 너희를 떠나지 아니하리라."(히 13:5)

넷째, 의인의 후손은 구걸하며 살지 않음을 알아야 합니다.

후손들이 번창하며 승리하며 살게 하십니다. 만왕의 왕이신 예수님은 사단의 머리를 깨뜨리셨습니다. 예수님의 보혈의 인침을 받은 의인은 날마다 승리를 누리며 삽니다. 반듯하게 자라납니다. 하나님과 사람에게 칭찬을 들으며 삽니다. 번영의 상징인 종려나무와 백향목처럼 믿음의 거장으로 삽니다.

의인은 진리의 영이신 성령님과 동행하는 사람입니다. 성령님과 살아가기에 그의 입술에는 부정적인 말이 없습니다. 성령님께서 가르쳐 주시고 길러 주시고 인도해 주시기 때문입니다. 성령님과 친밀하게 살면 믿음과 지혜로운 생각을 합니다. 당신 안의 영광의 성령님을 존중하므로 항상 주를 높이며 사랑과 긍정의 말을 하며 사십시오.

함께 기도하실까요?

"하나님 아버지, 감사합니다. 거칠고 부정적이었던 모습을 버리고 아버지의 언어를 갖게 하심을 감사드립니다. 예수님의 공로로 나의 부정적인 생각의 뿌리가 뽑혀졌고 의와 거룩함과 진리와 사랑이 심겨졌음을 감사드립니다. 의인다운 말만 하며 의인으로서 행복하게 살겠습니다. 실수가 있을지라도 영원히 보혜사로 내 안에 계신 성령님을 의지합니다. 성령이여, 내 입술을 항상 통치해 주옵소서. 예수님의 이름으로 기도합니다. 아멘."

타인의 시선을 두려워하지 않는 법

당신은 타인의 시선을 두려워하지 않습니까?

나는 타인의 시선을 두려워하지 않습니다. 오히려 나를 바라보시는 성령님의 시선을 의식합니다. 나의 온 신경이 쉬지 않고 성령님을 바라보니 타인의 시선은 아랑곳하지 않고 내 삶에만 충실하게 됩니다. 당신은 어떻습니까? 하나님이 아닌 다른 누가 두렵습니까?

세계적인 탁월한 동기부여가였던 노먼 빈센트 필(Norman Vincent Peale, 1898~1993)은 "할 수 있다고 생각하기 시작할 때 사람들은 실로 놀랄 만한 면모를 드러낸다. 스스로를 믿을 때라야 성공의 첫 번째 비결을 갖게 되는 것이다"라고 말했습니다. 맞습니다.

나도 가끔가다 이런 생각이 문득 듭니다.

'내가 왜 그동안 다른 사람의 시선을 의식하며 살았을까?'

'그 시간에 내가 진정으로 원하는 걸 했으면 뭐가 돼도 됐겠다.'

그리고 나는 굳게 결심했습니다.

"앞으로는 절대 한 눈 팔지 말고 예수님이 자신의 삶에 집중하신 것처럼 나도 나의 저술과 강연하는 삶에 집중해야지."

내 얼굴에는 세계지도 같은 큰 점이 있습니다. 오늘도 산책을 다녀

왔는데 추운 날씨여서 그런지 더욱 빨갛고 크게 보이는 점이 내가 보기에도 부담스러웠습니다. 나는 웃으며 혼자 말했습니다.

"와! 이렇게 점이 크고 붉은 색이니 눈에 확 띄지 않겠어?"

"누가 보면 세계지도를 페이스페인팅 한 줄 알겠다. 하하."

그러니 타인이 보기에는 어떻겠습니까? 그럼에도 불구하고 나는 큰 점이 있는 내 얼굴이 좋습니다. 세계지도 같은 내 얼굴이 좋습니다.

요즘은 타인의 시선이 느껴질 때 오히려 이렇게 말합니다.

"당신은 지금 세계적인 복음 전도자를 보고 계십니다."

"천재 작가 대부호를 보고 있는 겁니다. 행복한 줄 아세요."

이제 타인이 나를 어떻게 쳐다보든지 그들을 인정하고 품습니다.

"감사합니다. 감사합니다. 성령님" 하고 오히려 감사하며 나의 삶에 집중합니다. 당신은 어떤가요? 타인의 시선에 힘들어하고 자주 흔들리지 않나요? 만일 그렇다면 왜 그렇다고 생각하나요?

타인의 시선에 예민한 사람은 상대를 오해하기 쉽습니다.

"뭐야, 왜 날 쳐다봐? 기분 나쁘게 왜 날 비웃는 거야?"

물론 실제로 비웃을 수도 있겠지만 이유 없이 상대편이 당신을 비웃는다는 것은 당신의 오해인 경우가 많습니다. 실제로 나는 그렇게 오해한 적이 많았습니다. 하지만 나중에 자세히 알고 보니 그들은 나에 대해 이야기한 것이 아니라 자신들의 이야기를 한 것이었습니다.

나는 나를 향한 예수님의 시선을 타인의 시선처럼 생각했습니다.

예수님의 큰 사랑이 담긴 시선을 오해하며 살았습니다. 특히 어린 시절과 청소년 시절에 많이 오해했습니다. 지금 예수님을 믿고 살며 하나님에 대해 알아 가니 정말 그렇게 오해한 부분이 많았던 것 같습니다. 예수님은 실제로 마음과 목숨과 눈물을 다 바쳐 나를 사랑한 분이고 지금도 나를 한결같이 사랑하시는 분입니다. 그런데 수많은 사람들이 예수님에 대해 바르게 알지 못해 그 사랑을 오해합니다.

당신도 혹시 큰 사랑의 예수님을 오해하지 않습니까? 오해를 푸십시오. 당신 안에 살아 계신 예수님을 아는 일에 힘쓰십시오.

내가 예수님을 알고 보니 그 시선은 나를 사랑하는 시선이었습니다.

패션 오브 크라이스트(The Passion of the Christ, 그리스도의 수난, 2004년)라는 영화를 보면 십자가에 참혹하게 매달린 예수님의 모습이 보입니다. 그분은 고통 가운데 시선을 하나님 아버지께로 향합니다. 내가 죄인이라 거룩하신 하나님을 볼 수 없기에 예수님이 나를 품고 하나님을 바라보며 나를 용서해 달라고 말씀하는 것 같았습니다.

예수님의 사랑의 시선은 이처럼 나를 새롭게 했습니다.

예수님이 나를 사랑하신 그 사랑의 시선을 믿으니 나는 예수님의 시선을 가지게 되었고 그후로부터 타인의 시선을 두려워하지 않게 되었습니다. 오히려 영혼을 뜨겁게 사랑하는 마음이 생겼습니다.

예수님은 십자가에 달리심으로 자신의 모든 피와 물과 눈물을 다 쏟으셨습니다. 예수님은 "다 이루었다"(요 19:30)고 외치며 당신과 나의 죄와 목마름과 병과 가난과 어리석음을 다 담당하셨습니다. 이제 나는 믿음으로 하나님의 사랑의 시선 속에서 의와 성령 충만함과 건강함과 부요함과 지혜로운 삶을 살게 되었습니다.

타인의 시선을 자꾸 의식하는 것은 죄인의 속성입니다.

그렇다고 남의 시선을 완전히 무시하고 무례하게 행동하라는 말이 아닙니다. 타인의 시선 속에 자신을 맞추다 보면 죄인처럼 눈치를 자꾸 보게 된다는 것입니다. 죄인의 속성은 당신을 매사에 벌벌 떠는 모습으로 살게 합니다. 자신에게 불행이나 불이익이 닥치지 않을까 전전

궁금합니다. 왜 인생을 그렇게 사나요? 하나님의 사람은 사자처럼 담대한 의인입니다. 옳은 것에 대해 강하고 담대한 사람인 것입니다.

당신도 나처럼 생쥐처럼 살지 말고 사자처럼 살기 바랍니다.

의인은 생쥐처럼 발발거리며 사람의 눈치나 보는 사람이 아니라 세상을 호령하는 위대한 사자의 위치에 있는 사람입니다.

타인의 시선을 두려워하는 사람은 타인의 시선에서 뭔가 기대감을 갖는 사람입니다. 자신의 목마른 것을 타인의 시선에서 해갈하려고 합니다. 그러나 의인은 모든 좋은 것을 하나님으로부터 공급받으니 아쉬울 것이 없습니다. 오히려 남에게 나누어주는 축복의 통로입니다. 영적으로도 좋은 것을 흘러 보냅니다. 날마다 믿음으로 성령 충만함을 받아 행복하게 살기 때문입니다. 당신은 어떻습니까?

타인의 시선을 의식하는 사람은 질병에 시달리게 됩니다. 그러나 의인은 건강합니다. 예수님을 믿음으로 건강의 축복을 받았기 때문입니다. 의인의 속성은 건강함입니다. 마음도 몸도 명랑하고 삶 전체에 생명력이 약동합니다. 오히려 상대방의 싸늘한 시선을 제압하고 썰렁한 분위기를 천국의 따뜻한 빛으로 변화시키는 사람입니다.

가난한 시선이 당신을 향할 수도 있습니다. 그들을 이끄십시오.

때때로 교회에 와서 구걸하는 사람이 있습니다. 그들의 시선은 정말 가난한 표정과 가난한 눈빛입니다. 당신도 그런 가난한 시선을 경험한 적은 없나요? 작은 것이라도 그들을 도와야 하지만 생명을 살리는 복음과 함께 물질적으로 그들을 도와줘야 합니다. 그리스도의 마음으로 도와줘야 합니다. 그러려면 당신이 먼저 부요해야 합니다.

하나님의 부요함을 받아 사는 우리는 무엇보다 '부요한 복음'을 전해 줘야 합니다. 예수님은 가난한 자들에게 돈만 주라고 하지 않고

"가난한 자에게 복음을 전파하라"고 하셨습니다. 복음은 사람들의 가난 문제를 근본적으로 해결하기 때문입니다.

예수님을 믿으면 죄와 목마름과 병과 가난과 어리석음과 징계와 죽음에서 벗어나 의와 성령 충만과 건강과 부요함과 지혜와 평화와 생명을 누리게 된다는 이 온전한 복음을 전해 줘야 합니다.

왜 당신이 타인의 시선을 두려워하는지 아십니까?

타인의 시선에 많은 신경을 쓴다는 것은 당신 자신이 누구인지 몰라 그런 것입니다. 살면서 다른 이의 기준에 자신을 맞춰 살아야 한다는 사탄의 거짓말에 속고 사는 것입니다. 사람들의 기준이 아닌 성경 말씀과 성령님의 음성을 따라 살아야 합니다.

왜 많은 사람들이 성형수술을 할까요? 왜 많은 사람들이 자신이 진정 좋아하는 꿈을 찾지 못하고 부모의 시선이나 친구의 말을 따라 진로를 정할까요? 자신의 진정한 모습을 보지 못하기 때문입니다. 자신의 진정한 모습을 보려면 하나님의 말씀과 성령님의 음성에 귀를 기울여야 합니다. "성령님, 저는 누구인가요?"라고 물으십시오. 그러면 성령님께서 당신이 그리스도 안에서 누군지 알려주실 것입니다.

다른 사람의 눈치를 보는 삶을 오늘 부로 졸업하십시오.

내가 예전에 그렇게 무지몽매하게 살았습니다. 진정한 나의 모습을 못 봤고 진정한 나로 살지 않았습니다. 친구의 눈에 맞추고 세상의 유행에 맞춰 살았습니다. 나중에 남은 것은 허울뿐인 껍데기 같은 나의 초라하고 비참한 모습뿐이었습니다. 지금은 그때와 다릅니다.

어떻게 해야 타인의 시선을 두려워하지 않고 살 수 있을까요?

첫째, 중심에 무거움이 있어야 합니다.

성령님을 모신 사람은 무겁습니다. 하나님의 영광은 '무겁다'는 뜻이 있습니다. 당신의 내면에 성령님의 영광이 가득함을 인식해야 합니다. 그러면 사람의 시선에 휘둘리는 인생을 살지 않습니다. 지금 당신 안에 하나님의 영광이 가득합니다.

구약성경에 보면, 하나님은 시내산에 영광의 구름으로 임하셨습니다. 그분의 영광이 성막 안에 가득한 구름으로 임하셨습니다. 이스라엘 백성은 그 구름 같은 영광을 보고 경외심이 가득하게 되었습니다.

지금은 그리스도 예수께서 하나님의 영광으로 믿는 사람의 마음에 살아 계십니다. 그리스도를 믿는 사람은 하나님의 영광의 무게에 압도되어 무게 있는 경건한 사람으로 삽니다. 이런 사람은 주위 사람에게 좌지우지되지 않습니다. 하나님의 무게로 이웃을 사랑합니다. 나는 날마다 그런 삶을 살고 있습니다.

예수 그리스도는 아버지의 독생자의 영광입니다. 마음에 예수님을 믿는 사람은 그리스도의 영광이 가득합니다. 그래서 세상의 유혹에 쉽게 흔들리지 않습니다. 영적인 무게가 있기 때문입니다. 사람의 눈치를 보거나 타인의 시선을 두려워하지 않습니다. 무거운 중심을 가지고 하나님 앞에서 자신의 삶에 충실하게 삽니다.

내 안에 성령님이 영광 가운데 살아 계십니다. 성령님은 따뜻한 음성으로 나를 인도하며 진리를 가르치십니다. 예전에 나는 귀가 얇은 사람이었습니다. 남의 이야기를 들으면 곧이곧대로 듣고 금방 일을 추진하곤 했습니다. 그래서 손해볼 때가 여러 번 있었습니다.

하지만 지금은 전혀 그렇지 않습니다. 성령님의 영광의 무게가 나를 중심 있게 합니다. 나의 믿음의 눈은 성령님을 향하고 내 눈은 성경책을 보고 있습니다. 성경적인 지혜와 가치관을 따라 무게 있게 일을 처리합니다. 당신도 마음을 하나님의 영광으로 무겁게 하십시오.

둘째, 이웃은 사랑해야 할 대상임을 잘 알아야 합니다.

타인은 내가 경쟁하고 비판해야 할 대상이 아닙니다. 그리스도의 사랑으로 사랑하고 생명 길로 가도록 도와주어야 할 대상입니다.

"아, 그래서 타인은 소중하구나!"

이런 마음가짐을 가지고 타인을 대한다면 그들의 시선조차 사랑하게 될 것입니다. 하나님은 당신과 당신 주위의 사람을 모두 사랑하십니다. 하나님은 모든 사람이 진리를 아는데 이르길 원하십니다. 하나님은 당신을 통해 복음이 전파됨으로 그들이 의와 성령 충만과 건강과 부요와 지혜와 평화와 생명을 갖게 되기를 원하십니다.

셋째, 하나님의 시선 안에서 살아야 합니다.

당신은 '과연 하나님이 나 같은 것을 사랑하실까?' 하고 하나님의 사랑을 의심하지 않습니까? 나도 문득 그런 생각이 스쳐 지날 때가 있습니다. 그러나 나는 얼른 나를 구원하셨고 오늘까지 인도하신 성령님을 기억하며 의지합니다. 그러면 금방 내 마음에 생수의 강이 흘러 넘치게 됩니다. 당신도 성령님을 의지하십시오.

솔로몬이 여호와의 성전과 왕궁 건축하기를 마쳤을 때 여호와께서 그에게 나타나셨습니다. 하나님은 솔로몬에게 "너의 기도와 간구를 들었다"고 하셨고 이어서 "나는 네가 건축한 이 성전을 거룩하게 구별하여 내 이름을 영원히 그 곳에 두며 내 눈길과 내 마음이 항상 거기에 있게 하겠다"고 말씀하셨습니다.

오늘날 하나님의 아들이신 예수님은 성령으로 우리의 마음에 임재해 계십니다. 예수님의 눈은 불꽃과 같습니다. 그 불꽃같은 사랑의 눈으로 우릴 지키고 계십니다. 마치 독수리가 제 새끼를 지키듯이 우릴 보호하고 계십니다. 예수님의 그 눈길의 영광은 우리 안에, 우리 우편에, 그리고 세상에 가득합니다. 그러한 사랑의 하나님을 믿고 그 눈길 안에서 승리하는 삶을 사십시오.

우리의 마음은 성전입니다. 우리의 마음을 성전 삼고 하나님께서 예수의 이름을 두셨습니다. 성령님은 날마다 그 이름 예수를 더욱 사랑하게 하십니다. 매일 그 이름 예수 복음을 전파하게 하십니다.

예수님의 보혈의 능력은 당신을 전인적으로 구원한 능력입니다. 당신의 영혼과 마음과 육신과 생활의 구원에 이르기까지 예수님이 다 이루신 줄 믿고 사십시오.

"너의 하나님 여호와가 너의 가운데에 계시니 그는 구원을 베푸실 전능자이시라. 그가 너로 말미암아 기쁨을 이기지 못하시며 너를 잠잠히 사랑하시며 너로 말미암아 즐거이 부르며 기뻐하시리라."(습 3:17)

성령님께서 당신을 사랑하되 그 무엇보다 더 사랑하신다는 것을 믿으십시오. 그분은 그윽한 눈동자로 당신을 바라보며 당신을 잠잠히 사랑하십니다. 성령님과 매일 조용한 시간을 가지며 그분과의 사랑에 푹 빠지십시오. 성령님과 밀애를 나누십시오. 성령님과 사랑을 속삭이십시오. 그분은 당신과 대화하기를 기뻐하십니다.

얼마 전에 성령님은 내게 말씀하셨습니다. "화수야, 네가 잡고 있는 그 나뭇가지를 놓아라." 나는 성령님의 음성을 듣고 즉시 성령님 외에 의지하고 있는 것을 놓아 버렸습니다. 성령님은 "화수야, 내가 널 사랑한다. 두려워하지 마라. 강하고 담대하라"고 말씀하셨습니다.

당신은 성령님을 의지하고 성령님의 시선 속에서 자신을 보도록 하십시오. 매사에 성령님과 의논하고 일하십시오. 성령님은 때때로 필요한 조언을 해 주십니다. 항상 성령님의 시선 안에서 행복하십시오.

나와 함께 이렇게 기도하실까요?

"와! 하나님, 감사합니다. 날 향한 하나님의 시선이 그토록 사랑이 가득한 시선임을 알게 하시니 감사드립니다. 앞으로 타인의 시선을 의식한다고 시간을 낭비하지 않겠습니다. 오히려 사랑의 하나님의 시선에 머물며 하나님의 시선으로 복음을 위해 살겠습니다. 나의 시선에 성령님의 시선이 가득하여 죽은 영혼들을 살리는 통로가 되게 하옵소서. 성령님의 눈빛이 나의 눈빛을 통해 낙망하며 사는 영혼들에게 꿈과 희망을 주는 눈빛이 되게 하옵소서. 예수님의 이름으로 기도합니다. 아멘."

외모에 대해 두려움 없이 사는 법

당신은 외모에 자신이 있습니까?

나는 외모에 자신이 있습니다. 외모에 자신감이 차고 넘칩니다. 나는 얼굴에 큰 점이 있습니다. 정말 빨갛고 큰 점입니다. 당신은 "에이, 그런데 어떻게 자신감이 있어요?"라고 말할 수 있습니다. 그런데 나는 정말 내 얼굴이 예쁘고 마음에 듭니다. 사랑스럽고 자랑스럽습니다. 내 마음에 하나님의 영광이 가득하기 때문입니다. 하나님의 영광과 복음의 영광과 천국의 영광으로 매일 기쁘고 행복하게 살기 때문입니다.

유명한 작가요 철학자인 헨리 데이빗 소로(Henny David Thoreau, 1817~1862)는 "우리들은 모두 우리의 살과 피 그리고 뼈를 재료로 그림을 그리며 조각하는 예술가다. 그러므로 인간의 모습을 세련되게 다듬을 때 고상한 모습이 되고 그것을 짐승처럼 그릴 때 비천하고 관능적인 모습이 된다"고 말했습니다.

"와, 저 사람 좀 봐."

"정말 큰 점이다. 그치? 혹시 화상 입은 거 아냐?"

때때로 모르는 사람인데도 나를 보고 수군대곤 했습니다.

"점 있는 사람 얼굴 처음 보나? 뭐 저렇게 수군거려?"

나는 순간적으로 속에서 화가 났습니다. 당신도 당신의 외모 때문에 놀림을 당하지는 않았나요? 순간적으로 화낸 적은 없나요?

외모(外貌)가 무엇입니까? 외모의 사전적 의미는 '겉으로 드러나 보이는 모습'을 말합니다. 당신은 사물을 볼 때 겉모양을 봅니까? 속 모양을 봅니까? 사람이 살면서 저지르기 쉬운 실수 중의 하나는 다른 사람을 겉모양만 보고 판단하는 것입니다. 나도 살면서 다른 사람을 겉모양만 보고 판단했다가 스스로 부끄러워했던 적이 있습니다.

나는 외모만 봤을 때는 볼품이 없습니다.

얼굴만 내세운다면 나는 자신이 없습니다. 얼굴에 왕 점이 있기 때문입니다. 빨간색에 모양은 세계지도같이 그려져 있습니다. 나는 얼굴의 점으로 인해 스트레스를 많이 받으며 살아왔었습니다. 생각해 보십시오. 당신의 얼굴이 절반이나 큰 점으로 덮여져 있다면 매일 속상하지 않을까요? 거울을 볼 때마다 신경 쓰이지 않을까요?

하지만 지금 나의 신경은 온통 하나님께 향하고 있습니다. 하나님으로 인해 나는 매우 행복하게 살고 있습니다. 날마다 성령님과 함께 행복하게 살아갑니다. 그분과 함께 당신에게 유익을 주는 책을 쓰는 이 시간 얼마나 행복한지 모릅니다. 어떻게 이런 삶이 가능할까요?

여러 가지 많은 스트레스와 상처로 인해 힘들게 살던 나에게 하늘의 행복이 찾아왔기 때문입니다. 예수님은 힘든 내 마음을 치료해 주셨습니다. 나를 용서해 주셨습니다. 나를 안아주셨습니다. 참 행복을 주시는 예수님께서 나를 만나 주셨습니다. 예수님은 당신도 만나 주길 원하십니다. 당신이 지금 어떠한 형편에 처해 있던지 예수님은 당신을 행복의 길로 인도하실 수 있는 분이십니다.

예수님은 누구실까요? 그분은 하나님의 아들입니다.

예수님은 나의 외모에 대한 아픔과 그로 인한 마음의 상처를 깨끗하게 치료했습니다. 그분은 놀라운 능력의 하나님입니다. 예수님은 당신의 외모에 대한 문제도 다 해결해 주실 수 있습니다. 당신의 삶에서 받는 스트레스를 다 풀어 주실 수 있는 분입니다.

외모로 인해 나의 마음은 상처를 입었습니다. 점점 더 내성적인 사람이 되었습니다. 그 상처는 나의 마음에 염증이 생기게 했습니다. 그 염증은 나를 병들게 했습니다. 그 병은 인생을 방황하게 하였고 무질서하고 죄의 늪에 빠지게 했습니다. 수렁에 빠진 것 같은 기분을 아십니까? 나는 깊은 늪 속에 빠져 죽은 삶을 살았던 것입니다.

이런 나를 건지기 위해 예수님이 십자가를 짊어지셨습니다.

십자가에서 그 힘든 고통을 당하시며 "다 이루었다"고 하시며 나의 모든 문제를 해결해 주셨습니다. 예수님은 내게 믿음을 주셨습니다. "믿기만 하라."(눅 8:50) 예수님이 십자가에서 다 이루신 일을 믿게 하셨습니다. 나는 예수님이 나의 구원자요 하나님 되심이 믿어졌습니다.

예수님은 예수님을 믿는 내 인생의 모든 문제를 해결해 주셨습니다. 나는 죄인이 아닌 의인이 되었습니다. 나는 너무나 기쁘고 신기했습니다. 나는 믿음으로 언제나 의인으로 삽니다. 의인은 하나님이 받아들인 사람입니다. 의인은 엄청난 축복을 누립니다. 의인은 하나님이 항상 보호하십니다. 성령님은 항상 내게 말씀하십니다.

"화수야, 내가 널 사랑한다."

나는 믿음으로 새로운 피조물이 되었습니다. 나는 예수님의 생명의 사람으로 새롭게 태어났습니다. 내 마음은 날마다 새로워지고 있습니다. 예수님의 보혈이 나를 머리끝에서 발끝까지 완전히 덮고 있습니다. 성령님은 날마다 나를 새롭게 하십니다. 나는 우주 만물의 왕이신 하나님의 왕자입니다. 지금 나는 왕과 같이 멋진 인생을 누립니다. 천재작가와 천재강연가, 그리고 대부호 마인드로 럭셔리하게 삽니다.

예전에 나는 마음에 근심이 많았습니다. 마음에 근심이 많으니 건강할 리가 있겠습니까? 믿음을 가진 후 나는 놀랍도록 건강해졌습니다. 지금 나는 믿음으로 마음과 몸이 건강한 사람으로 삽니다. 나는 믿음이 온 후로 외모 때문에 더 이상 스트레스를 받지 않고 당당하게 살고 있습니다. 예전의 나는 날마다 목이 말랐습니다. 환경적으로 내적으로 심한 갈증을 느끼며 살았습니다.

지금 나는 시냇가에 심겨진 나무와 같습니다. 나는 날마다 아마존 강 같은 생수를 공급받으며 살아갑니다. 마음에 기쁨과 감사와 능력이 터져 나옵니다. 내 안에 그리스도 예수의 영이신 성령님께서 끊임없이 기름 부음을 주고 계시기 때문입니다. 당신은 어떻습니까? 날마다 행복하십니까? 예수님을 믿으십시오. 믿음으로 성령님을 모시고 살아가십시오. 매일이 기대되며 기쁜 삶을 누릴 것입니다.

당신은 일처리를 할 때 사람을 외모로 보고 판단하지 마십시오.

하나님도 결코 당신의 외모를 보지 않는다는 것을 기억하십시오. 그분은 당신의 중심을 보십니다. 하나님은 당신의 무엇을 원하실까요? 마음을 원하십니다. 당신이 하나님을 간절히 사모하면 하나님은 당신을 만나 주실 것입니다.

하나님은 나의 외모를 보지 않으셨습니다.

단지 공평한 사랑으로 나를 선택해 주셨습니다. 하나님은 당신을 외모로 평가하지 않으십니다. 하나님은 지금도 당신이 예수님에게 다가가 모든 짐을 맡기기를 원하십니다. 하나님은 모든 사람이 구원에 이르기를 원하십니다.

나는 그리스도 예수를 만난 후로 나의 마음 가꾸기를 우선순위로 놓았습니다. 어떻게 해야 될까요? 온 마음으로 하나님을 믿으면 됩니다. 하나님이 바라시는 모습대로 살면 됩니다. 나는 하나님의 말씀을 따라 겉모양만 화려하게 꾸미지 않습니다. 나는 온순하고 정숙한 마음가짐으로 나의 속사람을 아름답게 합니다.

하나님은 그런 나를 사랑해 주십니다.

당신도 하나님이 주시는 은총을 따라 당신의 마음을 온순하고 정숙한 마음으로 가꾸십시오. 당신이 걷는 길이 천국 길이 될 것입니다. 당신이 하는 일에 꿀 같이 단 보람과 기쁨이 넘칠 것입니다.

어떻게 해야 외모나 내면에 자신감을 갖고 살 수 있을까요?

첫째, 외모가 당신의 전부가 아님을 알아야 합니다.

당신은 자신을 볼 때 전체를 보고 자신의 중심을 보십시오. 하나님은 당신의 외모를 보지 않습니다. 당신의 마음을 보십니다. 하나님은 당신의 마음이 하나님을 믿고 사랑하길 원하십니다. 당신의 마음을 외모에 두지 말고 당신 안에 살아 계시는 하나님께 두십시오. 하나님께로부터 오는 기쁨이 참된 기쁨입니다. 예수님이 주시는 십자가 은혜가 최고의 선물입니다.

성령님을 믿음으로 생명수의 힘이 내면에서 외모까지 흐르게 하면 됩니다. 성령님을 믿음으로 건강의 힘이 내면에서 외모까지 흐르게 하면 됩니다. 성령님을 믿음으로 부요의 힘이 내면에서 외모까지 흐르게 하면 됩니다. 성령님을 믿음으로 지혜의 힘이 내면에서 외모까지 흐르게 하면 됩니다. 그러면 당신은 외모나 내면에 자신감이 넘치는 삶을 누릴 수 있는 것입니다.

둘째, 새로운 피조물로 살아가야 합니다.

어떻게 해야 새로운 피조물이 될까요? 돈으로 안 됩니다. 명예로 안 됩니다. 당신의 힘으로도 안 됩니다. 오직 믿음으로만 됩니다. 예수님을 믿는 믿음으로 성령으로 거듭날 때 새로운 피조물이 됩니다.

성경은 "주 예수를 믿으라. 그리하면 너와 네 집이 구원을 받으리라"고 말씀하십니다. 나를 따라 이렇게 고백하십시오.

"예수님, 내 죄 때문에 죽으시고 부활하신 것을 믿습니다. 나의 마음 문을 열고 예수님을 나의 구원자로 모십니다. 예수님, 언제까지나 나의 힘이 되어 주세요. 예수님의 이름으로 기도합니다. 아멘."

성령님이 역사하시어 당신이 새로운 피조물이 되기를 기도합니다.

셋째, 성령님의 기름 부음을 믿어야 합니다.

성령님은 그리스도 예수님의 영이십니다. 믿는 당신의 마음에 성령님이 가득히 들어와 살고 계십니다. 성령님은 당신의 마음에 한 컵이나 한 양동이 정도로 오신 것이 아닙니다. 아마존 강 같이 넘치는 분량으로 들어와 당신과 실제로 살고 계심을 믿으십시오. "너희는 거룩하신 자에게서 기름 부음을 받고 모든 것을 아느니라."(요일 2:20)

성령님은 계속 당신에게 기름 부음을 베풀어 주십니다.

당신이 이 사실을 믿음으로 고백하며 성령님을 의지할 때 당신은 외모와 내면에 자신감이 넘치는 당당한 모습으로 살 수 있습니다. 나는 내 안에 계신 성령님을 전적으로 믿고 의지함으로 한없이 당당하게 살고 있습니다. 나는 정말 한없이 당당합니다. 당신은 어떻습니까?

팔다리가 없어도 세계를 다니며 희망을 전하는 닉 부이치치도 외모로 인해 절망 가운데 살았습니다. 아이들로부터 "괴물이다, 외계인이다"라는 놀림을 당할 때 자살을 세 번이나 시도했습니다. 그런데 그는 믿음으로 그 모든 절망을 이겨냈습니다. 그래서 닭발처럼 생긴 발가락

두 개로 다이빙도 즐기고 스케이트보드도 탑니다. 드럼을 연주하고 서핑도 합니다. 컴퓨터를 하고 핸드폰을 사용합니다.

어떻게 그렇게 살 수 있었을까요?

그의 내면에 지혜와 총명의 신, 모략과 재능의 신이신 성령님이 가득히 계셨기 때문입니다. 성령님이 그를 도와주셨기 때문입니다. 그가 성령님을 의지하므로 그런 삶이 가능했던 것입니다.

나는 하나님 앞에서 성령님으로 인해 감사하며 하나님을 경외하며 삽니다. 복음을 부끄러워하지 않고 세상을 향해 당당하게 전하며 또 이웃을 사랑하며 삽니다. 나는 저술과 강연으로 이웃을 도우며 삽니다. 생명과 희망을 담은 복음의 책은 온 천하보다도 귀한 한 영혼 한 영혼을 살릴 것입니다. 성령님이 지금도 나를 통해 일하고 계십니다. 성령님은 앞으로도 나를 통해 수많은 영혼들을 변화시키실 것입니다.

엘리자베스 1세는 "선한 얼굴은 그 사람을 나타내는 가장 좋은 추천서다"라고 말했습니다. 당신도 성령님을 믿음으로 그분의 기름 부음을 따라 항상 당당하게 사십시오. 내면으로부터 흐르는 성령의 충만함을 따라 자신 있고 멋있는 외모로 세상을 정복하십시오. 세상은 당신의 것입니다. 나와 함께 기도하실까요?

"하나님, 감사합니다. 하나님 앞에 외모보다 마음을 다한 중심으로 살도록 깨우쳐 주심을 감사드립니다. 내면에 성령님을 사랑하며 성령님이 주시는 기쁨과 능력으로 살겠습니다. 내면에 성령님 없이 외모주의에 빠져 허덕이는 이들에게 예수 그리스도 복음을 전하길 원합니다. 성령이여, 나를 성령님의 통로로 사용해 주옵소서. 수많은 영혼들이 성령님의 기름 부음이 가득한 은혜의 얼굴들이 되게 하옵소서. 예수님의 이름으로 기도합니다. 아멘."

미운 오리라는 두려움 없이 사는 법

당신은 자신이 백조라는 사실을 아십니까?

나는 내가 백조라는 사실을 압니다. 나는 '미운 오리 새끼'라는 동화를 좋아합니다. 꼭 내 삶의 이야기 같아서입니다. 원래의 나를 모르고 살다가 하나님 안에서의 나를 찾아서 행복하게 살고 있기 때문입니다. 당신도 미운 오리 새끼가 아닌 백조입니다.

유명한 철학자 소크라테스(Socrates, BC 470~399)는 "너 자신을 알라"고 말했습니다. 사람은 자신이 누구인지 알고 사는 것이 중요합니다. 그러나 나는 그렇게 자신만 바라보면 낭패와 실망뿐이라고 말하고 싶습니다. 사람이라면 누구나 이 땅에 살 동안 길과 진리와 생명이신 그리스도 예수를 믿고 그분을 통해 자신을 봐야 합니다. 이것이 곧 그리스도 안에서 발견된 참된 정체성입니다.

어느 날 둥우리에서 어미 오리가 알을 품고 있었습니다. 품고 있던 알들 중에서 검고 큰 알이 있었습니다. 그 알에서 태어난 오리는 유난히 크고 보기 싫었습니다. 그 오리는 같이 태어난 다른 오리들에게 구박을 많이 받았습니다. 미운 오리 새끼는 그들과 놀고 싶었습니다.

"얘들아, 같이 놀자."

그런데 조그만 새끼 오리가 짜증내며 "너는 커다랗고 못생긴 오리야. 우린 너랑 놀기 싫어. 저리가!" 하고 말했습니다.

미운 오리 새끼는 슬퍼졌습니다. 그는 울며 늪으로 달려가곤 했습니다. 한번은 그곳에서 큰 늪 오리들을 보았습니다. 그러자 어느 커다란 늪 오리가 미운 오리 새끼를 보러 다가왔습니다.

"넌 나랑 달라 보이는걸." 큰 늪 오리가 말했습니다.

"물에 비친 네 자신을 봐. 넌 못생긴 새끼 오리야. 저리 가!"

그 말을 듣고 미운 오리 새끼는 문득 물을 들여다봤습니다. 물 위에 못생긴 새끼 오리가 보였죠. "흑, 물 위의 저건 나야. 난 못생겼어"라고 울먹이며 말했습니다. 내가 옛날에 그랬습니다.

나는 미운 오리 새끼처럼 친구들에게 놀림을 많이 당했습니다.

"야, 점박아! 넌 저리 가! 밥맛 떨어진다. 우린 안 놀 거야. 너랑 안 논다고." 그렇게 나는 왕따를 당했습니다. 속이 많이 상했습니다. 놀림을 받고 기분 좋을 사람이 누가 있을까요? 무엇보다 나는 나 자신이 어떤 사람인가 잘 모르고 자랐습니다. 마치 미운 오리 새끼가 자기가 누구인지 모르고 고통당한 것처럼 그렇게 성장했습니다.

그러다가 미운 오리 새끼는 어느 할머니 집에서 살게 됩니다. 그런데 이 집의 고양이와 닭도 못살게 굽니다. 결국 그 집에서 나오고 거리를 방황합니다. 미운 오리 새끼는 호수 가의 바위틈에서 추운 겨울을 나게 됩니다. 바람이 거세고 얼음으로 뒤덮인 고생스러운 나날이었습니다. 어느새 겨울도 지나고 봄이 왔습니다.

미운 오리 새끼는 날개가 근질거리는 것 같아 날갯짓을 했습니다. 그 순간 미운 오리가 날기 시작했습니다. 공중을 훨훨 날았습니다. 그때 미운 오리 새끼는 자신이 훌륭한 백조였음을 깨달았습니다. 그는 자신이 처한 괴롭고 슬픈 시절을 꿋꿋하게 견뎌 낸 과거를 결코 잊지 않았습니다. 그는 백조로서의 이 행복을 결코 자만하지 않고 겸손하게 누리며 행복하게 살았습니다.

미운 오리 새끼는 자신이 누구인지를 알았습니다. 물에 비친 자신의 모습을 보고 자신이 아름답고 훌륭한 백조라는 사실을 깨달은 것입니다. 당신도 아주 고귀한 존재입니다. 당신은 백조입니다.

나는 살면서 내가 백조처럼 고귀한 존재라는 사실을 몰랐습니다.

당신은 어떤가요? 나는 나의 정체성을 모른 채 미운 오리처럼 차갑고 매서운 세월을 보냈습니다. 하나님의 때가 차자 내 인생의 겨울이 지나고 내게 따뜻한 봄이 왔습니다. 아주 따사로운 봄처럼 내 주님 예수께서 나를 찾아오신 것입니다.

미운 오리처럼 처량해 하며 울고 있는 나를 예수님은 만나 주셨습니다. 못 자국 난 그 손으로 나의 눈물을 다 닦아 주셨습니다. 예수님은 나를 사랑하사 고통의 십자가를 짊어지셨습니다. 손과 발에 못 박히신 채 십자가에 매달려서 너무나도 고통스럽고 목마르실 텐데 당신과 나를 위해 끝까지 지옥의 고통을 참아 내신 것입니다. 그리고 "다 이루었다"고 선언하셨습니다.

예수님은 따뜻한 음성으로 내게 말씀하셨습니다.

"화수야, 내가 너를 사랑한다."

"이제 너는 내 것이다. 내가 너를 한없이 사랑한단다."

"네? 정말요? 주님……"

나는 주님의 음성을 듣고 너무나 놀라 많이 울었습니다.

내 영혼의 주인을 만났기 때문입니다. 주님 안에서 내 본래의 모습을 찾았고 보았기 때문이었습니다.

예수님은 말씀으로 나를 찾아오셨습니다. 말씀을 통해 내게 믿음을 선물로 주셨습니다. 예수님의 십자가의 보혈은 내가 누군지 분명하게 깨닫게 했습니다. 나의 옛 모습은 죄인의 모습입니다. 온갖 오물로 뒤덮인 자처럼 서서 오들오들 떨고 있는 모습이었습니다.

그런 내게 예수님은 말씀하셨습니다.

"화수야, 내가 십자가에서 너를 위해 물과 피를 다 쏟았다."

"내가 네 인생의 모든 문제를 다 해결해 놓았다."

"너는 나를 믿기만 하라."

예수님이 고통 가운데 쏟으신 그 물과 피는 죄인인 나를 깨끗하게 씻어 주었습니다. 예수님이 보혈로 나를 씻어 주실 때 갓 태어난 아기가 울 듯 나는 펑펑 울고 또 울었습니다. 실컷 울면서 예수님의 얼굴을 보고 또 울고 보고 또 울고 나니 가슴이 시원해졌습니다.

나 자신을 보니 어느 샌가 백퍼센트 순도의 하얀 백조가 되어 있었습니다. 주 안에서 내가 나를 보니 거룩한 하나님의 자녀가 되어 있었습니다. 예수님의 보혈은 나를 깨끗하게 씻어 주었습니다. 그리고 그때부터 지금까지도 주 보혈은 항상 나를 덮고 있습니다. 악한 자가 만지지도 못하며 해치지도 못하는 하나님의 왕자가 된 것입니다.

그래서 나는 백조 같이 우아한 천국의 의인으로 삽니다.

의인의 삶은 놀랍고 우아하며 풍성한 축복을 받는 삶입니다. 예수님이 십자가에서 다 이루어 주셨으므로 의와 성령 충만과 건강과 부요함을 누리며 살기 때문입니다. 의인은 항상 형통합니다. 하나님의 보호하심과 인도하심을 받습니다. 두려움이 없는 행복한 삶을 누립니다. 당신도 예수님을 믿음으로 이런 축복된 삶을 사십시오. 하나님은 당신도 아주 많이 사랑하십니다.

아, 나는 그 미운 오리 같은 삶에서 백조같이 고귀한 존재로 다시 태어났습니다. 나는 하늘나라의 백조 같은 의인으로 태어났습니다. 하나님의 의인은 백조처럼 순결하며 숭고하며 아름다운 사람입니다. 내 안과 내 우편에 우주에서 가장 우아하고 품위와 매력이 넘치는 예수님이 성령으로 임재 해 계십니다. 성령님의 생명은 온 우주에서 가장 아름답고 고상한 생명의 영입니다.

그 생명은 백조의 깃털과는 비교할 수 없을 정도로 거룩하고 아름다우시며 찬란한 광채로 빛나는 생명입니다. 성령님은 우아한 왕족처럼 살도록 나를 거룩하게 하십니다. 미운 오리 같은 인생은 늘 누군가로 인해 목마름을 해결하고자 구걸합니다. 그러나 백조 같이 우아한 왕자는 더 이상 목마르지 않는 삶을 삽니다. 갈증을 해결하기 위해 미운 오리처럼 이리저리 헤매지 않아도 됩니다.

나는 천천히 고상하게 자신 안에서 생수를 공급하시는 성령님을 믿으며 삽니다. 당신도 믿기만 하면 항상 성령 충만한 삶을 누릴 수 있습니다. 성경이 그 사실을 말하고 있습니다. "나를 믿는 자는 성경에 이름과 같이 그 배에서 생수의 강이 흘러나오리라."(요 7:38)

예수님을 믿음으로 의로워지고 예수님을 믿음으로 성령 충만함을 입어 살 수 있습니다. 당신도 당신 안의 예수님을 믿음으로 의로워지고 성령 충만함을 입어 목마르지 않는 행복한 인생을 누리십시오.

그렇습니다. 누구든지 예수님을 만나면 영원히 하얀 색의 깃털로 덮인 백조처럼 우아하게 하나님의 보호함을 누리며 살게 됩니다.

어떻게 해야 백조같이 품위 있게 살 수 있을까요?

첫째, 예수님이 이루어 놓으신 십자가 복음을 믿어야 합니다.

예수님을 믿으면 예수님의 피가 멀었던 눈을 뜨게 하여 하나님과 자신을 보게 합니다. 하나님이 얼마나 거룩한 분인지를 알게 하고 자신이 얼마나 큰 죄인인지 알게 합니다. 그리고 나 같은 죄인을 살리신 주님의 은혜에 감격하게 하며 하나님의 왕자가 되었음을 알게 합니다. 지금도 진리의 영이신 성령님께서 자녀들의 마음눈을 밝혀 복음의 영광을 보게 합니다. 복음의 능력으로 살게 합니다. "나는 주의 종이오니 나를 깨닫게 하사 주의 증거들을 알게 하소서."(시 119:125)

당신은 날마다 복음을 의지하십시오. 지금도 하나님은 예수님을 통해 당신을 완벽한 하나님의 형상으로 만들고 있습니다. 당신은 예수님을 믿으므로 하늘 생명을 가진 천국의 백조로 새롭게 태어났습니다.

둘째, 천국의 백조답게 우아하고 품위 있게 살아야 합니다.

사람은 자신이 깨닫는 만큼 풍성히 산다고 해도 과언이 아닙니다.

사람의 가치는 그 사람을 두르고 치장한 보석에 있는 것이 아닙니다. 그런 것은 누구나 할 수 있습니다. 사람의 가치는 그 사람이 깨닫고 있는 깨달음의 크기라 할 수 있습니다.

당신은 오늘까지 살면서 무엇을 깨달았나요? 집과 땅, 돈과 먹고 사는 것들에 대해 깨달았나요? 현실적이고 일시적이며 당신 곁을 결국 떠날 것만 깨닫지는 않았나요? 영원한 생명에 관한 깨달음이 있나요? 생명의 성령님과 함께 꿈을 갖고 그분과 함께 영생하도록 있는 양식을 위해 사십시오. 영화롭고 풍성한 삶을 누리게 될 것입니다.

무엇보다 당신의 내면의 깨달음에 대해 성령님을 의지하십시오.

성령님과 함께 성경을 보십시오. "성령님, 지금 성경을 봅니다. 함께 보시지요. 그리고 풍성한 깨달음을 갖게 하옵소서"라고 요청하십시오. 성령님께서 귀한 깨달음을 주십니다. 성경을 중심으로 성령님을 통해 날마다 지혜로운 깨달음을 얻으십시오. 하나님의 나라를 세우고 당신이 세워지고 이웃에게 유익을 주는 깨달음을 추구하십시오. 그 깨달음대로 열심히 살아가십시오. 그러면 부요한 삶을 누릴 것입니다.

당신은 자신의 모습을 잘 볼 수 있나요?

당신은 하나님의 형상을 따라 지음 받은 존귀한 사람임을 알아야 합니다. 예수님을 모르는 사람은 하나님을 떠난 자신의 안타까운 모습을 볼 줄 알아야 합니다. 하나님을 떠나 있기에 불안과 염려와 결핍의식에 사로잡혀 살고 있는 것입니다. 안타깝게도 사람은 자신이 죄인이라는 것을 스스로 깨달을 수 없습니다. 사람이 깨닫게 해줄 수 없는 것이지요. 해결해 줄 수도 없습니다. 예수님을 믿을 때 성령님이 오셔서 깨닫게 해주어야만 깨달을 수 있는 것입니다.

나는 확신하며 생각합니다. 사람은 하나님의 빛으로 자신을 볼 줄 알아야 한다고 생각합니다. 성령님은 하나님의 빛이십니다.

성령님은 인간과 비교할 수 없는 거룩하신 하나님이십니다. 성령님을 믿는 당신의 마음에 오셔서 당신의 현재 모습을 보게 합니다. 구원받은 자신을 보게 하십니다. 천국으로 가는 길로 인도 하십니다. 살아가면서 영생하도록 생수가 솟아나게 하십니다.

당신은 이제 더 이상 갈급한 인생이 아닙니다.

성령님은 나의 마음에 오셔서 죄에 대하여 깨우쳐 주셨습니다.

의에 대해서 깨우쳐 주셨습니다. 심판에 대하여 세상이 잘못 생각하고 있는 점을 깨우쳐 주셨습니다.

죄에 대하여 깨우쳐 주신 내용은 무엇일까요?

죄가 전혀 없으신 예수님을 세상이 믿지 않았다는 뜻입니다. 지금도 세상은 예수님을 하나님의 아들로 믿지 않습니다. 성령님은 나에게 예수님은 거룩하신 하나님이신 것을 깨닫게 하셨습니다. 죄에 대하여는 "세상이 예수님을 믿지 않고 생명의 길로 가지 아니하였으니 너는 예수님을 믿고 생명을 얻으라"고 말씀하셨습니다.

죄의 힘은 강력해서 죄인을 사로잡습니다. 성령님이 오셔서 깨닫게 하시는 것은 어서 빨리 당신의 구원자이신 예수님을 믿으라는 것입니다. 믿고 죄인에서 의인이 되라는 말씀입니다.

의에 대하여 깨우쳐 주신 내용은 무엇일까요?

의란, 나의 죄 때문에 죽으시고 삼일 만에 부활하여 하늘로 올라가신 예수님이 하나님의 아들이심을 믿는 것입니다. 이 사실은 '하나님의 의'가 그 어떤 의보다 높고 위대함을 나타냅니다. 주님의 의는 인간이 도저히 흉내 낼 수 없고 도달할 수 없는 '완전한 의'입니다.

어느 누가 당신의 죄를 위해 십자가의 고통을 당했나요? 죽은 후에 삼일 만에 부활한 분이 누군가요? 사십일 동안 제자들과 많은 사람들에게 자신을 보이고 그들이 보는 가운데서 하늘로 올라가신 분이 누군가요? 바로 하나님의 아들이신 그리스도 예수가 아닌가요?

성령님은 이 완전한 의를 힘입어 살라고 우리를 깨우쳐 주십니다. 사람의 의는 누더기와 같습니다. 하나님 앞에서는 어떠한 사람이 내세운 공덕도 다 누더기와 같습니다. 예수님의 의는 완벽한 하나님의 의니 하나님은 "너는 이 완벽한 의인 예수를 믿고 완벽하게 구원받은 의인으로 살라"는 말씀하십니다. 죽으시고 부활하시어 하나님 우편에 앉으신 하나님의 아들 예수를 구주로 믿으라는 말씀입니다.

심판에 대하여 깨우쳐 주신 내용은 무엇일까요? 예수님이 죽으시고 부활하심으로 세상 임금 즉 사단이 이미 심판을 받았음을 알라는 말씀입니다. 세상 임금이 이미 심판을 받은 상태에 있으니 만왕의 왕이신 예수님을 믿고 예수님의 의인으로 살라는 말씀입니다.

나는 자신이 어떤 존재인지 모르고 철부지처럼 살았습니다. 그렇습니다. 사람이 자신을 잘 모르면 철부지 인생이 됩니다. 당신이 하나님의 형상을 닮은 사람임을 모르면 철부지 인생으로 삽니다. 하나님을 떠나 있는 육적인 사람도 자신이 하나님의 형상을 가졌다는 흔적만 깨달아도 위대한 인생을 살게 됩니다. 성령님을 만난 사람은 더 위대하고 가치 있는 풍성한 삶을 누립니다.

백조와는 비교할 수 없게 우아하시고 품위 있는 인격의 성령님을 만나고 알아 가십시오. 우주에서 제일 품격이 높으신 성령님이 지금 당신을 완전히 덮고 계십니다. 성령님께 매사에 의논하며 인생을 가꾸어 가십시오. 성령님은 당신이 날마다 품격 높은 삶을 살도록 도와주실 것입니다. 나와 함께 기도하실까요?

"온 세상에서 가장 품위가 높으신 하나님, 주님을 사랑합니다. 이제 주님을 믿고 하늘나라의 거룩한 백조가 되었음을 믿습니다. 하늘의 사람으로서 나의 존재를 믿사오니 나를 인도해 주옵소서. 이전에 미움 받던 모든 삶과 모습을 다 버렸습니다. 성령님으로 새롭게 지으심을 받았으니 백조처럼 고상하고 아름다운 인생이 되기 원합니다. 하나님을 닮아서 생각하는 것도 품위 있게 하고 꿈도 하나님의 품위 있는 꿈을 품도록 도와주옵소서. 하나님, 내 인격도 품격이 높은 성령님을 쏙 빼닮은 인격이 되게 하옵소서. 내 미래의 삶의 질을 높여 주셔서 하늘나라 방식의 고상한 삶이 되게 하옵소서. 예수님의 이름으로 기도합니다. 아멘."

졸작이라는 두려움 없이 사는 법

　당신은 자신이 걸작이라는 사실을 아십니까?

　나는 내가 걸작이라는 사실을 압니다. 나는 세상에서 가장 뛰어난 '하나님의 걸작'입니다. 수십 년간 얼굴의 반쪽이 빨간 점이지만 그런 것과는 전혀 상관이 없습니다. 하나님이 내 안에 실제로 살아 계시기 때문입니다. 나는 하나님 안에 있으며 하나님은 내 안에 계십니다.

　나는 예수를 통해 하나님과 하나입니다. 하나님은 온 우주 만물의 황제이십니다. 절대 주인이십니다. 나는 그분의 황태자입니다. 나는 세상에서 가장 소중한 하나님의 구원받은 아들입니다.

　위대한 철학자, 사상가인 아우구스티누스(Augustinus, 354~430)는 "인간은 높은 산과 바다의 거대한 파도와 굽이치는 강물과 광활한 태양과 무수히 반짝이는 별들을 보고 경탄하면서 정작 가장 경탄해야 할 자기 자신의 존재에 대해서는 경탄하지 않는다"고 말했습니다.

　어린 아이들은 나를 놀렸습니다.

　아이들이 길을 가다가 한 녀석이 내 얼굴을 보고 다른 친구에게 말했습니다. "야, 저 아저씨 얼굴 이상해. 너도 한번 봐." 이 녀석들은 다 보고 있는데도 노골적으로 가던 길을 되돌아와 슬쩍 보고 갑니다.

"와아, 진짜 빨갛다. 무섭다. 징그러워."

나는 아이들한테도 말도 못하고 그 자리를 피해 가곤 했습니다. 어쩔 때는 웃으며 화를 냈습니다. "야, 인마. 뭘 봐. 넌 얼굴에 이거 뭐냐. 너도 점 있네. 너도 있으면서 까불고 있어" 하고 재미있게 응수하기도 했습니다. 지금 생각해보면 "대박, 하하하" 하면서 웃습니다.

지금은 오히려 내 안에 하나님의 영광이 가득하기 때문에 아이들이 함부로 장난치지 못합니다. 어제는 정말 내 안의 성령님과 대화하며 산책하는데 초등학교 옆길에서 마주 오던 내가 모르는 예쁜 여자 아이가 "안녕하세요?" 하면서 인사했습니다. 그리고 동네에서도 앞면이 있다 싶은 초등학생과 중학생들이 꼬박꼬박 인사를 잘합니다.

어른도 마찬가지입니다. 그냥 가면 좋겠는데 어쩌다 꼭 그런 사람이 있습니다. 왜 사람은 다른 사람의 외모를 먼저 볼까요? 외모로 그 사람을 판단할까요? 어쩔 수 없는 인간의 연약함 때문인가요?

당신은 어떻습니까? 다른 사람을 보고 겉모습만 보면서 그 사람을 졸작 취급한 적은 없었습니까? 나도 그런 적이 있습니다.

나도 사람인지라 주는 것 없이 마음에 안 드는 사람 만나면 속으로 판단을 많이 했습니다. "뭐야, 주는 거 없이 맘에 안 드네" 하며 그 사람을 졸작 취급했습니다. 예전의 부끄러운 모습이었습니다. 지금은 그렇게 살지 않습니다. 내 안에 예수님을 모시고 하나님을 경외하며 살기 때문에 모든 영혼들이 아름답게 보입니다.

혹시 당신은 당신의 외모를 바꿀 수 있다면 바꾸겠습니까?

미국의 한 여론조사 기관이 "당신의 외모를 바꿀 수 있다면 바꾸겠습니까?"라는 설문조사를 했습니다. 이 질문에 남자들은 94퍼센트가, 여자들은 99퍼센트가 바꾸겠다고 대답했습니다.

여기서 우리는 무엇을 알 수 있습니까?

오늘날 이 땅에 살고 있는 수많은 사람들은 "자신의 외모에 만족하지 못한다"는 사실을 알 수 있습니다. 사람들이 자신의 존재나 인생에 만족하지 못한다는 것을 알 수 있습니다. 당신은 어떻습니까? 당신 자신에 대해 불만이 없습니까? 당신이 이미 하나님의 뛰어난 걸작임에도 불구하고 불만스럽게 살고 있지는 않습니까?

나는 지금 참으로 만족한 삶을 살고 있습니다. 모든 은총에 충만한 하나님이 나의 아버지이기 때문입니다. 정말 누가 시켜서도 아니고 양심에 거리끼는 것도 없이 나는 하나님으로 인해 풍족하고 만족한 삶을 누리며 삽니다.

다윗도 하나님을 믿고 살면서 "힘들 때나 어려울 때나 가난할 때나 부요할 때나 오직 하나님이 나의 목자시니 부족함이 없다"고 고백했습니다. 부족함이 없다는 것은 모자람이 없이 만족하다는 뜻입니다. 당신도 당신의 마음에 목자가 되시는 하나님을 믿고 사십시오. 당신의 마음에 풍성한 기쁨과 만족과 감사가 날마다 넘쳐 날 것입니다.

예수님은 참으로 졸작인 나를 뛰어난 걸작으로 만들어 주셨습니다. 나는 육신적으로 볼품없는 사람이었습니다.

"빠알간 왕 점박이야. 아수라 백작 같아."

세상 사람들은 나를 이상한 사람처럼 쳐다봅니다. 신기하고 놀란 토끼눈처럼 나를 쳐다봅니다. "아, 내 얼굴을 불난 집 구경하듯 보는 눈동자란 정말 싫다 싫어." 나는 정말 그런 것이 싫었습니다.

그런데 예수님의 보혈은 나의 이런 마음을 깨끗하게 씻어 주셨습니다. 내 얼굴을 보고 나를 하찮게 보는 그 사람을 향한 미움도 원망의 마음도 이제는 없습니다. 예수님의 보혈이 나를 정결케 하셨기 때문입니다. 지금은 신기하게 사람을 마주치면 "저 사람은 예수님을 믿을까? 안 믿을까?"이런 생각이 먼저 듭니다. 믿는 사람이면 "감사합니다. 감사합니다"라고 고백합니다. 믿지 않는 사람이면 "하나님, 저 사람도 나처럼 꼭 구원해 주세요" 하며 하나님께 믿음의 기도를 합니다.

나는 육신적으로 내세울 것이 하나도 없는 사람입니다. 가정적으로도, 가문 적으로도, 물질적으로도, 무엇하나 제대로 갖춘 게 없었습니다. 이런 나를 진리와 은혜가 충만하신 예수님이 살려주셨습니다. 예수님은 나의 모든 죄와 가난과 사망 등을 다 짊어지셨습니다.

예수님은 십자가에서 "다 이루었다"(요 19:30)고 하시며 내 모든 결핍을 해결해 주셨습니다. 나는 죄인으로 더 이상 어둠과 불안과 공포와 좌절에 빠지지 않습니다. 나는 하나님의 의인입니다.

여호와는 '스스로 존재하는 하나님'이란 뜻입니다. 여호와께서는 나 이화수에게 복을 주시고 방패로 나를 막듯이 무한한 은총으로 나와 함께하시며 나를 보호하고 지켜 주십니다. "여호와여, 주는 의인에게 복을 주시고 방패로 함같이 은혜로 그를 호위하시리이다."(시 5:12)

당신이 하나님을 믿는 사람이라면 안심하십시오. 하나님은 당신을 지키시고 무한한 은총으로 함께하고 계십니다.

예수님은 "나는 졸작이야" 하는 나의 결핍된 의식을 완전히 새롭게 하셨습니다. 하나님이 나를 새롭게 하신 방법은 내 안에 성령으로 들어오신 것입니다. 내 안에는 성령 하나님이 계십니다. 과거에 죄의 소리는 "너는 못난이야. 너는 바보 멍청이야. 넌 아무것도 할 수 없어. 넌 낙심하고 절망하는 게 어울려"라고 내게 비아냥거렸습니다.

성령님은 절대 그렇지 않으셨습니다. 내가 믿고 경험해 가는 성령 하나님은 사랑이셨습니다. 내가 힘들 때마다 위로해 주셨습니다. 성령님은 "화수야! 힘내. 넌 할 수 있어. 넌 하나님의 구원받은 아들이야. 넌 할 수 있어. 내가 너와 함께하고 있잖니. 힘을 내"라고 하십니다.

성령님은 나에게 용기를 내라고 늘 말씀해 주십니다.

"아들아, 내가 널 사랑한단다."

"너는 마음을 강하게 하고 담대하게 하라. 내가 너와 함께 한단다."

나는 때때로 성령님의 음성을 들으며 웁니다. 하나님의 음성에 감격해서 웁니다. 기도할 때마다 목이 터져라 "하나님, 사랑합니다. 감사합니다"라고 고백하며 웁니다. 한없이 위로해 주시고 힘주시는 하나님을 나는 정말 사랑합니다.

나는 성령님이 나의 목자이심을 굳게 믿고 삽니다. 성령님은 끊임없이 평화가 넘쳐 나게 하십니다. "여호와는 나의 목자시니 내게 부족함이 없으리로다."(시 23:1) 당신도 이 말씀을 외우십시오. 성령님은 이 말씀을 통해 당신에게 하나님의 만족을 넘치게 하실 것입니다. 이 만족은 100퍼센트를 넘어 200퍼센트의 만족감을 줍니다.

나는 믿음으로 부요함을 누리며 삽니다. 가난을 버렸습니다. 아니 예수님이 내 마음에 거하시자 가난은 사라졌습니다. 천국의 부요함이 왔습니다. 나는 하나도 모자라지 않고 부족함이 없는 천국의 부자입니다. 나는 하나님께서 나의 꿈을 이미 다 이루어 주셨음을 믿습니다.

나는 때때로 나의 모습을 보며 신기해합니다.

'와, 내가 이렇게 손을 움직인다는 게 신기하다.'

내 손을 보면서 오므렸다가 펴 보기도 합니다.

'내 손 안의 뼈는 어떨까? 어떻게 생겨났을까?'

당신은 그런 생각이 안 드나요? 우리의 모태에서 형성되는 뼈대나 외형은 인간의 힘과 노력으로 절대 만들 수 없습니다.

당신과 나는 하나님의 놀라운 능력으로 지어진 오묘한 존재입니다. 세상에서 뛰어난 하나님의 걸작 중의 걸작임을 인정할 수밖에 없습니다. 우리가 가져야 할 삶의 모습은 어떤 것일까요? 하나님의 뛰어난 걸작인 만큼 당당한 자신감으로 걸작답게 살아야 합니다.

졸작과 걸작의 뜻을 아십니까?

졸작은 보잘것없는 작품을 말합니다. 걸작은 매우 훌륭한 작품을 말합니다. 어디를 봐서 당신이 졸작인가요? 당신은 하나님이 창조하신 위대한 하늘의 걸작입니다.

어떻게 해야 하나님의 걸작으로 살 수 있을까요?

첫째, 당신에게 생명을 주신 하나님께 감사하며 살아야 합니다.

당신의 생명을 사랑하십시오. 당신의 겉모습을 보고 졸작이라고 말하지 마십시오. 추호도 그런 생각을 하지 마십시오. 당신은 하나님의 형상을 가진 존귀한 사람입니다. 하나님이 보실 때 당신은 너무나도 사랑스런 보배입니다. 하나님이 당신에게 말씀하십니다.

"너는 나의 사랑하는 아들이다. 딸이다."

하나님께 받은 생명과 살고 있는 환경과 손에 있는 것을 가지고 위대한 걸작답게 믿음으로 큰 꿈을 이루며 살아가십시오. 당신은 빈손이 아닌 부요한 믿음을 가진 하나님의 사람입니다.

둘째, 하나님의 영광을 위해 살아야 합니다.

모든 우주 만물은 존재의 목적이 있습니다. 당신도 하나님이 그리스도 안에서 창조하신 목적이 있습니다. 그것은 바로 성령님과 사랑의 교제를 나누며 사는 것입니다. 성령님과 함께 하나님을 영화롭게 하는 삶을 사는 것입니다. 하나님은 복음을 통해 수많은 영혼이 구원받길 원하십니다. 이 일에 당신을 성령님의 통로로 드리십시오.

"우리 주 하나님이여, 영광과 존귀와 권능을 받으시는 것이 합당하오니 주께서 만물을 지으신지라. 만물이 주의 뜻대로 있었고 또 지으심을 받았나이다."(계 4:11)

사람이 만든 예술 작품들을 보면서 우리는 말합니다.

"미술의 걸작은 모나리자다. 도구의 걸작은 종이다. 통신의 걸작은 스마트폰이다. 교통의 걸작은 우주왕복선이다. 기술의 걸작은 핵기술이다. 과학의 걸작은 로봇이다."

미켈란젤로는 역사상 최대 조각가입니다. 그의 작품들은 지금까지 인류에게 큰 감동을 줍니다. 사람들은 그의 작품에 대해 "완벽한 걸작이다"라고 말합니다. 특히 '모세상'은 그의 작품 중에서도 손꼽히는 걸작입니다. 누가 보더라도 손끝 하나 댈 수 없는 완벽한 작품입니다.

그런데 미켈란젤로에게 있어서는 미흡한 데가 있습니다. 지금도 그 모세상의 발등에는 좁고 긴 흠이 나 있는 것을 볼 수 있습니다. 이것은 왜 있을까요? 모세상이 완성된 후에 미켈란젤로가 "왜 너는 말을 하지 않느냐?"고 울부짖으며 끌로 발등을 내리쳤기 때문입니다.

인간이 작품에 생기를 불어 넣을 순 없습니다. 하나님만이 하십니다. 미켈란젤로도 하나님이 창조하시고 생명을 주신 하나님의 작품입니다. 인간을 창조하고 생명을 주신 하나님이 정말 위대한 창조주임을 깨달아야 합니다. 어느 누가 생명을 줄 수 있을까요? 오직 우주에는 성 삼위 하나님만이 생명을 주는 창조주이십니다. 인류에게 생명을 주신 창조주 하나님을 경외해야 자손 천대까지 복을 받습니다.

당신은 날마다 하나님을 따라 의와 진리의 거룩함으로 지으심을 받은 새사람을 입으십시오. 어떻게 입을 수 있을까요? 당신 안에 계신 성령님을 믿으면 됩니다. 하나님은 선물로 당신에게 성령을 부어 주셨습니다. 성령님은 권능과 은사와 기름 부음을 가득히 가지고 당신 안에 지금 거하고 계십니다. 성령님의 기름 부음이 믿음의 파이프를 통해 당신의 삶과 인격에 나타나게 하십시오. 함께 기도하실까요?

"하나님, 감사합니다. 내가 졸작이 아니고 걸작임을 깨닫게 하시니 감사합니다. 내게 임하신 성령님을 굳게 믿고 성령님의 인도를 따라 위대한 삶을 살겠습니다. 성령님과 함께 하나님의 나라를 위하여 큰 꿈을 품었으니 하나님께서 이루어 주옵소서. 그 꿈의 응답을 받은 줄로 믿습니다. 이 땅에는 하나님의 형상을 가진 걸작이 살아가고 있습니다. 그런데 수많은 사람들은 자신이 졸작이라는 결핍 의식을 가지고 고통스럽게 살아갑니다. 그들에게 성령님과 함께 부지런히 복음을 전하겠습니다. 성령이여, 나를 통해 사람들을 그리스도의 걸작으로 새롭게 창조하여 주옵소서. 예수님의 이름으로 기도합니다. 아멘."

외톨이라는 두려움 없이 사는 법

당신은 외톨이가 아니라는 사실을 아십니까?

나는 외톨이가 아니라는 사실을 잘 압니다. 나는 참된 친구가 있어 행복한 사람입니다. 하나님이 나를 친구로 삼아 주셨기 때문입니다.

우주의 왕이신 하나님께서 나를 왕자로 삼아 주셨습니다. 우주 재벌의 총수이신 나의 하나님께서 내게 재벌의 부요함을 주셨습니다.

유명한 시인, 극작가인 윌리엄 셰익스피어(William Shakespeare, 1564~1616)는 "나는 친구가 있으므로 유복하다"고 말했습니다.

나는 중학교 시절에 친구들이 정말 많았습니다.

마치 고기떼와 같이 친구들과 이 동네 저 동네 다니면서 중학교 시절을 보냈습니다. 친구들 집에서 자주 자기도 했습니다. 지금도 그때의 친구들을 생각하노라면 가슴이 설레고 뭉클한 감정이 솟아납니다. 그만큼 그 시절의 친구들을 많이 사랑했기 때문입니다. 나는 반드시 그때의 친구들을 다 찾아가 하나님의 놀라운 사랑을 전해 줄 것입니다. 나는 믿음으로 이미 그들을 위해 축복 기도를 했습니다.

고등학교와 대학 진학, 사회 진출을 하면서 각자 뿔뿔이 흩어졌습니다. 그때의 친구들이 계속 함께하지 못함으로 인해 나는 한동안 상실감에 빠지기도 했습니다. 새로 만나는 친구들이 있었지만 중학교 때의 친구들만큼 친하지 않았습니다. 그 친구들이 생각날 때마다 나는 외톨이의 심정으로 마음 아파했습니다. 친구들을 잘 관리하지 못한 것을 후회하기도 했습니다. "아, 이럴 때 그 녀석들이 함께 있었으면 좋았을 텐데" 하고 아쉬움이 생길 때가 많았습니다.

점점 더 성장해 가면서 우리 가정이 다른 행복한 가정과 많이 다르다는 것을 알았습니다. 아버지가 계시지 않고 홀어머니와 삼남 일녀인 우리 가족은 매우 가난했습니다. 가난한 집에서 살다 보니 다른 행복한 가정과 비교가 많이 되었습니다.

"하하하. 아빠, 이것 좀 해줘."

"응. 알았어."

이것이 단란한 가족의 대화 내용이었고 나는 무척 부러웠습니다. 마음 한 구석이 찡하면서 가슴이 아파 왔습니다. 가족이 있는데도 '나는 외톨이구나. 나는 정말 외롭다'고 생각했습니다.

당신은 이루어지지 않은 첫 사랑의 경험이 있나요? 나는 있습니다. 지금은 '맞아, 내게 그런 시절이 있었지' 하고 어렴풋이 생각납니다. 청소년 시절에 만난 그 첫 사랑은 예쁘고 아담한 여자 친구였습니다. 그 친구와 만날 때면 세상을 다 얻은 것 같은 느낌이었습니다. 그 아이 때문에 들뜬 내 눈에는 모든 사물이 아름답게만 보였습니다.

어느 날 그 친구가 청천벽력 같은 소식을 내게 전했습니다.

"이제 우리 그만 만나자."

나는 그 말을 듣고 너무 놀랐습니다. 내 인생에서 정말 찐하게 느껴본 이별의 아픔이었습니다. 지금도 생각이 납니다. 실연의 아픔을 안고 버스에 타 자리에 앉아 가는데 정말 하늘이 노랗더군요. 내가 보는 하늘과 사물이 온통 노란색이었습니다. 아마도 사람이 큰 충격을 받으면 그렇게 노랗게 보이나 봅니다. 그 실연의 아픔으로 인해 나는 이성에 대해 외톨이가 되었습니다. 그 후로 이성에 대해 신뢰감이 생기지 않았습니다. "사람은 나를 버리고 떠날 수 있구나"라는 사실을 깨달았습니다. 당신은 그런 경험이 없습니까?

누구나 제일 친한 친구가 있을 것입니다. 나도 있습니다. 지금은 전혀 기억나지 않습니다. 무슨 일인지 그 친구와 심하게 싸웠습니다. 우리는 "그래, 앞으로 너하고 나하고 절교다. 인마" 하고 서로 절교를 선언했습니다. 지금은 오래 전 일이라 풋 하고 웃지만 그때는 정말 심각했습니다. 무엇이 잘못되었을까요? 왜 싸웠을까요? 기억도 안 납니다.

나는 외톨이로 살아 본 경험을 통해 여러 가지를 깨달았습니다.

"음, 사람은 나를 떠날 수 있는 존재구나. 만날 때가 있으면 헤어질 때가 있어. 사람은 내가 정말 마음을 다하고 정성을 다하여 의지할 대상이 못 되는구나. 인생은 그런 거야. 만날 때가 있으면 헤어질 때가 있는 거지. 아, 인생은 허무해."

그렇게 내 인생은 등대를 발견하지 못한 난파 직전의 배와 같았습니다. 그런데 침몰해 가는 그 배에 한줄기 빛이 비추어졌습니다.

빛이신 예수님께서 내게 빛을 비춰 주신 것입니다.

"화수야, 내가 너를 사랑한다. 이제 너는 내 것이란다."

"아멘, 감사합니다. 사랑합니다. 예수님."

나는 길 잃은 양이 엄마 양을 만난 듯 엉엉 하고 크게 흐느껴 울었습니다. 왕자가 자기의 신분을 모르고 비천하게 살다가 국왕이 자기의 아버지임을 알고 또 자신이 왕자라는 것을 알고 운 것처럼 나는 울었습니다. 그 깨달음은 진짜였습니다. 만왕의 왕이신 예수님은 나의 친구가 되어 주셨습니다. 나의 의지가 되어 주셨습니다. 예수님은 나에게 "화수야, 너는 나의 친구다"라고 말씀하셨습니다. 하나님은 믿음을 가진 당신의 친구이기도 합니다. "나는 주를 경외하는 모든 자들과 주의 법도들을 지키는 자들의 친구라."(시 119:63)

예수님은 친구인 나를 '의인'이라고 부르십니다.

나는 죄인이 아닙니다. 과거와 현재, 미래의 죄까지 모두 다 용서받은 하나님의 의인(義人, Righteous)인 것입니다. 당신도 의인입니다.

당신과 나는 그리스도 안에서 의인이기에 죄로 인한 형벌을 전혀 받지 않습니다. 하나님이 약속하신 의인이 받는 축복들을 다 받아 누립니다. 평생 나를 인도하시는 축복을 누립니다. 또한 나의 기도에 응답하시고 공급하시는 은혜를 누리며 삽니다. 풍성하신 하나님으로부터 날마다 번영하는 축복을 받아 누리며 삽니다.

외톨이가 갖는 마음의 온갖 상처에 예수님의 빛이 비추자 나는 새로운 피조물이 되었습니다. 나의 마음과 몸은 그리 건강하지 않았습니다. 그러나 예수님의 생명의 빛은 나의 마음과 몸을 건강하게 했습니다. 나는 예전에 생쥐처럼 살았는데 지금은 사자 마인드를 가진 하나님의 사람이 되었습니다. 전에는 조그만 일에도 잘 놀랐는데 지금은 웬만한 일에도 놀라지도 않습니다. 나의 마음은 대범해졌습니다.

외톨이의 마음의 특징이 무엇일까요?

늘 외로움을 느끼는 거죠. 늘 목마르다는 거죠. 어쩌면 외로움을 즐긴다고 말할 수 있습니다. 사람은 자기의 습관에 금방 익숙해지니까요. 사실은 병든 마음입니다. 움츠러들고 사교성이 없고 사회성이 뒤떨어지는 것입니다. 예수님의 빛은 내게 생명수가 터져 나오게 하셨습니다. 내 마음에 오신 성령님은 생수가 되십니다. 그분이 어느 정도의 크기로 들어오셨냐 하면 상상할 수 없는 큰 크기로 들어오셨습니다. 한 컵이나 한 동이로 들어오신 것이 아니고 세계에서 제일 큰 강 곧 아마존 강보다 더 큰 생수의 강으로 내 안에 들어오셨습니다.

아마존 강은 안데스 산맥에서 발원합니다. 그 강은 1초에 1억 2천만 리터를 대서양으로 쏟아 붓습니다. 무게로 치면 1초에 17만 5천 톤의 거대한 양입니다. 매일 내 마음에 성령님은 아마존 강 같은 넘치는 기름 부음을 베풀어 주고 계십니다. 나는 믿음으로 성령님의 강력하고도 넘치는 기름 부음을 따라 행복하게 삽니다. 아, 행복합니다.

당신도 마음에 크신 성령님을 모시고 사십시오. 그분을 믿으십시오. 그분이 당신에게 아마존 강 같은 기름 부음을 주고 계심을 믿고 그 기름 부음을 따라 행복하게 사십시오. 이것이 바로 능력 있게 사는 비결입니다. 성령님이 오신 후로 내 마음에 외톨이로 사막 길을 걷는 갈증은 사라졌습니다. 내 마음은 날마다 시원한 오아시스입니다. 날마다 나는 생수를 벌컥벌컥 실컷 먹으며 건강하게 삽니다. 때마다 크게 성장하고 시절마다 탐스런 열매를 맺는 나무가 되었습니다.

예수님이 내 마음에 빛을 비추시니 나의 대대로 오던 가난은 떠나 갔습니다. 예수님의 보혈이 내 안에 가득하고 또 나를 완전히 덮었고 지금도 계속 그 보혈이 나의 전 존재를 덮고 있습니다. 앞으로도 영원토록 예수님의 보혈이 나를 덮고 있을 것입니다.

하나님은 광대(廣大, 넓고 크시다)하게 부요한 분입니다.

모든 면에서 풍성하신 분이십니다. 그렇다면 당신이 가난하게 사는 것은 결코 하나님의 뜻이 아닙니다. 나는 크게 부요합니다. 지금도 모든 면에서 하나님은 내게 복을 쏟아 붓고 계십니다. 당신도 부요하신 하나님을 믿고 부요하게 사십시오. 이렇게 선포하십시오.

"지긋지긋한 가난아, 안녕! 잘 가라."

스스로 자기를 상자에 가두고 외톨이로 사는 사람은 우둔한 사람입니다. 당신은 그런 모습이 없습니까? 그렇게 살지 마십시오. 인생에 도움이 안 됩니다. 예수님의 빛 가운데 거하십시오. 그러면 지혜로운 인생을 살게 됩니다. 우둔한 내 머리에 예수님은 지혜의 빛을 비추셨습니다. 그래서 나는 매일 지혜로운 인생을 살고 있습니다.

나는 성령님의 작가입니다. 그냥 작가가 아니고 '천재작가 대부호'입니다. 나는 영적인 천재입니다. 이 책을 쓰는 이유도 성령님이 주신 귀한 깨달음을 전하고 후세에 남기기 위함입니다. 하나님의 지혜로 사는 내 인생은 정말 행복합니다. 외톨이로 살았던 지난 수많은 나날과는 비교조차 할 수 없는 아름답고 풍요로운 삶입니다. 당신도 그렇게 될 수 있습니다. 하나님은 당신을 사랑하십니다.

어떻게 해야 외톨이에서 행복자로 살 수 있을까요?

첫째, 지금도 당신을 향한 하나님의 프러포즈가 계속되고 있음을 믿어야 합니다. 연인의 사랑을 받아들이면 서로가 행복하듯이 하나님의 프러포즈를 마음에 받아들이면 당신은 나처럼 행복한 삶을 누리게 됩니다. 입을 열어 지금 당장 이렇게 고백하십시오.

"예수님, 주님을 나의 구주로 받아들입니다. 내게 믿음에 믿음을 더해 주소서. 예수님의 이름으로 기도합니다. 아멘."

둘째, 예수님만이 당신이 의지할 대상임을 믿어야 합니다.

세상 친구는 다 변하고 떠나갑니다. 예수님을 친구로 삼으면 그분은 당신을 영원히 떠나지 않습니다. 성경에 분명히 약속했습니다.

"여호와여, 주의 이름을 아는 자는 주를 의지하오리니 이는 주를 찾는 자들을 버리지 아니하심이니이다."(시 9:10)

셋째, 외톨이의 삶을 정리하고 복음을 전해야 합니다.

외톨이의 삶을 버리고 꿈을 나누는 비전의 사람이 되십시오. 예수님은 비전의 하나님이십니다. 성령님과 함께 수많은 외톨이에게 참된 친구인 예수님을 전하십시오. 당신은 인정과 존경과 존귀함을 하나님과 사람에게 받으며 멋진 삶을 살게 될 것입니다.

넷째, 하나님의 생명과 장수와 재물의 풍성함을 취해야 합니다.

하나님을 멀리하고 눈에 보이는 일시적인 현상을 좇아 살므로 많은 실패와 좌절을 겪지 않도록 해야 합니다. 하나님 안에 모든 축복이 있음을 기억하고 그분을 사랑하고 경외해야 합니다. "네 하나님 여호와를 사랑하고 그의 말씀을 청종하며 또 그를 의지하라. 그는 네 생명이시요 네 장수이시니 여호와께서 네 조상 아브라함과 이삭과 야곱에게 주리라고 맹세하신 땅에 네가 거주하리라."(신 30:20)

당신은 혹시 은둔형 외톨이가 아닙니까? 은둔형 외톨이의 특징은 자신의 미래에 대해 희망이 없다는 것입니다. 그는 부모에게 용돈을 타서 씁니다. 낮에는 할 일 없이 빈둥거리다가 해가 지면 슬슬 밖으로 나가서 힘없는 부녀자나 아이들 그리고 노인들을 괴롭힙니다.

이를 일본 말로 '히키코모리'라고 부릅니다. 일본에는 히키코모리가 벌써 75만 명을 넘었다고 합니다. 심각합니다. 게다가 앞으로 히키코모리가 될 가능성이 있는 사람이 160만 명이나 된다고 합니다. 어마어마한 숫자입니다. 우리나라는 어떨까요? 그런 사람들이 대략 20여만 명이라고 합니다. 적은 숫자가 아니지요.

한때 '귀차니즘'이란 말이 유행했는데 그들은 모든 일을 귀찮아합니다. 경제적으로 독립을 해야 함에도 불구하고 지저분한 일, 힘든 일은 아예 안하려고 합니다. 대학을 졸업했어도 취직의 길이 막히니 매사를 귀찮게 여깁니다. 은둔형 외톨이들은 피시방에서 하루 종일이나 며칠씩 게임을 하고 채팅이나 영화로 시간을 보냅니다. 문제는 이들이 사회와 격리된 생활을 한다는 것입니다. 가정적으로 국가적으로 얼마나 큰 손실이고 안타까운 일입니까?

어떻게 하면 이들이 성공적인 삶을 살 수 있을까요?

나는 자신 있게 말합니다. "누구나 하나님을 의지하면 된다."

어떤 이는 말합니다. "하나님을 믿는다고 다 해결됩니까?"

나는 자신 있게 대답합니다. "네, 하나님만 믿으면 다 됩니다. 그리스도 예수 안에 모든 해답이 있습니다. 그분으로 인해 인생이 바뀝니다." 나의 하나님은 내게 분명히 말씀하셨습니다. "너의 길을 하나님께 맡겨라. 그리하면 너의 하나님이 이루어 주실 것이다."

당신도 당신의 인생길을 하나님께 맡기십시오. 하나님을 신뢰하십시오. 하나님은 당신을 사랑하십니다. 당신의 인생에 대해 멋진 계획을 갖고 계십니다. 크게 생각하고 크게 꿈꾸십시오.

눈에 보이는 돈만 좇아 인생을 살지 마십시오. 그러면 큰 낭패에 빠집니다. 정함이 없는 재물이 아닌 모든 것을 후히 주사 누리게 하시는 하나님께 소망을 두십시오. 오직 하나님을 믿고 행복한 의인으로 사십시오. 그러면 당신의 인생이 푸른 잎사귀같이 번성할 것입니다.

사람을 두려워하며 자신을 외톨이처럼 취급하지 마십시오.

사람을 두려워하면 그들이 당신을 붙잡아 넘어뜨립니다. 심령에 하나님을 모시고 사십시오. 그러면 안전하고 평화로운 삶을 살게 될 것입니다. 인생을 의지하지 마십시오. 사람은 호흡이 끊어지면 아무것도 아닙니다. 영원한 천국 세상을 기대하며 전능하신 하나님을 의지하십시오. 그분만이 당신의 진정한 친구입니다. 하나님만 믿으십시오.

하나님만 믿되 절대 당신의 노력이나 공로를 하나라도 하나님의 은혜의 복음에 섞지 마십시오. 어린 아이같이 순전한 믿음으로 하나님을 믿으십시오. 당신의 영혼에 대한 문제와 장래에 대한 문제 모두 하나님이 책임져 주실 것입니다. 하나님을 바라며 그분이 당신의 꿈을 이루어 주실 것을 기대하며 오직 믿음으로 살기 바랍니다.

나와 함께 기도하실까요?

"하나님, 감사합니다. 외톨이로 살았던 지난날의 모습을 버립니다.

이 시간부터 오직 나의 구주인 예수님만 믿습니다. 예수님! 지금부터 영원토록 나의 친구가 되어 주십시오. 예수님만이 우정이 변하지 않는 참된 친구이심을 믿습니다. 주님이 십자가에서 흘리신 보혈로 나를 덮어 주십시오. 내 마음을 새롭게 해주십시오. 나의 마음에 하나님의 꿈이 가득함을 믿습니다. 성령님과 함께 생각하고 성령님과 함께 계획하며 멋진 인생을 살아가겠습니다. 성령이여, 나를 도와주옵소서. 주님과 함께 세상에 넘겨져 있는 수많은 외톨이를 일으키며 살겠습니다. 성령이여, 크신 능력으로 내 인생을 힘 있게 하옵소서. 예수님의 이름으로 기도합니다. 아멘."

낮은 자존감의 두려움 없이 사는 법

    당신은 낮은 자존감으로 인해 두려워하지 않습니까?

    나는 낮은 자존감을 다 버렸습니다. 나는 그리스도 안에서 아주 높은 자존감으로 당당하게 삽니다. 자존감이란 무슨 말일까요? '자신의 존재에 대한 감각'을 의미합니다. 당신의 자존감은 어떻습니까?

    미국의 유명한 자동차 회사 '포드'의 창설자인 헨리 포드(Henry Ford, 1863~1947)는 "자신이 가능하다고 생각하는 것보다 더 많은 것을 할 수 있는 인간은 없다"고 말했습니다. 헨리 포드는 높은 자존감을 가지고 어려운 일을 극복하며 세계의 자동차 왕이 되었습니다.

    나는 자존감이 낮았던 사람이었습니다. 나 자신에 대한 존재 의식이 희박했습니다. 나에 대해 말해 준 이는 한 명도 없었습니다. 나는 남보다 항상 내가 뛰어나 보여야 한다는 생각에 잡혀 있었습니다. 남에게 굽히기 싫어했고 비교 의식이 강했습니다. 얼굴에 큰 점 콤플렉스까지 생기면서 자기 우월 의식에 사로잡혀 살았습니다.

    한번은 사진을 쓸 일이 있어 내 얼굴이 나온 사진을 찾았습니다.

    찾다 보니 예수님을 믿기 전의 얼굴 사진이 나타났습니다.

    "와, 내가 옛날에 이렇게 사납게 생겼었나?"

"뭔가 불만이 가득한 얼굴이네. 사진 찍을 때 안 좋은 일 있었나?"

나는 그 사진을 아내에게 보여 주었습니다.

"여보, 이 사진 좀 봐. 사납게 생겼지?"

"네, 그러네요. 지금 모습과는 많이 다르네요."

옛날 사진은 지금 사진과 비교가 안 됩니다. 지금의 사진은 편안한 얼굴입니다. 하나님의 평화가 가득한 얼굴입니다. 하나님으로 인한 자존감이 충만한 얼굴입니다. 평강의 왕이신 예수님을 믿기 전에 내 마음에 평화가 있었겠습니까? 쓸데없는 자존심만 셌겠지요.

나는 친구들이 나보다 멋있게 생긴 옷을 입으면 질투했습니다. 친구들이 메이커 신발을 신으면 엄마한테 졸라 반드시 사서 신었습니다. 내면을 가꾸기보다 외면에 신경을 더 많이 쓰며 살았습니다.

내가 사는 환경이 자존감보다는 자존심만 더 세게 만들었습니다.

"돈이 많나? 집안이 잘 사나? 보통 사람같이 점 없는 얼굴인가? 몸매는 또 왜 이리 말랐나? 그렇다고 공부를 잘하나. 쩝……."

주위에서 당당하게 자존감 있게 사는 사람을 보면 부러웠습니다.

"아니 저 사람하고 나의 차이는 뭐지?"

"저 사람은 뭐가 저리 당당해."

나는 이렇듯 세상 물정도 나 자신에 대해서도 잘 몰랐습니다. 아무도 세상과 나에 대해 가르쳐 주지 않았습니다. 세상에서 배우는 학문으로는 진정한 나를 알지는 못했습니다. 그런 나를, 딱 한분이 내가 누군지 알도록 가르쳐 주셨는데 그분은 바로 예수님이셨습니다.

예수님은 "화수야, 내가 너를 사랑한다. 이제 너는 내 것이야"라고 말씀하시며 나를 만나 주셨습니다. 예수님께서 성령으로 내 마음에 오신 것입니다. 성령님은 내 안에서 많은 일을 행하셨습니다.

성령님은 기본적으로 무슨 일을 하실까요?

첫째, 예수님이 구주임을 알게 합니다.

누구든지 성령으로 하지 않고는 예수를 주님이라고 고백할 수 없습니다. 이것은 인위적으로 되는 것이 아닙니다. 논리적으로 말한다고 되는 것도 아닙니다. 철학 박사 학위로 되는 것도 아닙니다. 돈뭉치를 주고 사는 것도 아닙니다. 이 고백은 오직 성령을 받은 사람이 자동으로 고백하게 되는 것입니다. "성령으로 아니하고는 누구든지 예수를 주시라 할 수 없느니라"(고전 12:3)고 했기 때문입니다.

당신에게 "예수님은 나의 구주이십니다"라는 고백이 저절로 나옵니까? 그렇다면 기뻐하십시오. 그것은 성령님의 역사입니다. 당신은 이미 성령을 받은 사람이요 구원받은 하나님의 자녀입니다.

나는 내 마음과 입술에서 온 우주의 창조주이신 예수님이 나의 구주로 고백된다는 것이 신기했습니다. 많은 학식으로 되는 것이 아니었습니다. 누군가가 나에게 거액의 돈을 주고 하라고 해서 한 것이 아닙니다. 내가 예수님을 구주로 영접하고 나니 그런 고백이 저절로 되는 것이었습니다. 물론 영접하자마자 바로 나오지는 않았습니다. 당신도 영접했는데 금방 고백이 되지 않는다고 해서 걱정하지 마십시오. 하나님이 당신을 인도하고 계시며 때가 되면 자연스럽게 기도와 찬양 중에, 말씀을 듣는 중에 그 고백이 흘러나오게 될 것입니다.

성경에서 주(主, Lord)라는 말은 '모든 피조물에 대한 창조주'를 가리킵니다. 예수님이 나의 주가 되셨다는 믿음은 나에게 높은 자존감을 갖게 했습니다. 아무 의지 없이 자라 온 나에게 창조주 하나님이 나의 하나님이라는 진리의 사실은 나의 자존감을 높여 주었습니다.

하나님은 나의 겉모습뿐만 아니라 나의 속 모습도 다 창조하셨다는 사실이 놀라웠습니다. 주님은 나의 오장육부를 다 지어 주신 것입니다. 그것도 나의 어머니 모태에서 나를 만들어 주셨다는 사실이 신기했습니다. 나의 몸 하나하나가 신묘하기만 합니다. 나의 심장이 뛰는 소리도 신기합니다. 나는 성령님으로 인해 주께서 하시는 모든 일들이 신비롭다는 것을 압니다.

"주께서 내 내장을 지으시며 나의 모태에서 나를 만드셨나이다. 내가 주께 감사하옴은 나를 지으심이 심히 기묘하심이라. 주께서 하시는 일이 기이함을 내 영혼이 잘 아나이다."(시 139:13~14)

나는 하나님께 동물이 아닌 사람으로 창조해 주신 것을 감사하며 삽니다. 뿐만 아니라 무엇보다도 예수님의 새 생명으로 태어나게 하신 것을 감사합니다. 나는 속사람으로부터 새롭게 지으심을 받은 하나님의 왕자가 된 것입니다. 하나님은 나에게 큰 힘이 되어 주셨습니다.

나는 당당하게 선포합니다. 하나님은 나의 힘이십니다. 하나님은 나의 반석이십니다. 하나님은 나의 요새이십니다. 하나님은 나를 건지시는 분이십니다. 하나님은 나의 하나님이십니다. 하나님은 내가 그 안에 피할 나의 바위이십니다. 하나님은 나의 방패이십니다. 하나님은 나의 구원의 뿔이십니다. 하나님은 나의 산성이십니다.

나는 지금 하나님의 큰 자존감을 가지고 살아갑니다.

하나님의 사람은 높은 자존감을 가지고 살 수밖에 없습니다. 하나님의 사람은 먼저 만왕의 왕이신 하나님의 자녀로 신분이 상승합니다. 왕족입니다. "나는 하나님의 왕자다. 나는 하나님의 공주다."

우리는 우주의 재벌 총수이신 하나님 재벌 가문의 일원이 되었습니다. 같이 한번 말해 보실까요? "나는 재벌의 부요함을 가졌다." 성령님과 같은 꿈을 꾸고 성령님과 동업을 하며 살아간다면 열방의 재물이 당신에게 올 것입니다. 하나님이 주실 것입니다. 큰 꿈을 가지십시오.

　나는 지금 한없이 행복한 왕족으로 살아갑니다. 하나님처럼 생각하며 하나님처럼 꿈을 품고 큰 자존감으로 살아갑니다. 이제는 작은 자존감에 매여 남과 비교하며 살지 않습니다. 조금이라도 남들보다 더 차지하려고 아귀다툼을 하지 않습니다.

　당신도 하나님의 왕족의 일원으로 살아가십시오. 재벌의 부요함을 가지고 살아가십시오. 더 이상 세상에서 세상 방식으로 아귀다툼하지 않아도 됩니다. 하나님을 알고 하나님이 원하시는 꿈을 갖고 하나님과 함께 왕족으로 살아가십시오. 그러면 높은 자존감을 가지고 살게 될 것이며 하나님과 사람에게 칭찬을 들으며 살게 될 것입니다.

　예수님은 십자가에서 벌거벗겨져 당신과 나의 모든 저주와 고통과 형벌을 다 담당하셨습니다. 머리에 가시 면류관을 쓰시어 피를 흘리셨으며 손과 발에 못 박히시어 지옥 형벌의 고통을 당하며 십자가에 매달리셨습니다. 예수님은 "다 이루었다(요 19:30)"고 하시며 내 인생의 모든 낮은 자존감에 대한 고통을 끝내 주셨습니다. 낮은 자존감으로 힘들게 살던 나는 최고의 자존감을 가지신 예수님을 영접했습니다.

　영접하기 전에 낮은 자존감을 가지고 죄짓고 살던 내가 존귀하신 예수님을 영접하니 높은 자존감의 영광이 충만한 의인으로 살게 되었습니다. 영접하기 전에 낮은 자존감으로 인생의 목마름 속에 헐떡거리며 살던 내가 존귀하신 예수님을 영접하니 항상 해갈을 누리며 사는 성령 충만한 자녀로 살게 되었습니다.

　영접하기 전에 낮은 자존감으로 병을 얻어 아파서 신음하던 내가 존귀하신 예수님을 영접하니 부족함이 없는 건강함을 누리는 자녀로 살게 되었습니다. 영접하기 전에 낮은 자존감으로 가난을 선택하고 가난의 저주 속에 살던 내가 존귀하신 예수님을 영접하니 부요하신 하나님의 아들로서 부를 누리며 되었습니다. 영접하게 전에 낮은 자존감으로 어리석게 굴며 살던 내가 존귀하신 예수님을 영접하니 만물을 활용하며 사는 지혜의 사람으로 살게 되었습니다.

예수님은 우리 때문에 십자가를 짊어지셨습니다.

"그가 찔림은 우리의 허물 때문이요 그가 상함은 우리의 죄악 때문이라 그가 징계를 받으므로 우리는 평화를 누리고 그가 채찍에 맞으므로 우리는 나음을 받았도다. 우리는 다 양 같아서 그릇 행하여 각기 제 길로 갔거늘 여호와께서는 우리 모두의 죄악을 그에게 담당시키셨도다."(사 53:5~6)

나는 미련한 양처럼 목자이신 주님을 보지 못하고 낮은 자존감으로 스스로 상처를 입히며 살았습니다. 그럼에도 하나님은 나를 찾아 주셨고 예수 그리스도를 믿으니 하나님이 나의 목자가 되어 주셨습니다.

당신도 당신의 영혼의 목자는 하나님밖에 없음을 명심하십시오. 목자이신 하나님 품에 보호를 받으며 살아야 높은 자존감으로 마음껏 꿈을 펼치며 멋진 인생을 살아갑니다.

성령님은 나의 목자이십니다. 그분은 목자가 양을 푸른 풀밭에 누이고 쉴 만한 물가로 인도하듯 나를 인도하십니다. 성령님은 아기 양에게 젖을 물리고 넉넉히 젖을 주는 어미 양처럼 나에게 생수를 부어 주고 계십니다. 성령님은 정말 놀라우신 하나님입니다. 주님은 믿는 당신과 나의 마음속에 가득히 들어와 계십니다. 내 안에도 계시며 내 우편에도 계시며 내가 가는 곳곳마다 충만히 임재 해 계십니다. 성령님은 믿는 우리에게 끊임없이 생명수를 공급하십니다.

성령님이 끊임없이 강 같은 생수를 먹여 주십니다. 하나님의 생수를 먹고 활력을 얻어 살아가는 사람은 높은 자존감을 가지게 됩니다.

성령님은 끊임없이 당신을 응원하십니다.

"잘했다. 정말 수고했구나. 내가 너를 기뻐한다."

나는 하나님과 하나님 가문의 일원이 되었다는 사실에 큰 자존감을 갖습니다. 하나님의 나라는 영광스러우며 장차 그 곳에서 영원히 산다는 진리는 놀랍도록 큰 자존감을 갖고 살게 합니다.

하나님이 주시는 큰 자존감은 어떤 유익이 있을까요?

첫째, 큰 자존감을 가지고 사니까 가정이 평안합니다.

하늘 자존감을 갖고 살면 가정이 든든히 세워집니다. 비전과 꿈이 있는 가정으로 바뀝니다. 자녀들에게 하늘 방식의 자존감을 심어 주니 그들이 건강한 나무같이 자라 갑니다. 자녀들이 밝고 명랑하며 하나님의 핵심 꿈을 품고 분명한 목표 의식을 가지고 공부합니다. 부모를 공경합니다. 주 하나님만 경외합니다.

둘째, 큰 자존감을 가지고 생각하고 큰 꿈을 품고 그 꿈을 위하여 살아가니 생활에 활력이 넘칩니다. 이웃에게 칭찬받는 인생을 살아갑니다. 가문이 번창합니다. 하나님이 베푸시는 번성에 번성을 누립니다. 가정과 가문이 점점 더 강성해 갑니다. 하나님의 가정은 망하지 않습니다. 나날이 번창해 갑니다. 범사에 기쁨이 충만합니다.

셋째, 하나님으로 인해 큰 자존감을 가지고 사업을 하니 어떠한 역경이 와도 믿음으로 인내하며 극복하여 마침내 큰 꿈을 이룹니다. 천재적인 아이디어로 위기를 극복하며 많은 자산을 모으고 하나님의 나라를 위해 아름답게 사용합니다. 그 복을 부요하게 누리며 삽니다.

넷째, 하나님으로부터 받은 큰 자존감을 가진 사람은 작은 자존감을 가진 사람이 내뱉는 부정적인 소리에 귀 기울이지 않습니다. 남과 비교하며 비교 의식에 사로잡혀 시간을 낭비하지 않습니다. 자신이 달려가야 할 길에 집중하여 살아갑니다.

다섯째, 하나님의 큰 자존감의 사람은 흔들리지 않는 인생을 누립니다. 요동치 않는 인생을 누립니다. 하나님의 평강이 그의 마음과 생각을 지키기 때문입니다. 그는 일곱 번 넘어져도 다시 일어납니다. 오뚝이처럼 다시 일어납니다.

그는 예수님이 통치하시니 어려움이 있어도 반드시 다시 일어나 갈 길을 달려갑니다. 자기 평생에 하나님의 선하심과 사랑하심이 변치 않게 따라다닌다는 사실을 확신합니다. 마침내 천국에서 영원히 살 것을 자신하며 살아갑니다. 이러하니 당신도 시냇가에 심겨진 나무처럼 풍요롭고 건강하며 유익을 끼치는 아름다운 인생이 되지 않겠습니까?

나와 같이 기도하실까요?

"하나님 아버지, 감사합니다. 고아같이 방황하며 살던 인생을 찾아오셔서 아버지가 되어 주시니 감사드립니다. 고아 같이 낮은 자존감으로 살며 고통스러웠는데 하나님이 자녀로 삼아 주시니 큰 힘이 납니다. 하나님은 나의 반석이시요 나의 산성이심을 고백합니다. 예전에 낮은 자존감으로 비교하고 욕심을 부리며 미워하고 살았던 모습을 버립니다. 작은 자존감으로 하나님 나라에 쩨쩨하게 살았던 모습을 버립니다. 앞으로 하나님의 복음에 대한 꿈을 크게 품고 크게 생각하며 앞으로 갑니다. 내게 주신 큰 자존감을 가지고 순간마다 꿈을 선택하며 살겠습니다. 성령이여, 무시로 나를 도와주옵소서. 늘 가르쳐 주옵소서. 때때로 어려움이 올지라도 성령님이 내 안에 살아 계심을 늘 믿음으로 인식하게 하옵소서. 예수님의 이름으로 기도합니다. 아멘."

상처받는다는 두려움 없이 사는 법

당신은 상처받는다는 두려움에 살지 않습니까?

나는 상처받는다는 두려움에 살지 않습니다. 상처를 주려는 충격이 오면 지혜롭게 대처해 마음의 평강을 유지합니다. 혹시 미처 피하지 못해 상처를 입었더라도 나는 금방 회복합니다. 나에겐 세상이 주는 어떤 충격에도 영향을 받지 않는 더 강하고 큰 복음의 능력이 있기 때문입니다. 나는 복음을 믿고 상처를 받지도 주지도 않고 살기로 결단했습니다. 나는 변함없이 나를 돌보시는 성령님을 믿습니다.

유명한 동기부여가 앤서니 라빈스는 "성공의 비결은 고통이나 즐거움이 당신을 이용하게 하지 않고 당신 자신이 고통이나 즐거움을 이용하는 법을 배우는 것이다. 만약 그렇게 하면 당신은 삶을 통제하게 되고 만약 그렇게 하지 못하면 삶이 당신을 통제하게 된다"고 했습니다.

지구촌에는 수많은 사람들이 살고 있습니다. 사람은 서로의 관계 속에서 살아갑니다. 나와 너 사이에서 살아갑니다. 우리라는 관계 속에서 살아갑니다. 서로 간에 늘 평화롭다면 인생이 얼마나 아름다울까요? 사람과 사람 사이에는 묘한 긴장감이 있습니다. 세상은 마치 누가 상대에게 흠집을 잘 내나 시합하는 펜싱 경기 같아 보입니다.

나는 못난 자아로 다른 이에게 많은 상처를 주었습니다. 그리고 못난 자아로 다른 이로부터 많은 상처를 받았습니다.

이렇게 사람들은 서로 상처를 주고받습니다.

이것이 '트라우마'(trauma)인데 충격적인 경험, 정신적 외상, 마음의 상처 등을 말합니다. 나의 깊은 트라우마는 신체적인 문제에서 시작되었습니다. 내가 보기에도 부담스럽게 크고 빨간 점입니다.

나는 나에 대해 이야기할 때 내 얼굴의 빨간 왕 점을 빼놓고는 말하기가 힘듭니다. 왜냐하면 이 점은 나 자신이요 내 인생에 큰 영향을 주었고 지금도 주고 있기 때문입니다. 이 점은 바로 나 자신이기 때문입니다. 이 큰 콤플렉스는 나에 대해 말할 때 감초와 같은 것입니다. 약방에 감초가 빠져서 될까요? 하하. 당신도 평생 느껴지는 콤플렉스는 없나요? 있다면 나의 이야기를 통해 깨달음을 갖고 온전한 삶을 누리십시오. 나는 친구들에게 많은 놀림을 받고 성장했습니다.

"얘들아, 같이 놀자."

"싫어, 저리가. 너랑 놀기 싫어."

힘센 아이들은 힘으로 나를 밀치며 말했습니다.

"야, 점박이! 저리가. 너랑 안 놀아. 끼지 마. 꺼져. 재수 없어."

그렇게 나는 어려서부터 깊은 상처를 받고 자랐습니다. 말의 위력은 무서워서 사람을 극단적으로 몰고 가기도 합니다. 매스컴에서 보도되듯이 악성 댓글을 보고 극단적 선택을 한 경우가 있지 않았습니까?

당신과 나의 한 마디 한 마디가 생명을 살린다는 마음으로 조심해서 말하는 습관을 가져야 합니다. 말은 화살과 같습니다.

나는 청소년 때 외국인에게도 놀림을 받았습니다. 버스를 기다리고 있었는데 한 청년 외국인이 나에게 와서 "알 유 크레이지? 카카카" 하고 비웃었습니다. 나는 처음에 무슨 말을 하는지 몰랐고 나중에야 그 의미를 깨달았습니다. 피가 거꾸로 솟는 것 같았습니다.

그 외국인의 말은 나에게 큰 상처를 입혔습니다. 성장해 가면서 문득 문득 생각났습니다. 친구들이 놀리는 말도 내게 깊은 상처가 되었습니다. 마치 수류탄이 폭발하여 파편에 맞은 것 같았습니다.

나의 마음에 나 있는 그 상처들은 곪았습니다. 염증이 나기 시작했습니다. 말들로 인한 트라우마는 나를 힘들게 했습니다. 올바른 자아상을 보지 못하게 했습니다. 몸이 건강하게 자라듯 마음도 건강하게 자라야 하는데 그렇지 못했습니다.

나는 트라우마로 인해 마음속으로 죄를 지었습니다.

나는 마음속으로 놀리는 사람을 향해 욕을 했습니다. 미워했습니다. 이런 삶이 악순환 되었습니다. 하나님은 그렇게 심한 트라우마로 신음하며 살던 나를 찾아 주셨습니다.

예수님은 나의 모든 죄와 트라우마를 십자가에서 해결해 주셨습니다. 예수님은 십자가에서 "다 이루었다" 하시며 나의 모든 문제를 다 해결해 주셨습니다. 예수님을 믿으니 내가 지은 모든 죄가 사함 받았습니다. 예수님의 보혈은 큰 점으로 인해 내 마음으로 들어오는 모든 트라우마를 말끔히 치료해 주었습니다. 나는 지금 매우 건강한 마음과 몸을 가지고 행복하게 살아갑니다. 예수님을 믿어 구원받고 성령님의 사람으로 살아가니 행복합니다.

예수님의 능력의 피가 내 마음에 닿자 죄의 트라우마로 얼룩진 마음이 아름다운 꽃향기가 나며 나비와 새가 날아드는 의인의 마음이 되었습니다. 아, 한없이 행복합니다.

예수님의 능력의 피가 내 마음의 목에 닿자 목마름의 트라우마로 얼룩진 목이 몸에 좋은 촉촉한 생명수를 꿀꺽꿀꺽 삼키는 축복의 목으로 바뀌었습니다. 예수님의 능력의 피가 내 질병에 닿자 질병의 트라우마로 얼룩진 내 마음과 육신이 치료의 향내와 건강의 향내가 가득한 건강한 사람이 되었습니다.

예수님의 능력의 피가 내 가난에 닿자 가난의 트라우마로 얼룩진 내 마음과 내 몸과 삶의 전 영역에 부요한 내용들로 채워지게 되었습니다. 예수님의 능력의 피가 나의 어리석음에 닿자 어리석음의 트라우마로 얼룩진 내 머리가 천재의 지혜를 발휘하는 두뇌가 되었습니다.

사람과 어울려 살아가면서 때때로 받는 트라우마는 이제 내게 힘을 발휘하지 못합니다. 내 안에 예수님이 영광의 영으로 가득히 살아 계시기 때문입니다. 나는 성령님으로 인해 날마다 행복하게 살아갑니다.

나는 어떤 일을 당해도 겨울날 내 어깨 위에 내린 하나의 눈송이를 털어 내듯 즉시 털어 냅니다. 내 마음에 앉지 못하도록 털어 냅니다. 마음이 무거운 것이 느껴지면 "내가 나사렛 예수 이름으로 명한다. 나를 억누르며 무겁게 하는 모든 어둠은 내게서 떠나가라. 나는 하나님의 왕자다" 하고 기도합니다.

나의 불행했던 큰 점은 하나님을 만남으로 이제 내게 복점이 되었습니다. 복음이 복점이 되게 한 것입니다. 내 얼굴은 점은 '복음의 점'입니다. 누구든지 예수님을 만나면 행복하게 됩니다. 예수님은 하나님의 아들이시고 창조주이시며 온 인류의 구주가 되시기 때문입니다.

나는 어렸을 때 신기한 경험을 했습니다. 그 경험은 내가 전혀 모르는 할머니한테 들었던 것입니다. 어느 날 길을 가고 있을 때 어떤 할머니와 마주쳤습니다. 그 할머니는 허리를 숙이고 내 양 볼에 두 손을 하나씩 갖다 대고는 꼭 감싸 안으셨습니다. 그리고는 "아유, 예쁜 얼굴인데……; 복점이다. 복점이야" 하고 말했습니다. 지금은 그때 그 할머니의 마음을 이해합니다. 그렇게 복점이라는 말을 종종 들었습니다. 그렇습니다. 지금 나의 점은 하나님으로 인해 큰 복점이 되었습니다.

나의 점으로 인해 나는 오히려 약한 가운데 더욱 하나님을 꼭 껴안을 수 있었습니다. 이런 모든 일도 다 하나님의 은혜입니다. 나의 이 연약함 속에 강하신 그리스도 예수가 살아 계십니다.

성령님은 약한 나를 택하셔서 강한 자를 부끄럽게 하십니다.

그분은 미련한 나를 택하셔서 지혜로운 자를 부끄럽게 하십니다.

바울도 자신이 연약함 속에 있을 그때가 가장 강할 때라고 했습니다. 세상에서 누가 가장 강한 사람일까요? 자신의 약함을 철저히 깨닫고 절대 믿음으로 하나님만 의지하는 사람입니다. 내가 그 사람입니다. 어떻게 해야 서로 상처 주지 않고 행복하게 살 수 있을까요?

첫째, 예수 그리스도 온전한 복음을 믿어야 합니다.

온전한 복음은 그리스도 예수를 말합니다. 예수님이 흘리신 그 보혈이 당신의 모든 트라우마를 깨끗하게 했고 날마다 새롭게 한다는 진리를 믿으십시오. "하나님이 세상을 이처럼 사랑하사 독생자를 주셨으니 이는 그를 믿는 자마다 멸망하지 않고 영생을 얻게 하려 하심이라"(요 3:16)고 했습니다. 하나님은 당신에게 영생을 주셨습니다.

둘째, 하나님의 시선으로 당신을 보십시오.

나의 시선으로 나를 보면 연민과 동정과 탄식뿐입니다. 당신도 당신의 눈으로 당신을 보면 실망과 낙심뿐입니다. 하나님의 시선으로 당신을 봐야 합니다. 하나님의 사랑의 시선을 굳게 믿어야 합니다. 하나님은 당신을 사랑하시되 손바닥에 새기시기까지 사랑하셨습니다. "내가 너를 내 손바닥에 새겼다"(사 49:16)고 했습니다. 자신의 하나밖에 없는 아들 예수 그리스도를 십자가에 희생하기까지 사랑하신 사랑입니다. 하나님은 당신을 떠나거나 버리지 않으십니다.

하나님의 시선으로 보면 당신은 하나님의 왕자입니다. 우주 만물의 창조주이신 하나님의 왕자요 공주인 것입니다. 예수님을 믿은 사람은 그 시간부터 영원까지 지상과 천상에서 동일하게 하나님의 구원받은 왕자와 공주로 행복하게 사는 존귀한 자가 되었습니다.

셋째, 성령님을 의지해야 합니다.

나는 범사에 성령님을 의지합니다. 작은 일에서부터 큰일까지도 성령님과 함께하려고 애씁니다. "성령님, 사랑합니다. 나의 힘든 마음을 위로해 주시고 치료해 주세요." 그러면 새 힘이 납니다.

진주조개에서 진주가 어떻게 만들어질까요? 진주조개는 자신이 삼킨 이물질에 쉽게 상처를 입습니다. 자신이 잘못 삼킨 이물질에 소화기관이 상처를 입으면 이를 녹여 없애기 위해 강력한 소화액을 분비합니다. 이때 그 이물질이 소화되지 않을 경우가 있는데 계속해서 분비물이 둥글게 감싸이므로 점점 자라 영롱하고 값진 진주가 됩니다.

나는 이 진주조개와 진주 이야기에서 진주조개는 하나님이시고 진주는 나라고 생각했습니다. 이물질과 같은 나를 받아 주신 하나님이 얼마나 감사한지요. 이물질과 같은 나를 품어 주시는 하나님이 얼마나 고마운지요. 나는 죄인으로서 하나님께 상처를 입혔습니다. 그럼에도 불구하고 하나님은 여전히 나를 사랑해 주십니다. 매일매일 나를 감싸 품위 있는 고귀한 보석으로 나를 빚고 계십니다.

하나님은 당신도 신실하게 사랑하십니다. 어떤 일에서나 하나님을 의지하십시오. 마음에 상처가 많습니까? 누구에게도 말 못할 번민이 있습니까? 예수님에게 모든 것을 털어 놓으십시오. 하나도 남김없이

다 예수님께 말함으로 맡기십시오. 예수님은 당신의 죄 때문에 십자가에서 모진 고통을 당하셨습니다. 당신이 예수님을 믿기만 하면 거룩한 하나님의 자녀로 다시 태어납니다. 당신의 신분은 하나님의 자녀들이 앉는 자리로 올라갑니다. 또한 성령님은 자녀들의 마음에 계셔서 천국에 가기까지 평생 인도합니다.

아브라함 링컨은 초등학교도 제대로 못 다녔습니다. 가정 형편이 어려웠고 힘든 시절을 보냈습니다. 링컨은 자신의 약한 것을 보지 않고 전능하신 예수님을 굳게 믿었습니다. 사랑의 예수님은 링컨을 굳게 붙들어 주셨고 결국 대통령이 되게 하셨습니다.

나도 신앙생활을 하면서 힘든 일이 왜 없겠습니까? 그럴 때마다 하나님은 내게 큰 힘이 되어 주셨습니다. 하나님은 나에게 "두려워하지 말라. 내가 너와 함께하고 있다"고 늘 말씀해 주십니다.

"두려워하지 말라, 내가 너와 함께 함이라. 놀라지 말라, 나는 네 하나님이 됨이라. 내가 너를 굳세게 하리라. 참으로 너를 도와주리라. 참으로 나의 의로운 오른손으로 너를 붙들리라."(사 41:10)

하나님은 자신이 하신 말에 책임을 지시는 분이십니다.

하나님은 말씀대로 나를 굳세게 해 주셨습니다. 나는 상처를 잘 받는 어린 사슴과 같았습니다. 지금 나는 하나님 앞에서 한없이 약한 어린 양이지만 온전한 복음을 전하기 위해 세상을 향해서는 사자와 같습니다. 하나님은 내게 사자형 마인드를 갖게 하셨습니다.

하나님은 참으로 나를 도와주셨습니다. 내가 신학 공부를 할 때도 10년간 나를 도와주셨습니다. 만학도로 공부하는 내게 지혜를 주셨습니다. 코피를 흘려 가며 열정적으로 신학 공부도 해보았습니다. 그 어렵다던 강도사 고시도 나를 도우시는 하나님의 힘으로 감당했습니다.

안타깝게 떨어지는 동기도 있었는데 나는 한번 만에 해냈습니다.

신학 공부할 때 어려운 재정 문제를 하나님은 하나하나 응답하시고 해결해 주셨습니다. 지금 생각해도 놀라우신 하나님이십니다.

하나님은 그분의 의로운 손으로 나를 붙들고 계십니다. 내가 한 사람에게 복음을 전할 때에나 청중 앞에서 복음을 전할 때나 여전히 나를 붙들어 주십니다. 하나님의 은혜가 항상 나와 함께합니다.

당신은 때때로 트라우마가 생겨날 때 누구를 의지합니까?

하나님을 의지하십시오. 하나님이 당신 편에 서서 싸워 주실 것입니다. 트라우마가 당신을 해치지 못하도록 방패가 되어 주실 것입니다. 죄로 인한 마음의 상처에서 벗어날 사람은 아무도 없습니다. 죄라는 마음의 고민을 해결하지 못한 사람의 결국은 멸망입니다.

예수님은 죄인이 감당하지 못할 그 십자가의 상처를 다 받으셨습니다. 예수님이 받으신 그 십자가의 상처로 인해 나는 의인이 되었습니다. 나는 모든 트라우마에서 해방된 의인으로 삽니다. 예수님의 그 십자가 상처는 내 얼굴의 점으로 인한 모든 상처를 치료했습니다.

나는 예수님의 생명으로 몸도 마음도 새롭게 하심을 입었습니다. 예수님이 받으신 그 상처는 나를 가난에서 부요함으로 옮겼습니다. 나는 천국의 부자입니다. 지금도 부요하게 공급하시는 하나님, 나의 꿈에 응답하시는 우주의 재벌의 총수이신 하나님만 믿습니다.

당신도 하나님만 믿으십시오. 나와 함께 기도하실까요?

"하나님, 감사합니다. 예수님의 그 영광스런 십자가의 상처로 내가 나음을 입었습니다. 살면서 받은 모든 트라우마가 예수님이 내 대신 받으신 상처와 고난으로 다 치료되었습니다. 나는 이제 상처로 인해 아파하고 병들어 가는 인생이 아닙니다. 하나님의 새롭게 하심을 입은 새사람으로 힘차게 살아가겠습니다. 내가 생명의 복음을 부지런히 전할 때마다 성령이여, 나를 도와 주옵소서. 예수님의 이름으로 기도합니다. 아멘."

외모 지상주의에서 두려움 없이 사는 법

당신은 자신의 외모에 대해 어떤 말을 들으며 삽니까?

나는 요즘 종종 만나는 지인들로부터 "와, 얼굴이 훤하네요. 얼굴에서 빛이나요"라는 칭찬을 많이 듣습니다. "뭐. 좋은 일이 있으신가 봐요? 얼굴이 좋아 보이고 정말 편해 보여요"라고 말합니다.

나는 "얼굴이 편해 보여요. 정말 환해요"라는 말을 들으면 '그래도 내가 헛살고 있지는 않구나. 내가 참 행복하게 살고 있구나. 정말 하나님의 은혜다'라고 생각합니다. 그리고 '더 보기 좋은 희망찬 얼굴로 살아야지' 하고 다짐합니다.

유명한 작가 발타사르 그라시안(Balthasar Gracian, 1601~1658)은 "어리석은 사람은 밖으로 드러나 보이는 자신의 외모를 자랑하지만 지혜로운 사람은 내면에 더욱 신경을 쓴다"고 말했습니다.

요즘 청소년들은 외모에 아주 관심이 많습니다.

나의 아들들도 머리에 뭘 뿌리고 빗을 갖고 다닙니다.

"아들! 이거 뭔 냄새냐?"

"아빠, 유겸이가 머리에 뭘 뿌렸데요" 하고 큰 애가 말합니다.

"아니 뭘 뿌렸기에 냄새가 이렇게 진하냐? 머리가 다 아프다."

내가 물어보니 문방구에서 파는 천 원짜리 향수랍니다.

"하하, 초등학교 6학년이……"

한번은 집에 못 보던 큰 빗이 있어서 "이거 누구 거냐?" 하고 묻자 큰 아들 선겸이가 "아빠, 그 도끼 빗 제 거에요. 돈 주고 샀어요. 왜 조그만 빗 있잖아? 요즘 유행이라니까요. 주세요" 하고 가 버립니다.

아이들은 추운 겨울날에 왜 또 팔을 걷어 부치고 다리를 걷고 다니는지 모르겠습니다. 교복 바지를 바짝 몸에 붙게 줄이는 것은 기본입니다. 목욕탕에 가서 두 아들 때를 밀어주는데 웬걸 걷고 다닌 다리 부분에서 시커먼 때가 한 바가지씩 나오지 않겠습니까?

동네에서 아는 청소년들도 얼굴에 화장을 하고 치마를 껴입고 종종 걸음으로 갑니다. 한번은 아내가 기가 막힌 듯 말했습니다.

"참, 나도 여자지만 이해가 안 간다. 저렇게 꽉 끼고 짧은 치마를 입고 어떻게 걸어서 학교에 다닌다고 저러지?" 나는 "그러게, 엄청 불편해 보인다" 하며 맞장구를 쳤습니다.

그러면서 "나도 한 때 그랬지" 하고 그들을 이해합니다.

나는 나의 아들이나 만나는 아이들에게 외모보다 내면의 가치를 더 일깨워 주려고 노력합니다. 왜냐하면 나의 학창시절에 외모에 그렇게 신경을 많이 썼기 때문입니다. 그래서 시간을 외모보다 더 소중한데 쓸 수 있음을 알기에 그 가치를 깨닫도록 가르쳐 줍니다.

외모에 집착하는 것은 청년들도 어른들도 예외는 아닙니다. 아니 우리나라는 '외모 고치기 중독'에 걸렸습니다. 외모에 시간과 돈으로 투자를 많이 합니다. 방학 중에 여대생들이 성형수술을 많이 합니다. 일반 여성도 많이 합니다. 남자들도 만만치 않습니다. 지나치다 싶을 정도를 넘어 외모에 신경을 많이 쓰니 가정도 몸살을 않을 정도입니다. 직장인 세계에서도 외모를 중요시 합니다.

지금 우리나라는 사회 전반적으로 외모 지상주의적인 풍토가 널리 퍼져 있습니다. "대한민국은 성형 공화국이다"라는 말은 이제 익숙한 말입니다. 우리나라는 성형수술 및 시술을 가장 많이 하는 나라로서 세계 일위입니다.

서울에서, 부산에서, 기타 지방에서 많은 이들이 수술을 받습니다. 일 년에 수십만 건이 넘습니다. 그런데 문제는 부작용으로 인해 성형수술을 받은 여자나 남자가 심한 스트레스를 받고 자살까지 한다는 것입니다. 얼마 전에도 22세인 여대생이 성형수술 중에 의식을 잃어 종합병원으로 옮겼으나 며칠 지나서 사망했다고 합니다. 수술 중에 의식을 잃는 것은 다반사이고 며칠 뒤나 몇 주 후에 사망하는 경우도 있다고 합니다. 얼마나 안타까운 일입니까? 더욱 안타까운 것은 남녀 청년들이 성형 수술한 것 때문에 앞날에 큰 치명타를 입는다는 것입니다.

직장에서도 업무 능력과 관련이 없는 외모를 중시합니다. 놀라운 것은 알면서도 위험부담을 안고 성형수술을 한다는 것입니다.

왜 이런 외모 중시 현상이 있을까요? 세상의 가치관이 너무 감각적이고 겉모습으로 흘러가기 때문입니다. 각종 대중매체가 외모 지상주의를 부추깁니다. 사람의 진정한 가치는 내면에 있는 것인데 자꾸만 겉모양에 치중하도록 몰아가고 있습니다.

나는 얼굴에 있는 큰 점 콤플렉스로 인해 내성적인 사람으로 살았습니다. 내성적인 사람이라고 내면이 훌륭한 것은 아니었습니다. 나는 내 얼굴을 보고 연민에 빠지며 가슴 아파하던 때가 무척 많았습니다. 힘든 날이면 내 얼굴을 보면서 혼자 울기도 했습니다.

얼굴을 보며 수술을 할까? 생각도 해봤으나 가난한 삶과 나의 형편은 그것을 허락하지 않았습니다. 큰 점으로 인한 콤플렉스는 "나는 아무것도 하지 못해"라는 절망감을 갖게 했습니다. 그 결과 점점 자라면서 친구들도 나를 멀리했고 나도 스스로 고립되어 갔습니다. 예전에 직장에 이력서를 냈다가 큰 점이 있는 외모 때문에 탈락되기도 한 쓰라린 경험도 있습니다.

그럼에도 나 역시도 나의 내면이 그분의 영광으로 채워지기 전까지 외모 지상주의였습니다. 멋을 부려도 외모만 신경을 썼습니다. 나 자신의 내면에 대해 몰라도 한참 몰랐습니다. 당신은 어떻습니까? 내면보다 외모를 중요하게 여기진 않습니까? 자신의 내면을 무시하지는 않습니까? 당신의 외모는 내면으로부터 형성된 외모입니까?

외모를 무시하라는 말은 아닙니다. 중요한 것은 내면이 채워진 외모가 진짜 좋은 모습이라는 것입니다. 특히 사람이라는 존재는 그 마음에 그를 창조한 창조주가 계셔야 마음에 참된 만족이 있고 얼굴이 빛나게 됩니다.

"마음의 즐거움은 얼굴을 빛나게 하여도 마음의 근심은 심령을 상하게 하느니라."(잠 15:13)

당신은 내면에서 외면으로 성공할 수 있음을 압니까?

나는 내면에서부터 성공적인 삶을 살고 있습니다. 나의 내면에 천국의 부요함이 있습니다. 하나님과 나 자신과 세상을 향해 희망을 가지고 삽니다. 사람은 모름지기 외유내강하게 살아야 합니다.

자신의 속은 비어 있거나 실속이 없거나 삭막하게 만들어 놓고 외적으로 성공한다고 하는 것은 앞뒤가 맞지 않습니다. 사람은 밖에서부터 안으로 차는 것보다 샘처럼 안에서부터 밖으로 흘러 넘쳐야 합니다. 그래야 자신도 넉넉하고 안정되고 힘 있는 사람이 되어 주위에 좋은 영향을 주며 함께 성공하는 삶을 살 수 있습니다.

내가 힘 있게 사는 원천이 무엇일까요?

나는 샘솟는 내면의 힘으로부터 나오는 자신감을 가지고 삽니다.

헬렌 켈러(Helen Adams Keller, 1880~1968)는 "희망은 인간을 성공으로 인도하는 신앙이다. 희망이 없으면 아무 것도 이룰 수도 없다"고 말했습니다. 과거의 나는 원래 희망이 없던 사람이었습니다.

그런 나에게 온 우주의 희망이 되시는 그리스도 예수께서 희망이 되셨습니다. 절망스런 삶을 사는 내게 예수님은 희망이라는 큰 힘이 되어 주셨습니다. 예수님께서 나를 위해 십자가에서 눈물과 피와 땀을 다 쏟으셨습니다. 십자가에서 "다 이루었다" 하시며 외모 중심의 속빈 강정처럼 살아가던 나에게 충만한 희망이 되어 주셨습니다. 강하고 담대한 내면의 사람이 되게 하셨습니다.

하나님의 의인이 그런 사람입니다. 시냇가에 심겨진 나무를 한번 생각해 보십시오. 시냇물 아래에 깊이 뿌리를 내리고 사시사철 그 생수를 공급받으니 얼마나 잎이 푸르고 나무가 건강하겠습니까? 다른 나무가 봐도 "와, 정말 튼튼하고 알차구나. 이 열매 좀 봐. 탐스러운데. 참 좋은 나무다. 부럽다"라고 하지 않겠습니까?

전에 나는 외적으로 내적으로 어설픈 사람이었으나 이제는 안정되고 지혜로운 외유내강의 삶을 삽니다. 외유내강(外柔內剛)이란 말은 '겉은 부드럽고 순한 것 같으나 속은 꿋꿋하고 곧다'는 뜻입니다.

외유내강한 의인은 얼굴에 빛이 납니다. 그의 마음에 영광의 하나님을 모시고 살기에 지혜롭습니다. 내면이 지혜로우니 그의 얼굴과 삶도 빛이 나는 것입니다. "누가 지혜자와 같으며 누가 사물의 이치를 아는 자이냐? 사람의 지혜는 그의 얼굴에 광채가 나게 하나니 그의 얼

굴의 사나운 것이 변하느니라."(전 8:1)

어떻게 해야 자신의 정체성을 알 수 있을까요?

첫째, 예수님을 통해 자신의 정체성(identity)을 보아야 합니다.

성령님 오시자 나는 자신을 깨닫게 되었습니다. 과거의 나는 죄인이요 하나님을 떠난 불쌍한 영혼임을 알았습니다. 나를 죄에서 껍데기 중심의 삶에서 구출하실 분은 예수님밖에 없음을 깨닫고 나는 예수님을 나의 마음속으로 구세주로 영접하였던 것입니다.

예수님을 믿자 나의 죄와 목마름과 병과 가난과 어리석음의 정체성이 드러났습니다. 예수님의 피가 나를 덮자 죄와 목마름과 병과 가난과 어리석음은 사라졌고 의와 성령 충만과 건강과 부요함과 지혜의 정체성이 생겼습니다. 그렇습니다. 나는 예수님의 사람으로 다시 태어났습니다. 당신도 예수님 안에서 새롭게 된 정체성으로 사십시오.

성령님은 나를 거룩한 하늘의 의인이 되게 하셨습니다.

그리스도의 영이신 성령님은 참으로 누추한 내 마음에 오셔서 나의 마음을 성전 삼고 지금도 함께하여 주십니다. 당신도 당신의 마음 문을 열고 예수님을 구세주로 영접하십시오. 모든 삶에 성령님을 모시고 자신감 있게 사십시오. 그렇습니다. 예수님은 정말 놀라운 분이며 당신과 나의 정체성의 주인이십니다. 예수님을 믿으면 자신의 정확한 정체성을 알 수 있습니다. 하나님이 누구인가를 알 수 있습니다.

또한 나와 관련된 세상의 정체성을 깨닫고 성공적인 인생을 분명히 살 수 있습니다. 이렇게 자신을 아는 것이 중요합니다. 사람이 자신의 정체성에 대해 알고 모르고에 따라 자신이 누리는 조건과 환경이 크게 달라질 수 있기 때문입니다.

어떤 사람이 철학의 대가 탈레스에게 물었습니다.

"이 세상에서 가장 어려운 일이 무엇입니까?"

"자신을 아는 일이라네."

이처럼 자신을 안다는 것은 쉽지 않습니다. 그러나 지금 당신이 읽는 이 책에 당신의 참된 정체성을 알 수 있는 길이 있습니다. 그 길은 예수님입니다. 길과 진리와 생명인 예수님을 꽉 붙드십시오.

나는 예전에 예수님 안에 있는 크고 풍성한 삶의 축복을 몰랐고 누리지도 못했습니다. 그러나 지금은 예수님 안에서 나의 정체성을 분명히 알고 견고히 하며 삽니다. 내가 구원받은 하나님의 자녀라는 이 정체성은 나의 내면과 외모를 모두 성공의 길로 이끌었습니다.

나는 예수님 안에 있는 천국의 모든 부요함을 누리며 삽니다.

당신의 정체성을 정확히 깨닫고 성공하는 삶의 비결은 예수님을 믿는 믿음뿐임을 명심하십시오. 그렇습니다. 당신의 모든 성공은 예수님 안에 있습니다. 바라건대 예수님을 믿으십시오. 예수님은 당신의 창조주이십니다. 주인이십니다. 그분 안에서 자신의 참된 모습을 발견하고 천국의 부요함을 마음껏 누리십시오. 함께 기도하실까요?

"하나님, 감사합니다. 외모보다 나 자신의 내면의 영혼이 얼마나 더 소중한지 깨닫게 하심을 감사드립니다. 지금 나의 마음 문을 열고 예수님을 나의 구세주로 모십니다. 예수님, 지금 내 마음에 와 주사 나의 희망이 되어 주십시오. 앞으로 주님만을 더욱 믿고 주님 안에서 새로운 정체성을 가진 사람으로 성공하며 살아가겠습니다. 성령이여, 나를 인도하옵소서. 예수님의 이름으로 기도합니다. 아멘."

천재작가 이화수의 당신도 책쓰기의 꿈을 이루라

초판 1쇄 인쇄 | 2015년 5월 10일
초판 1쇄 발행 | 2015년 5월 20일

지은이 | 이화수
발행인 | 김사라
발행처 | 날개미디어
등록일 | 2005년 6월 9일, 제2005-44호
주소 | 138-229 서울시 송파구 백제고분로9길 6, A동 3층
전화 | 02)416-7869, 010-2961-8865
메일 | wgec21@daum.net

ISBN : 978-89-91752-49-8 43190

책값 20,000원